高等职业教育汽车类“岗课赛证”融通系列教材

汽车发动机电控系统检测与维修

主　编　于文涛　李晶华
副主编　官海兵　何俊龙
参　编　单　仲　李志伟
　　　　张　颖　王海元

中国教育出版传媒集团
高等教育出版社·北京

内容简介

本书是以国家职业标准及高等职业教育汽车类相关专业教学标准为依据，以汽车机电维修技师岗位的典型工作任务为载体，对标世界技能大赛、全国职业院校技能大赛，融入“1+X”证书相关领域的职业技能等级标准，在知识体系和技能体系中全过程、全方位融入劳动精神、劳模精神、工匠精神后编写而成的“岗课赛证”融通的新型活页式教材。

本书共有6个学习任务，包括发动机随车诊断系统的检修、发动机动力控制系统的检修、发动机燃油供给控制系统的检修、发动机进气供给控制系统的检修、发动机点火控制系统的检修和发动机排放控制系统的检修，涵盖了汽车发动机电控系统检修的主流技术和方法。同时本书配套了汽车发动机电控系统相关的元器件及相关系统的结构原理动画、标准操作视频和企业案例等数字化资源。相关视频内容可扫描书中二维码在线学习，也可访问“智慧职教”平台（www. icve. com. cn）上的“汽车发动机电控系统检测与维修”数字课程浏览全部资源。授课教师如需本书配套的教学课件等资源，可发送电子邮件至 gzjx@ pub. hep. cn 获取。

本书可作为高等职业院校汽车制造与试验技术、汽车检测与维修技术等相关专业群的教材，也可供汽车检测与维修技术人员、“1+X”证书备考人员学习和参考。

图书在版编目(CIP)数据

汽车发动机电控系统检测与维修 / 于文涛，李晶华主编．--北京：高等教育出版社，2023.7

ISBN 978-7-04-059078-4

Ⅰ.①汽… Ⅱ.①于… ②李… Ⅲ.①汽车-发动机-电子系统-控制系统-检修 Ⅳ.①U472.43

中国版本图书馆 CIP 数据核字(2022)第 131310 号

QICHE FADONGJI DIANKONG XITONG JIANCE YU WEIXIU

策划编辑 姚 远　　责任编辑 郭 晶　　封面设计 姜 磊　　版式设计 马 云
责任绘图 邓 超　　责任校对 张 薇　　责任印制 田 甜

出版发行	高等教育出版社	网　址	http://www.hep.edu.cn
社　址	北京市西城区德外大街4号		http://www.hep.com.cn
邮政编码	100120	网上订购	http://www.hepmall.com.cn
印　刷	中煤（北京）印务有限公司		http://www.hepmall.com
开　本	787mm×1092mm 1/16		http://www.hepmall.cn
印　张	16		
字　数	350千字	版　次	2023年7月第1版
购书热线	010-58581118	印　次	2023年7月第1次印刷
咨询电话	400-810-0598	定　价	49.80元

物 料 号 59078-00

“智慧职教” 服务指南

“智慧职教”(www.icve.com.cn)是由高等教育出版社建设和运营的职业教育数字教学资源共建共享平台和在线课程教学服务平台，与教材配套课程相关的部分包括资源库平台、职教云平台和App等。用户通过平台注册，登录即可使用该平台。

- **资源库平台：为学习者提供本教材配套课程及资源的浏览服务。**

登录“智慧职教”平台，在首页搜索框中搜索“汽车发动机电控系统检测与维修”，找到对应作者主持的课程，加入课程参加学习，即可浏览课程资源。

- **职教云平台：帮助任课教师对本教材配套课程进行引用、修改，再发布为个性化课程(SPOC)。**

1. 登录职教云平台，在首页点击“新增课程”按钮，根据提示设置要构建的个性化课程的基本信息。

2. 进入课程编辑页面设置教学班级后，在“教学管理”的“教学设计”中“导入”教材配套课程，可根据教学需要进行修改，再发布为个性化课程。

- **App：帮助任课教师和学生基于新构建的个性化课程开展线上线下混合式、智能化教与学。**

1. 在应用市场搜索“智慧职教icve”App，下载安装。

2. 登录App，任课教师指导学生加入个性化课程，并利用App提供的各类功能，开展课前、课中、课后的教学互动，构建智慧课堂。

“智慧职教”使用帮助及常见问题解答请访问help.icve.com.cn。

前言

本书以党的二十大报告关于推进新型工业化的精神为指导，突出体现汽车技术高端化，智能化、绿色化发展，强调汽车技术人才职业素养，为培养造就大批德才兼备的高素质人才，加快建设制造强国贡献力量。

本书按照“以典型工作任务为载体、以学生为中心、以职业能力要求为基础”思路开发设计，通过对典型工作任务和工作过程的课程化设计，形成一系列模块化的学习任务。弱化“教学材料”的特征，强化“学习资料”的功能，充分对接行业企业技术技能标准、“1+X”证书标准、世界技能大赛和全国职业院校技能大赛，将“以企业岗位(群)任职要求、职业技能标准要求”等作为本书的主要内容，在知识体系和技能体系中全过程、全方位融入劳动精神、劳模精神、工匠精神，实现思政教育与专业教育融通、理论教学与实践教学融通、课程与“1+X”证书融通、能力培养与工作岗位融通、案例与技能大赛融通。

在内容设计方面，与传统教材相比，本书根据模块化课程教学需求，融入新技术、新工艺、新规范和新要求，创新彰显职业教育类型特征的教材体例和标准。通过学习本书，学生可以掌握在汽车动力与驱动系统工作领域中完成重要、典型工作时所需知识与技能，同时提升学生的职业素养与社会责任感，增强其综合能力，使其自身能够成为合格的汽车动力与驱动系统领域的技术能手。

在体例结构方面，书中设计6个学习任务，在体系上采用“三大四小”模式，即每个学习任务按照“任务说明—任务学习与实施—任务拓展信息”三大环节编写，每个任务学习与实施环节按照“任务引导与学习—任务计划与实施—任务企业案例引入—任务评价反馈”四小环节编写，同时配套教学课件、任务工单、操作视频、教学动画、教学方案、课程标准等多类资源，视频类资源以二维码的形式提供。

本书由天津职业大学于文涛、李晶华担任主编，江西交通职业技术学院官海兵、天津职业大学何俊龙担任副主编。具体编写分工如下：于文涛负责学习任务3~5的编写；李晶华负责学习任务6的编写；官海兵负责学习任务1的编写；何俊龙负责学习任务2的编写。此外，全书内容的改进与优化、思政元素和职业技能点融入的改进与完善、配套资源的审核与优化由天津中德应用技术大学、浙江工业职业技术学院、一汽-大众汽车有限公司、北京喜沃思咨询有限公司等单位的专家、技师共同完成(见下表)。

姓名	所属单位	承担任务
单仲	天津中德应用技术大学	内容的改进与优化
李志伟	浙江工业职业技术学院	思政元素融入的改进与完善
张颖	一汽-大众汽车有限公司	案例引入审核及职业技能点优化
王海元	北京喜沃思咨询有限公司	配套资源的审核与优化

本书在编写过程中参考了部分资料，在此向资料的作者表示诚挚的谢意！由于编者水平有限，对于书中不妥之处，恳请读者批评指正。

编　者

2023 年 5 月

目录

学习任务 1
发动机随车诊断系统的检修

一、 任务说明

任务描述	一位车主向 4S 店打电话咨询：车辆无法进行节气门匹配升级，车型为 2018 款一汽大众迈腾（配置：380TSI、DSG 豪华型）
任务对应工作领域	汽车动力与驱动系统 （√） 汽车转向悬架与制动安全系统 （ ） 汽车电子电气与空调舒适系统 （ ） 汽车全车网关控制与娱乐系统 （ ）
任务所属模块课程	动力系统检修 （√） 变速箱与传动系统检修 （ ） 转向悬架系统检修 （ ） 制动安全系统检修 （ ） 电器与控制系统检修 （ ） 空调与舒适系统检修 （ ） 动力与底盘网关控制系统检修 （ ） 车身与娱乐网关控制系统检修 （ ）
任务育人目标描述	
1. 强化规范操作意识 2. 弘扬精益求精的工匠精神	
职业技能（能力）要求描述	
行为	能进行汽车动力与驱动系统工作领域中发动机随车诊断系统的故障排除和相关机理分析
条件	车辆/设备：2018 款一汽大众迈腾（配置：380TSI、DSG 豪华型）
	工具及场地要求： 维修工位 4 个。 车辆配套维修手册 4 本。 工具车（万用表、示波器、解码器及相关通用、专用测试工具）4 辆。 零件车 4 辆。 工作灯 4 个

续表

标准与要求	树立分析问题、解决问题的信心；提高沟通协调、团队合作的能力；增强安全生产、规范操作的意识。 掌握发动机随车诊断系统的基本结构、原理和检修方法，能够正确使用维修手册、电路图等工具书，制订拆装及检测计划，能够对测量结果进行有效分析并给出维修意见。 能正确使用、维修、校准、更新和管理诊断设备及检测仪器。 能使用解码器读取和记录故障码，并能对相关数据流进行捕捉。 能使用解码器、数字式万用表(DMM)或数字存储示波器检查或测试发动机控制系统的传感器、执行器、电路和动力系统控制模块(PCM)，确定维修内容。 能诊断与发动机随车诊断系统相关的故障，并准确分析故障原因。 能按照维修手册的规范正确进行发动机随车诊断系统的故障诊断和排除
成果	完成发动机随车诊断系统的测量和故障排除

二、 任务学习与实施

（一）任务引导与学习

引导问题 1：随车诊断系统的定义：____
____。

引导问题 2：早期随车诊断系统（OBD Ⅰ）监测的系统主要有________________、燃油计量系统、电路的开路、短路和________________。由于 OBD Ⅰ系统的不完善，导致其有许多缺点，例如：____
____。

引导问题 3：为满足日益严格的排放法规的要求，美国汽车工程师协会（SAE）制订了 OBD Ⅱ系统要求，并于 1996 年在美国强制实施。其主要特点有排放监测功能加强、__________和__________。

引导问题 4：OBD Ⅱ系统采用了大量标准化的内容，包括（　　）。

A. 采用标准的 OBDⅡ16 针脚数据通信连接器（DLC）

B. 标准的通信协议、诊断模式和通用的诊断仪，使诊断仪使用很方便

C. 统一的故障码编制方法及含义，使得故障码的识别和分析更快速

D. 统一的部件名称和缩写，标准的诊断信息数据格式，使得各种信息不再混乱

引导问题 5：2018 款一汽大众迈腾 B8L 车型诊断接口位置及针脚编号如图 1-1 所示，试写出各个针脚的定义。

1	2	3	4
5	6	7	8

9　　10　　11　　12

13　　14　　15　　16

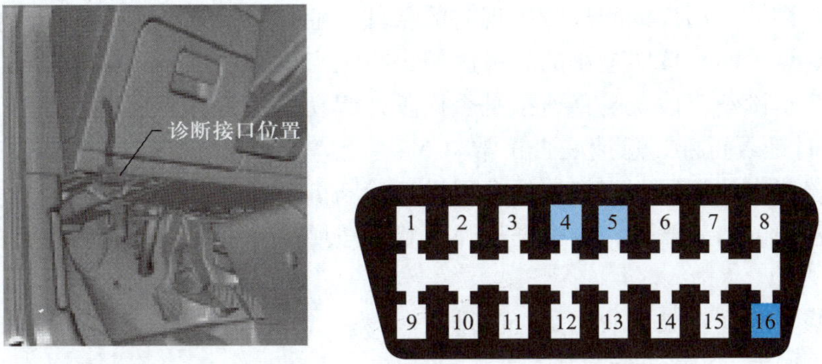

(a) 位置　　(b) 针脚编号

图 1-1　诊断接口位置及针脚编号

引导问题 6：OBD Ⅱ系统统一的故障码编制方法及含义，使得故障码的识别和分析更快。故障码通常由 1 位字母和 4 位数字组成，如 P0802。试正确连接字母和数字对应的故障码含义。

第 1 位	故障子系统
第 2 位	故障具体位置
第 3 位	故障系统
第 4、5 位	故障码类型

引导问题 7：写出 2018 款一汽大众迈腾 B8L 汽车的典型故障码 P0301 的具体含义。

第 1 位(P)：　　第 2 位(0)：

第 3 位(3)：　　第 4、5 位(01)：

引导问题 8：以下选项属于 OBD Ⅱ监测功能的有(　　)。

A. 缺火监测　　B. 燃油系统监测

C. 综合部件监测　　D. 油箱蒸汽排放控制系统监测

E. 催化转换器效率监测　　F. 加热型氧传感器监测

G. 废气再循环系统监测

引导问题 9：写出 OBD Ⅱ故障诊断仪的 9 种诊断模式。

模式 1：　　模式 2：　　模式 3：

模式 4：　　模式 5：　　模式 6：

模式 7：　　模式 8：　　模式 9：

引导问题 10：故障诊断的基本原则是先外后内、__________、先熟后生、__________。

引导问题 11：在以下步骤的前面标注出故障诊断的基本顺序。

（ ）读取并验证故障和故障码：按规定条件试车，验证故障和故障码，确定故障码指示的故障是否依然存在。

（ ）咨询：向用户询问故障出现时的条件、症状、检修经历等，查阅相关资料。

（ ）定点诊断：按照缩小的故障区域进行定点检修。

（ ）基本诊断：检查电路连接是否松脱，起动后是否有异响，各部件工作是否正常，点火正时是否正确，怠速是否正常。

（ ）若读出故障码，则根据故障码进行诊断。

（ ）若未读出故障码，则根据故障症状，按照故障征兆表或自行设计的诊断流程进行诊断。

（ ）修复验证：验证故障是否已排除。

引导问题 12：故障诊断的基本方法包括（ ）。

A. 故障指示灯的识别　　B. 基本诊断

C. 故障码诊断　　D. 数据流分析

E. 故障征兆模拟　　F. 症状诊断

引导问题 13：客户李先生的 2018 款一汽大众迈腾汽车出现车辆诊断接口无法与故障诊断仪正常通信的故障，为此到店维修。假如你是负责接待的维修技师，在维修过程中应该具备（ ）。

A. 安全意识　　B. 规范操作意识

C. 精益求精、精雕细琢的精神　　D. 严谨细致的工作态度

E. 良好的职业道德

知识链接

1. 随车诊断系统的定义

随车诊断系统（on board diagnostics，OBD）是集成在 PCM 内部的具有诊断功能的系统，重点监测发动机排放故障，保证发动机达到排放法规的要求。

2. OBD Ⅰ系统

早期的 OBD Ⅰ监测系统有：主要的输入传感器、燃油计量系统、废气再循环系统、电路的开路和短路。OBD Ⅰ系统不完善，存在的主要缺点如下。

① 检测项目不全面，监测电路的敏感度不高，无法有效地控制废气排放。

② 汽车制造厂各自开发自己的诊断系统，诊断插座的位置和形式、故障码的定义、故障码和数据流的读取和显示方法、通信协议、故障诊断仪等各不相同，给售后维修服务带来极大的麻烦和困难。

3. OBD Ⅱ系统

OBD Ⅰ系统达不到日益严格的排放法规的要求，在美国加州大气资源委员会（CARB）的倡导之下，美国汽车工程师协会（SAE）制订了 OBD Ⅱ系统要求，并于 1996 年在美国强制实施。

（1）OBD Ⅱ系统优点

排放监测功能加强；通用性好，采用了大量标准化的内容；信息量大。

① 采用标准的 OBD Ⅱ 16 针脚数据通信连接器（DLC），诊断接口针脚定义如图 1-2 所示。

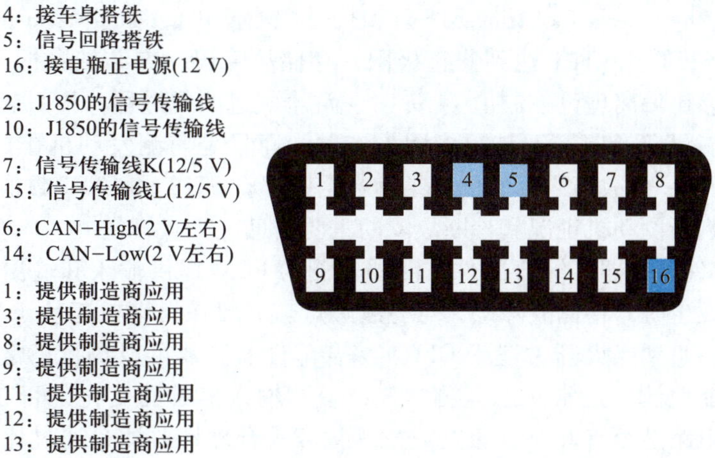

图 1-2　诊断接口针脚定义

② 采用标准的通信协议、诊断模式和通用的诊断仪，使诊断仪使用很方便。

③ 采用统一的故障码编制方法及含义，使得故障码的识别和分析更快，如图 1-3 所示。

④ 采用统一的部件名称和缩写，标准的诊断信息数据格式，使得各种信息不再混乱。

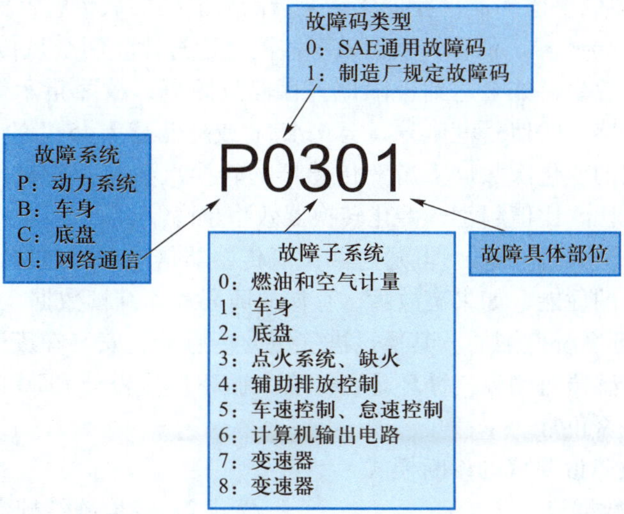

图 1-3　故障码编制方法及含义

（2）OBD Ⅱ随车诊断系统的监测功能

① 缺火监测器。其主要功能是判断是否缺火、缺火的危害程度以及缺火的气缸，并关闭喷油器。它通过监测每个气缸做功时发动机转速的变化，当监测到发动机转速下降时，根据曲轴位置信号和凸轮轴位置信号识别是否处于做功行程，判断是否缺火

以及缺火气缸。

对发动机进行人为缺火监测的时间不要超过 30s，否则容易引起三元催化转换器损坏。三元催化转换器过热可能起火，导致更大的损坏。

② 燃油系统监测器。当发动机进入燃油闭环控制时，燃油系统监测器连续监测短时燃油修正值(short-term fuel trim,STFT)和长时燃油修正值(long-term fuel trim,LTFT)的变化，如果 STFT 和 LTFT 达到修正极限，存储故障码，冻结帧数据，点亮故障灯。这时混合气空燃比偏离理论控制值 14.7∶1，混合气过浓或过稀，将引起排放超标，发动机性能下降。STFT 和 LTFT 与很多因素有关，而且是监测发动机排放的重要参数，所以 PCM 在任何一个故障码存储的冻结帧数据中都有 STFT 和 LTFT 数值，它们成为维修人员分析和判断发动机工况和诊断故障的重要信息。

③ 综合部件监测器。综合部件监测器监测为 PCM 提供输入和输出控制的元件和电路，当故障发生时，存储故障码，点亮故障灯。一般在发动机起动 4s 后综合部件监测器开始运行，直到点火开关置于 OFF。综合部件监测器可以执行正常状态监测、合理性监测和功能监测。正常状态监测是连续监测输入信号的变化是否在规定的范围，判断输入信号电路是否有开路、短路或搭铁故障；合理性监测是通过比较相关信号之间的关系监测输入信号的合理性，判断输入信号电路是否有性能下降的故障；功能监测是监测执行器驱动电路的电压变化，判断输出控制的执行器或电路是否有故障。

④ 油箱蒸汽排放控制系统监测器。OBD Ⅱ系统对加强型油箱蒸汽排放控制系统的要求是：三天的蒸发排放量最大为 2 g，能够监测直径为 0.5 mm 的泄漏，能够检测碳罐清污流量。油箱蒸汽排放控制系统监测器通过安装在油箱上的压力传感器检测泄漏，通过清污流量传感器、怠速、氧传感器信号的变化等检测清污流量。

⑤ 催化转换器效率监测器。在催化转换器前后安装的氧传感器称为上游(前)氧传感器和下游(后)氧传感器。催化转换器效率监测器通过比较两个氧传感器的转换次数，判断催化转换器的效率，如果达到极限值，存储故障码，故障指示灯点亮。氧传感器的转换次数是氧传感器的信号电压升高至 0.45 V 或降低至 0.45 V 的次数，即混合气从浓到稀或从稀到浓的变化次数。下游氧传感器的转换次数与上游氧传感器的转换次数之比称为转换次数比，比值越小，催化转换器效率越高。

⑥ 加热型氧传感器监测器。其通过测试氧传感器信号和加热器驱动电路，监测氧传感器及其加热器的性能，如果有故障，存储故障码和冻结帧数据，故障指示灯点亮。

⑦ 废气再循环系统监测器。其通过进气压力传感器、安装在废气再循环管道上的温度传感器、氧传感器监测废气循环是否开启，循环量是否与 PCM 的命令一致，判断废气再循环系统是否正常。

(3) OBD Ⅱ故障诊断仪的诊断模式

模式 1：读取数据流

模式 2：读取冻结帧数据

模式 3：读取故障码

模式 4：清除故障码

模式 5：读取氧传感器监测结果

模式 6：查看非连续监测结果

模式 7：查看连续监测结果

模式 8：主动测试

模式 9：读取车辆信息

4. 故障诊断

（1）故障诊断的基本原则

① 先外后内。先检查机械系统，后检查微机控制系统。发动机微机控制系统的故障比较复杂，机械系统是微机控制系统正常工作的前提，机械系统工作不良，也会引起控制系统出现故障信息，所以在故障诊断时，应先检查发动机微机控制系统以外的机械系统可能的故障部位，通过测缸压、进气系统真空度，判断发动机机械系统是否良好。

② 先简后繁。先用简单方法，后用复杂方法。即采用先直观后仪器、先故障码后数据流、先线路后元件、最后 PCM 的步骤进行。直观方法简单，先通过看、听、触、闻等的方法检查显露故障。借助仪器的诊断先进行容易检查的故障，读取故障码比较简单，应先读取故障码，再进行数据流分析，最后使用万用表或示波器进行定点检查，确定故障部位。在用万用表进行定点检查时，应按照检查动态信号、检查线路、检查元件、检查 PCM 的步骤进行，检查线路时，应按照熔断器、继电器、开关、线路的顺序检查。

③ 先熟后生。发动机出现某一故障现象的故障原因很多，但是不同故障原因的概率不同。根据汽车自身性能特点和环境因素特点，利用经验先查常见故障部位，在很多情况下可以快速确定故障部位，省时、省力。

④ 先思后行。先思考后行动。不同的故障现象都有特定的故障原因，故障诊断重在思考，要先根据故障现象分析故障原因，按照维修手册的要求，确定诊断程序和方法，有指导地实施，从而避免检查无关部位，漏查相关部位，避免盲目性。简单概括为先咨询、决策、计划再实施的工作方法。

（2）故障诊断流程（如图 1-4 所示）

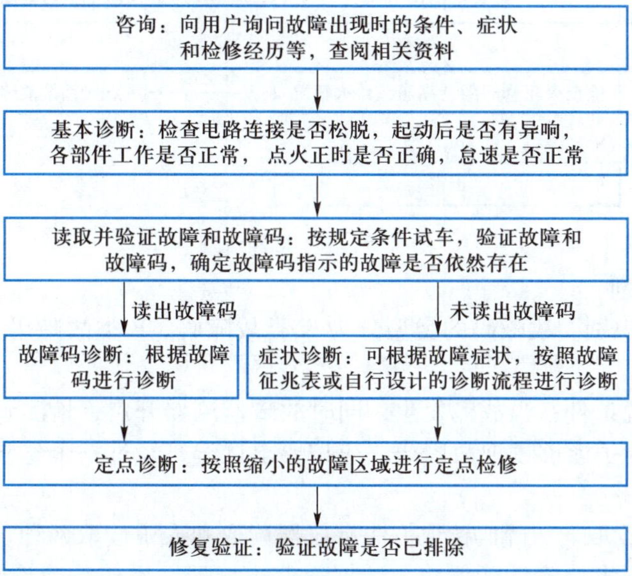

图 1-4　故障诊断流程

（3）故障诊断的基本方法

① 故障指示灯的识别。点火开关接通，发动机不起动，发动机故障指示灯（MIL）进行自检，MIL 灯点亮，说明 MIL 电路良好；MIL 灯如果不亮，说明 MIL 电路有故障。在 OBD Ⅱ系统中，故障指示灯具有指示故障监测器状态的功能。点火开关接通，发动机不起动，如果 MIL 灯持续点亮，说明故障监测器全部开启；如果 MIL 灯点亮 20 s 后

开始闪烁，说明故障监测器没有全部开启。

发动机起动后，MIL 进入故障监测状态，MIL 灯应熄灭，说明没有监测到故障；如果 MIL 灯点亮，说明发动机有故障；如果 MIL 灯闪亮，说明发动机有缺火故障。如果在三个连续 OBDⅡ行程中某故障没有再次发生，则 PCM 自动熄灭故障指示灯。

② 基本诊断流程如图 1-5 所示。

图 1-5　基本诊断流程

③ 故障码诊断

• 故障码的识别。故障码的类型分为 A 类故障码、B 类故障码、C 类故障码、D 类故障码。

故障码的设置条件：当故障发生，同时故障监测器开启，检测到故障，就会存储故障码。所以，为了能够读取故障码，应按要求试车，经过一个驾驶循环，使所有故障监测器开启。

• 故障码的读取。故障码读取方法有仪器读取和人工读取两种。仪器读取是借助仪器读取故障码，将故障诊断仪接入数据通信连接器，操作故障诊断仪读取故障码，适用于 OBDⅠ和 OBDⅡ系统；人工读取是不借助故障诊断仪，一般通过将数据通信连接器内规定的两针脚相连，触发显示故障码，通过故障指示灯的闪烁等方式读取故障码，适用于早期 OBDⅠ系统。仪器读取故障码的方法详见故障诊断仪使用说明。

• 故障码的验证。故障码的验证是读码之前清除故障码，试车后再次读取故障码，验证故障码与故障之间的关系。有些故障码对应的故障已经排除，为了防止这些故障码对诊断的影响，应清除故障码；有些故障发生时并没有开启故障监测器，没有存储故障码，为了开启监测器存储故障码，应按规定试车并再次读取故障码；有些故障是在特定条件下发生的间歇故障，应根据车主的描述和故障产生的条件，试车再现故障和故障码。所以故障码对应的故障有已排除故障、间歇故障和现实故障三种情况。如果故障码不再出现，则说明故障已排除或为间歇故障；如果故障码再次出现，说明为现实故障。

- 故障码的分析如下。

相关故障码：与故障症状相关。

无关故障码：与故障症状无关。

历史故障码：对应的故障已排除或消失，清除后不出现，但对应的故障可能永久排除，也可能是特定条件下发生的间歇故障，有必要进一步确认。

现实故障码：对应的故障(现实故障)仍存在，清除后仍会出现，是故障诊断的重要线索。

自生故障码：故障码指示的部件或系统发生了故障，故障码直接提示故障原因。

他生故障码：故障码指示的部件或系统并未发生故障，而是其他系统发生了故障。

真实故障码：故障真实存在的故障码。

虚假故障码：故障并不存在的故障码。

主要故障码：与故障部位有直接关系。

次要故障码：由主要故障码引起的故障码。

- 故障码的清除。在读取故障码之前和排除故障后要清除故障码，故障码的清除有自动清除和人工清除两种方法。自动清除就是对于 OBD Ⅱ 系统，随车诊断系统在故障不出现，故障灯熄灭后连续 40 个暖机循环后自动清除，缺火故障需要 80 个暖机循环后自动清除。人工清除一般有三种方法，一是点火开关置于“OFF”位置，拔下电控喷油系统熔断器 10 s 或更长时间，即可清除，适用于 OBD Ⅰ 系统；二是将点火开关置于“OFF”位置，拔下蓄电池负极线 10 s 或更长时间，即可清除，同时其他内存系统(如时钟和音响等)中的信息也将失去，适用于 OBD Ⅰ 系统；三是通过故障诊断仪清除故障码，适用于 OBD Ⅱ 系统。现代汽车一般都要求采用故障诊断仪清除故障码。

- 故障验证。在维修结束后，清除故障码，按规定试车，并再次读取故障码，验证故障和故障码是否不再发生，如果是不再发生，则说明故障已排除；否则说明故障未排除，需要重新检修。

④ 数据流分析包括以下方面。

- 基本参数。
- 燃油输出参数。
- 节气门位置和怠速控制参数。
- 发动机冷却液温度和进气温度参数。
- 大气压力和进气量参数。
- 电气和点火参数。
- 排放控制参数。
- 传动系统、电控自动变速器及其他综合参数。

⑤ 故障征兆模拟的方法介绍如下。

• 振动法。当振动可能是发生故障的主要原因时，可使用振动法检查。振动法主要检查连接器(线束接插件)、配线、零件与传感器，如图 1-6 所示。

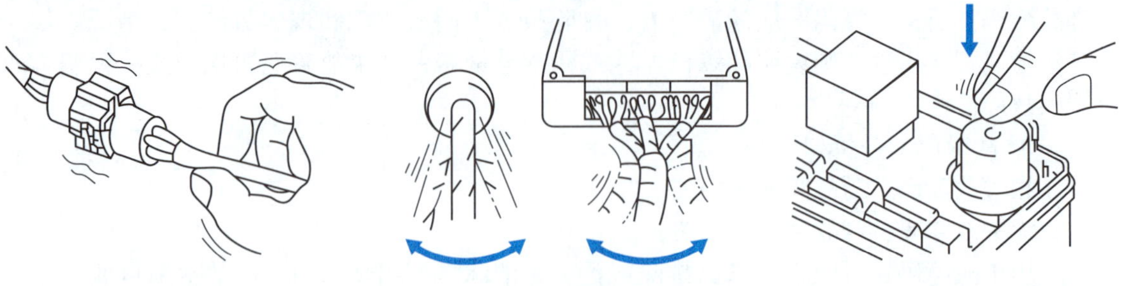

(a) 轻轻摇动　　(b) 轻轻摆动　　(c) 轻拍振动

图 1-6　振动法

• 加热法。当怀疑某一部位因为受热而发生故障时，可使用加热法检查。用电吹风或类似工具加热可能引起故障的零件或传感器，检查是否出现故障，如图 1-7 所示。加热时应注意：加热温度不能高于 60℃；不可直接加热 ECU。

• 水淋法。当怀疑某一部位因为污渍而引起故障时，可使用此法检查，如图 1-8 所示。

图 1-7　加热法

图 1-8　水淋法

• 电器全部接通法。当怀疑可能是用电负荷过大引起故障时，可使用此方法检查。接通所有电气设备，包括雨刮器、鼓风机、前照灯、后窗除雾器、空调及音响等，检查是否出现故障，如图 1-9 所示。

⑥ 症状诊断。当有故障而无故障码，基本检查也通过的情况下，就需要维修人员根据发动机故障现象进行诊断，即症状诊断。一般各汽车制造厂商的维修手册都附有故障征兆表，表中列出了不同故障现象的故障原因和诊断步骤，可利用故障征兆表按照规范的方法进行诊断。如果没有相应的故障征兆表，就需要维修人员自己制订故障诊断流程。

图 1-9　电器全部接通法

小贴士

大国工匠陶巍的汽车人生

从事汽车维修 40 年，陶巍被誉为“汽车神医”。2007 年，陶巍为 SAE 认证汽车诊断工程领域研究员资深高级工程师。他是上海汽车维修研发中心主任、上海幼狮汽车销售服务公司总经理、中国汽车维修行业协会副会长、国家市场监督管理总局汽车缺陷调查与鉴定召回专家。除此之外，他还致力于为国家培养高级汽车维修人才和为“驾车族”维护权益。

“汽车神医”的美誉源于陶巍对汽车疑难杂症“手到病除”的能力。许多在 4S 店都修不好的名车，都可以在他的整修后恢复如初。陶巍曾修复了当时国内仅有的一辆因故障而“沉睡”车库多年的劳斯莱斯汽车。他创办的“幼狮”高级轿车修理厂成为沪外国领事馆、外资公司、外商企业、外籍人士等从国外带来的高级轿车保养、维修的“定点单位”。25 年来，陶巍的“幼狮”已经为在沪的 46 个外国领事馆和 100 多个外国新闻机构提供了检修汽车的服务。

身处汽修行业多年后，身为汽修专家的陶巍决定加入为消费者维权的行列。根据消费者的需求，陶巍义务上门现场勘查 280 余次，为处理汽车自燃等案件提供协助，为消费者挽回大量经济损失达。

陶巍主动肩负起了加快培养高级汽车维修人才的使命。他回顾了自己多年检修汽车的经验，不少高校都将他总结的汽车使用和维修理论作为教材让学生使用。他还多次主动参与汽车专业组织的专业讲座，先后有 1500 多人接受授课培训。2014 年 5 月，国家级“陶巍技能大师工作室(汽车修理)”批准成立。如今，陶巍还应邀担任了交通部机动车检测维修专业技术人员职业水平资格考试专家委员会副主任，全国机动车检测维修专业技术人员职业水平实际操作考官，全国交通运输行业机动车检测维修职业技能竞赛、全国职业院校技能大赛裁判长，上海交通大学、上海工程技术大学等五所高等院校的兼职教授。

陶巍认为，工匠精神的核心是对所从事的工作精益求精、精雕细琢的精神。“其实，工作就是一种修行，在修炼的道路上，要耐得住寂寞，受得了冷嘲热讽，不断完善自己，把自己变得越来越强大。因为态度决定一切，细节决定成败。”

（二）任务计划与实施

引导问题 14：在进行随车诊断系统检测时，下列说法中正确的是(　　)。

A. 在进行随车诊断系统 CAN 网络终端电阻测量时，车辆不用下电

B. 在进行随车诊断系统 CAN 网络终端电阻测量时，车辆必须下电

C. 在进行随车诊断系统检测作业时，需要拆除电器设备附件进行测量时，需要断开蓄电池负极

D. 进行终端电阻测量前，应该选择万用表欧姆挡并校零

E. 进行终端电阻测量前，应该选择万用表蜂鸣挡并校零

F. 在读取随车诊断系统故障码时，不需要诊断仪清除故障码操作

G. 在读取随车诊断系统故障码时，需要诊断仪读码—清码—再读码操作

H. 当进行随车诊断系统检测时，应当全过程进行 6S 作业：整理、整顿、清扫、清洁、素养、安全

引导问题 15：以 2018 款大众迈腾 380TSI 汽车为例，该车随车诊断系统组成部件以总线连接，如图 1-10 所示，包括：______________________________

____

____

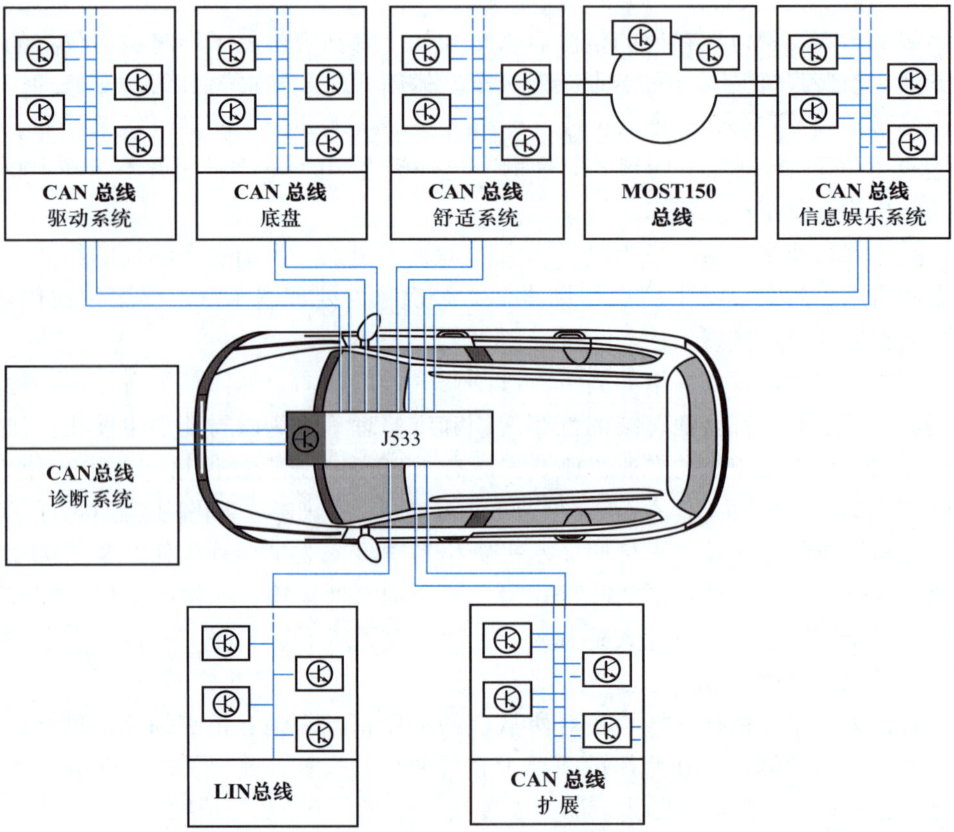

图 1-10　随车诊断系统

引导问题 16：试列举诊断仪无法与车辆通信的故障原因。

____

____

____

____

____

引导问题 17：该车的诊断接口 U31 的电路如图 1-11 所示。试写出各线束名称和含义。

____

____

____

____

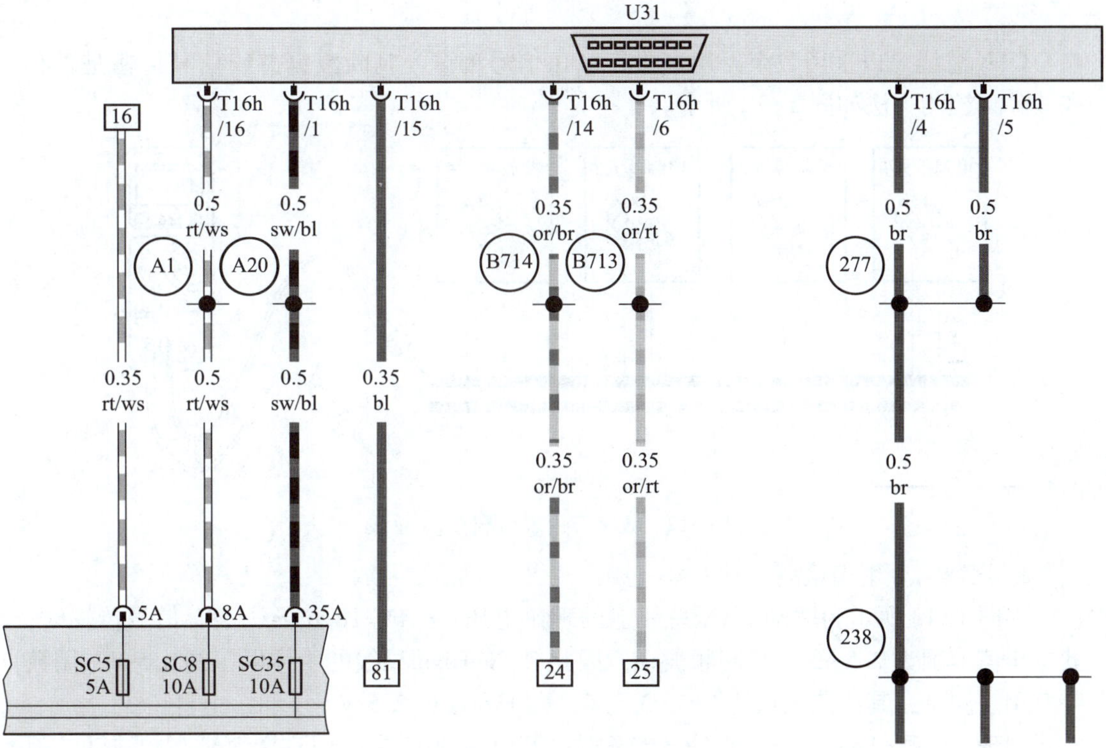

图 1-11　诊断接口电路

引导问题 18：诊断接口 T16h/6、T16h/14 脚之间终端电阻，正常值为__________左右，若不正常，可能的故障原因是______________________________________。

引导问题 19：下列选项中属于诊断接口 CAN 总线故障的有(　　　　)。

A. CAN-High 导线与 CAN-Low 导线短路

B. CAN-High 导线对正极短路

C. CAN-High 导线对地短路

D. CAN-Low 导线对地短路

E. CAN-High 导线与 CAN-Low 导线均对正极短路

F. CAN-High 导线断路

G. CAN-Low 导线断路

H. CAN-Low 导线对正极短路

I. CAN-High 导线与 CAN-Low 导线装混

引导问题 20：简述发动机随车诊断系统的故障检修注意事项。

任务技能点 1：诊断接口 CAN 总线电压测量

CAN 总线可以采用数字万用表进行电压信号测试，判断数据总线信号传输是否存在故障，检测方法如图 1-12 所示。

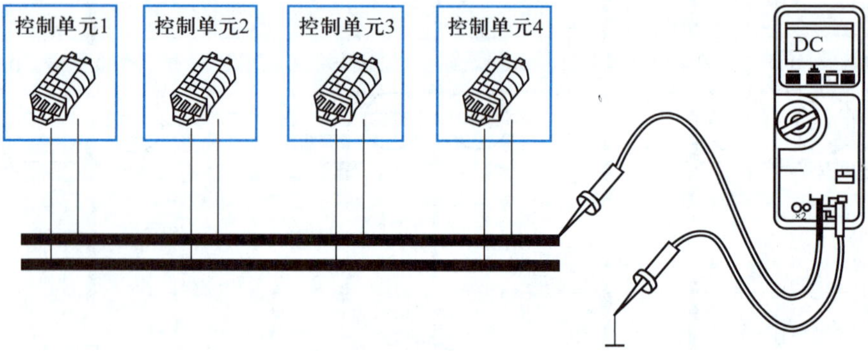

图 1-12　数字万用表检测 CAN 总线

1. 用数字万用表检测驱动 CAN 总线

如图 1-13 所示为驱动 CAN 总线上的理论电压，CAN-High 导线上有信号传输时，其电压值范围为 2. 5~3. 5 V 高频波动，因此 CAN-High 导线的主体电压是 2. 5 V，用数字万用表测量，其值范围应为 2. 5~3. 5 V，大于和接近 2. 5 V。

同理，CAN-Low 导线上有信号传输时，其电压值范围为 1. 5~2. 5 V 高频波动，因此 CAN-Low 导线的主体电压是 2. 5 V，用数字万用表测量，其值范围应为 1. 5~2. 5 V，小于和接近 2. 5 V。

CAN 总线电压实测值如图 1-14 所示，CAN-High 导线对地电压约为 2. 6 V，CAN-Low 导线对地电压约为 2. 4 V。

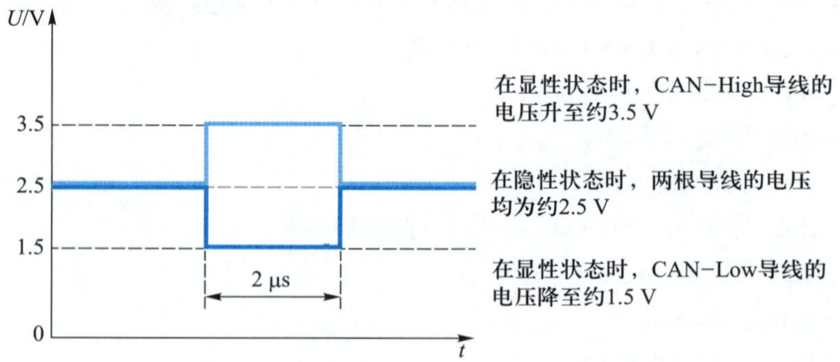

图 1-13　驱动 CAN 总线上的理论电压

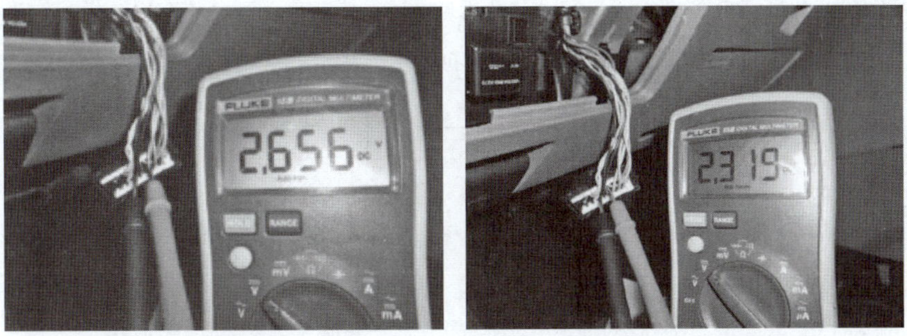

(a) CAN–High导线对地电压　　(b) CAN–Low导线对地电压

图 1–14　驱动 CAN 总线电压实测值

2. 用数字万用表检测舒适 CAN 总线

舒适 CAN 总线上的理论电压如图 1–15 所示，CAN–High 导线上有信号传输时，其电压值范围为 0~3.6 V 高频波动，因此 CAN–High 线的隐性电压是 0 V，用数字万用表测量，其值大于和接近 0 V，范围应为 0~3.6 V。

同理，CAN–Low 导线上有信号传输时，其电压值范围为 1.4~5 V 高频波动，因此 CAN–Low 导线的隐性电压是 5 V，用数字万用表测量，其值小于和接近 5 V，范围应为 1.4~5 V。

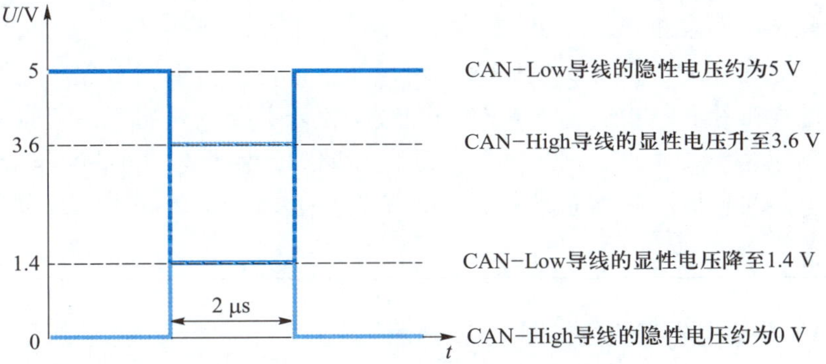

图 1–15　舒适 CAN 总线上的理论电压

任务技能点 2：诊断接口 CAN 总线电阻测量

1. 终端电阻的作用

高频信号传输时，信号波长相对于传输导线较短，信号在传输导线终端会形成反射波，干扰原来的信号。因此需要在传输导线末端加装终端电阻，使信号到达传输导线末端后不再反射。

2. 终端电阻的测量

测量前提：

- CAN 总线必须断电；
- 不允许使用其他测量仪并联测量；

- 测量在 CAN-Low 导线和 CAN-High 导线间进行；
- 实际测量值与标准值有几欧姆的偏差。

CAN 总线终端电阻测量方法如图 1-16 所示。

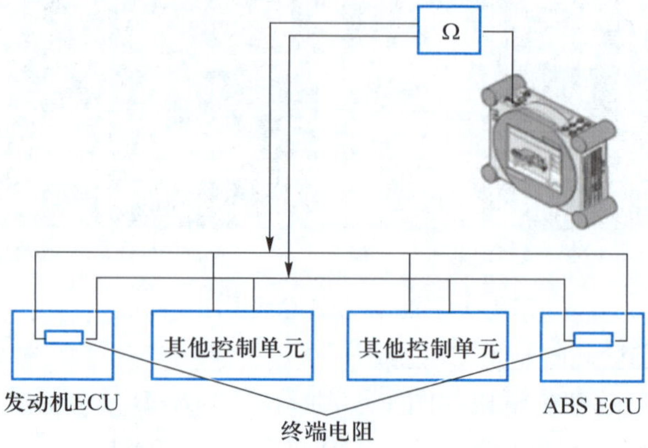

图 1-16　CAN 总线终端电阻测量方法

小提示

因为 K-CAN 电阻根据控制单元内部开关逻辑而变化，所以在 K-CAN 总线上不能进行规定的电阻测量。

为了避免信号反射，在 2 个 CAN 总线用户上分别连接 1 个 120Ω 的终端电阻，这 2 个终端电阻并联，构成 1 个 60Ω 的等效电阻。关闭供电电压后可以在数据线之间测量到这个等效电阻。此外单个电阻也可以分开测量。并非所有车辆在 CAN 总线上都有终端电阻。可以根据相应的电路图检查，确认车辆上是否装有终端电阻。

驱动 CAN 总线电阻实测值如图 1-17 所示。

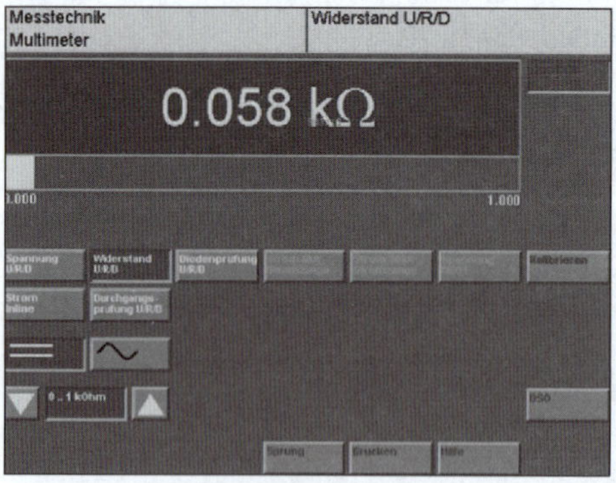

(a) 驱动CAN终端电阻总阻值

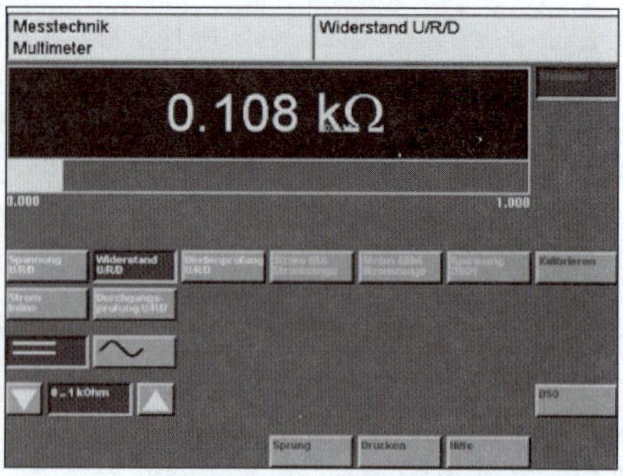

(b) 驱动CAN单个终端电阻阻值

图 1-17　驱动 CAN 总线电阻实测值

任务技能点 3：诊断接口 CAN 总线波形测量

1. 双通道模式 CAN 总线波形

双通道模式 CAN 总线波形必须采用带有双通道的示波器或检测仪，例如 VAS5051。

（1）检测电路连接

双通道模式检测电路连接如图 1-18 所示。

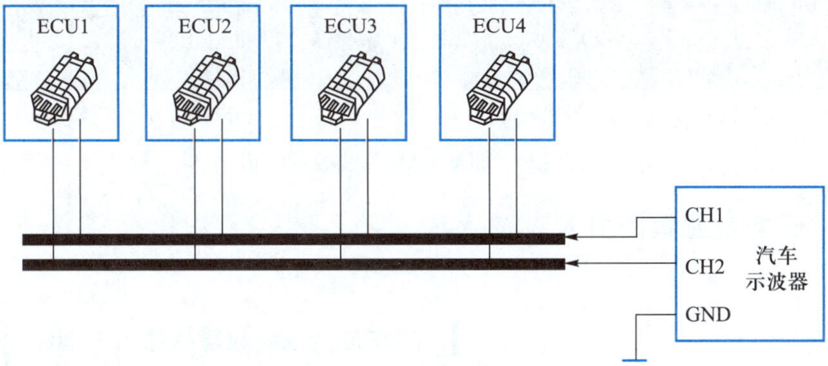

图 1-18　双通道模式检测电路连接

（2）驱动 CAN 数据总线的标准波形

驱动 CAN 总线的标准波形如图 1-19 所示。

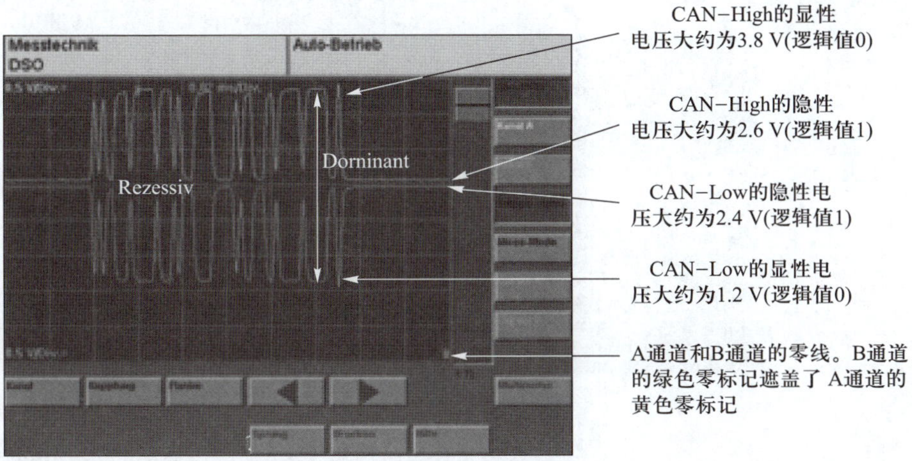

图 1-19　驱动 CAN 数据总线的标准波形

2. 驱动 CAN 总线故障波形

驱动 CAN 总线故障类型有 CAN-High 导线与 CAN-Low 导线短路、CAN-High 导线对正极短路、CAN-High 导线对地短路、CAN-Low 导线对地短路、CAN-High 导线与 CAN-Low 导线均对正极短路、CAN-High 导线开路、CAN-Low 导线开路、CAN-Low 导线对正极短路、CAN-High 导线与 CAN-Low 导线装混。故障波形如图 1-20 所示。

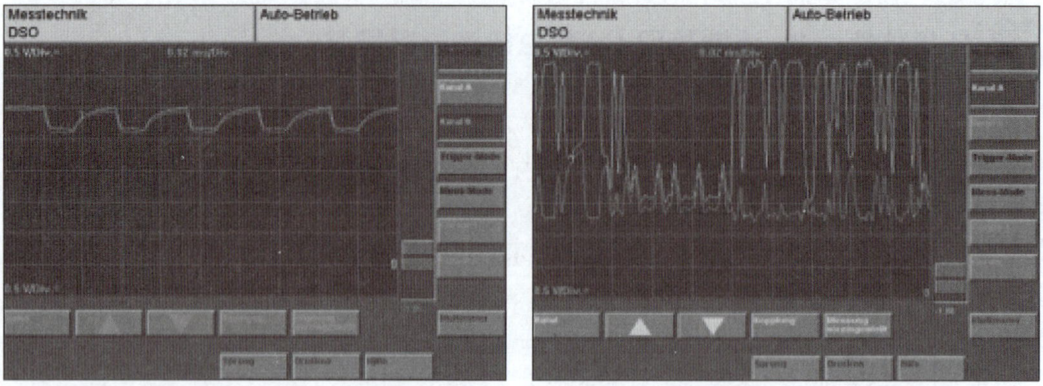

(a) CAN-High导线与CAN-Low导线短路　　(b) CAN-High导线开路

图 1-20　驱动 CAN 总线故障波形

（三）任务企业案例引入

1. 案例

随车诊断系统故障检修引入视频

一位车主向 4S 店打电话咨询：车辆诊断接口无法与诊断仪进行正常通信，车型为 2018 款一汽大众迈腾（配置：380TSI、DSG 豪华型）。

2. 准备工作（图 1-21）

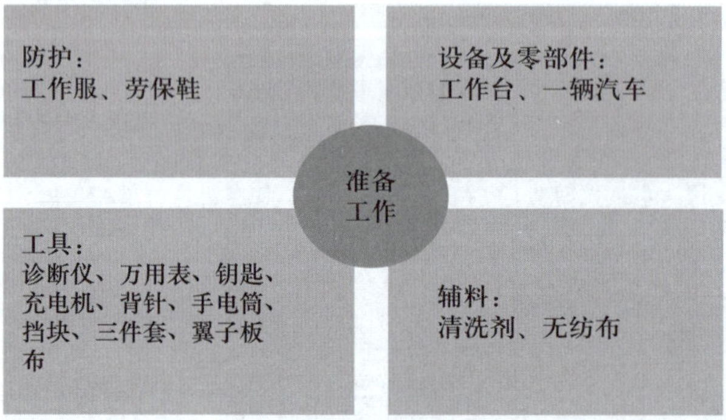

图 1-21　准备工作

3. 检修步骤

随车诊断系统故障检修实操视频

① 打开机舱盖，铺设翼子板布。

② 检查机油量。

③ 检查冷却液量、制动液量。

④ 检查蓄电池电压。

⑤ 关闭点火开关，连接故障诊断仪器，读取故障代码。

⑥ 遥控开闭锁，打开双闪开关。

⑦ 观察仪表报警灯，点火开关置于 ON 挡，连接充电机。

⑧ 使用示波器同时测量诊断接口总线 T16h/6 脚与 T16h/14 脚分别对地波形。

⑨ 使用万用表欧姆挡测量诊断接口 T16h/6、T16h/14 脚之间电阻，电压挡测量诊断接口 T16h/1、T16h/16、T16h/4、T16h/5 脚对地电压。

⑩ 找到断点并进行修复。

⑪ 连接诊断仪，进入发动机 ECUJ623，清除故障码，再次读取故障码。

⑫ 整理车内四件套。

⑬ 收起翼子板布。

⑭ 收起挡块和尾排。

⑮ 擦拭设备工具。

（四）任务评价反馈

小组自评表（见表 1-1）能够让小组成员对各自的信息检索能力、任务认知程度、参与状态、学习状态和工作过程等方面进行评价，从记忆、领会、应用、分析、反馈等方面全方位评估自己对知识的学习及掌握情况。

表 1-1　小组自评表

<table>
<tr><td>班级</td><td></td><td>组名</td><td></td><td>日期</td><td></td></tr>
<tr><td>评价指标</td><td colspan="3">评价要素</td><td>分数</td><td>分数评定</td></tr>
<tr><td>信息检索</td><td colspan="3">能有效利用网络资源、工作手册查找有效信息；能用自己的语言有条理地去表述所学知识；能将查找到的信息有效转换到工作中</td><td>10</td><td></td></tr>
<tr><td>任务认知</td><td colspan="3">是否熟悉各自的工作岗位，认同工作价值；在工作中，是否获得满足感</td><td>10</td><td></td></tr>
<tr><td rowspan="2">参与状态</td><td colspan="3">与教师、同学之间是否相互尊重、理解、平等；与教师、同学之间是否能够保持多向、丰富、适宜的信息交流</td><td>10</td><td></td></tr>
<tr><td colspan="3">探究学习、自主学习不流于形式，处理好合作学习和独立思考的关系，做到有效学习；能够提出有意义的问题或能发表个人见解；能按要求正确操作；能够倾听、协助并分享</td><td>10</td><td></td></tr>
<tr><td>学习方法</td><td colspan="3">工作计划、操作技能是否符合规范要求；是否获得了进一步发展的能力</td><td>10</td><td></td></tr>
<tr><td>工作过程</td><td colspan="3">遵守管理规程，操作过程符合现场管理要求；平时上课的出勤情况和每次完成学习任务情况；善于多角度思考问题，能主动发现并提出有价值的问题</td><td>15</td><td></td></tr>
<tr><td>思维状态</td><td colspan="3">是否能发现问题、提出问题、分析问题、解决问题、创新思路</td><td>10</td><td></td></tr>
<tr><td>自评反馈</td><td colspan="3">按时按质完成学习任务；较好地掌握了专业知识点；具有较强的信息分析能力和理解能力；具有较为全面严谨的思维能力，并能条理清晰地表述成文</td><td>25</td><td></td></tr>
<tr><td colspan="5">自评分数</td><td></td></tr>
<tr><td>有益的经验和做法</td><td colspan="5"></td></tr>
<tr><td>总结反思建议</td><td colspan="5"></td></tr>
</table>

小组互评表(见表 1-2)能够让小组成员从信息检索能力、任务认知程度、参与状态、学习状态和工作过程等方面对其他小组进行评价，通过互相评价环节，学习其他小组的长处，弥补自己小组的不足。

表 1-2　小组互评表

班级		被评组名		日期	
评价指标	评价要素			分数	分数评定
信息检索	该小组能否有效利用网络资源、工作手册查找有效信息			5	
	该小组能否用自己的语言有条理地去表述所学知识			5	
	该小组能否将查找到的信息有效转换到工作中			5	
任务认知	该小组能否熟悉各自的工作岗位，认同工作价值			5	
	该小组成员在工作中，是否获得满足感			5	
参与状态	该小组与教师、同学之间是否相互尊重、理解、平等			5	
	该小组与教师、同学之间能否保持多向、丰富、适宜的信息交流			5	
	该小组能否处理好合作学习和独立思考的关系，做到有效学习			5	
	该小组能否提出有意义的问题或能发表个人见解，按要求正确操作，能够倾听、协助并分享			5	
	该小组能否积极参与学习任务，并在过程中综合运用信息技术的能力得到提高			5	
学习方法	该小组工作计划、操作技能是否符合规范要求			5	
	该小组是否获得了进一步发展的能力			5	
工作过程	该小组是否遵守管理规程，操作过程是否符合现场管理要求			5	
	该小组平时上课的出勤情况和每次完成学习任务情况			5	
	该小组是否善于多角度思考问题，能否主动发现并提出有价值的问题			5	
思维状态	该小组是否能发现问题、提出问题、分析问题、解决问题、创新思维			5	
自评反馈	该小组能否严肃认真地对待自评，并独立完成自测试题			10	
互评分数					
简要评述					

教师评价表(表 1-3)的内容主要包括小组出勤状况、信息收集能力、计划制订是否完善、工作过程是否规范等，能够帮助学生更好地理解学习任务，促进对任务知识点、技能点的消化和吸收。

表 1-3　教师评价表

班级		组名		姓名	
出勤情况					
评价指标	评定要素			分数	分数评定
职业素养	具备信息素养			5	
	具备探究学习、终身学习能力			5	
	在实操过程中体现劳模精神、劳动精神、工匠精神			10	
	具备良好的职业道德和环保意识			5	
道德品质	遵守实验室、实训场地等公共场所的管理规定，自觉遵守秩序			5	
	在公共场所举止文雅，文明礼貌			5	
	爱护公物，保护公共设施			5	
信息检索	能够顺利完成教师安排的任务，快速找到有效信息，并转化到工作中去			5	
任务认知	能够理解任务的内容			5	
	能够满足岗位工作要求，掌握工作流程，熟悉注意事项			5	
参与状态	与教师、同学之间相互尊重、理解			5	
	能够做到独立思考、表达自己想法			5	
	能够按照要求正确操作，能够倾听对方表达的内容并乐于分享			5	
学习方法	能够按照工作内容的紧急情况合理制订计划			5	
	能够按要求完成工作计划，且操作符合规范			5	
工作过程	操作符合安全规定			5	
	操作符合流程规范			5	
	能协助他人完成工作			5	
思维状态	工作过程思维清晰，对工作结果能够正确预判，对其他相关工作有帮助			5	
师评分数					
综合评价					

三、 任务拓展信息

汽车故障自诊断系统发展及各车型自诊断系统介绍

一般装有微处理器控制单元(ECU)的汽车，都具有故障自诊断系统。可以用它来对汽车内传动系统、控制系统各个部分工作状态进行自动检查和监测。当汽车出现故障时，装在仪表板上的故障指示灯就会闪亮，以警告车主汽车可能出问题了，按一下按钮，故障代码(一般用二位或三位数字表示不同的故障)就在仪表板上显示出来。同时此故障信号将被存入存储器，即使点火开关断开、故障排除、故障指示灯熄灭，故障信号仍将保留在存储器中，以供维修人员判断汽车的故障所在。故障排除后，断开 ECU 的电源 30 s 故障码将会被清除(由于各种汽车型号的不同,清除故障码的方法也不尽相同)。

汽车故障自诊断系统时刻监控着汽车的运行，哪怕是一个小小的螺钉松动了，也会反映出来，以便及时发现隐患，保证汽车的安全运行。特别是现代汽车的电子化程度不断提高，这在极大地优化汽车技术性能的同时，也使得汽车的控制系统变得越来越复杂，这些复杂的电子装置一旦出现故障，就会带来很大的困难。为了迅速诊断故障部位，提高维修效率，世界各大汽车厂家纷纷开发汽车故障自诊断系统。

1. 汽车故障自诊断系统的发展过程

(1) 专用汽车检测仪

20 世纪 70 年代后期，为了进一步提高现代汽车使用和维修的方便性，出现了专用汽车检测仪用来检测汽车电控系统的工作状况。例如，美国福特公司研制的 EEC-Ⅰ和 EEC-Ⅱ检测仪可用于监控电控汽油发动机的信号，并找出故障部位。由于这种专用检测仪在诊断故障时对操作人员的技术要求较高，因而一直未能普及开来。

(2) 随车诊断系统

进入 20 世纪 80 年代，一种新型诊断系统即随车诊断系统问世，它是利用 ECU 对电控系统各部件进行检测和诊断，自行找出故障，故也被称为故障自诊断系统。由于它可以对汽车电控系统参数实行连续监控，并能记录各系统的间歇故障，因此查找故障及时方便，所以其使用较为广泛。但是由于微处理器内存有限，故其诊断项目受到一定的限制，而且不能诊断较为复杂的故障，因此人们又开始研制和开发更新更好的诊断系统。

(3) 多功能车外诊断系统

为了扩充随车自诊断系统的诊断容量和诊断功能，20 世纪 80 年代末，福特公司的车外诊断仪 OASIS、丰田公司的 Diaqmonitor 诊断系统、日产公司的 Consult 等相继诞生，这些系统功能较为齐全，但是价格较为昂贵，专业技术要求高，且标准不统一，因而其使用和维护也受到一定的限制。进入 20 世纪 90 年代，一些符合国际标准、易操作且价格较为合理的多功能诊断系统研制成功，如日本大发公司研制的 DOT-21 型车外诊断系统。

现代汽车自诊断系统是自成体系，不具有通用性，因而不利于推广，给汽车的售后服务和维修造成了很大的困难。因此，诊断系统应标准、规范，这样其诊断模式和诊断接口便可统一，只用一台仪器便可对各种车辆进行诊断和检测，这必将大大推进汽车自诊断系统的发展。

2. 汽车自诊断系统的功能

（1）发现故障

输入计算机微处理器控制单元（ECU）的电平信号，在正常状态下有一定的范围。此范围以外的信号被输入时，ECU 会诊断出该信号系统处于异常状态下。例如，发动机冷却水温信号系统规定在正常状态时，传感器的电压范围为 0.08～4.8 V（-50～139 ℃），超出该范围即被诊断为异常。

如果计算机本身发生故障，则由设有紧急监控定时器（WDT）的时限电路加以监控；如果出现程序异常，则定期进行的时限电路再设置会停止工作，以便采用微机再设置的方法检测故障。

（2）故障分类

当计算机工作正常时，通过诊断用程序检测输入信号的异常情况，再根据检测结果分为不导致将被障碍的轻度故障、引起功能下降的故障以及重大故障等。并且将故障按重要性分类预先编辑在程序中。当微机本身发生故障时，则通过 WDT 进行重大故障分类。

（3）故障报警

一般通过设置在仪表板上报警灯的闪亮来向车主报警。在装有显示器的汽车上，也有直接用文字来显示报警内容。

（4）故障存储

当检测故障时，在存储器中存储故障部位的代码，一般情况下，即使点火开关处于断开位置，计算机和存储部分的电源也保持接通状态而不致使存储的内容丢失。只有在断开蓄电池电源或拔掉熔断器时，由于切断了微机的电源，存储器内的故障代码才会被自动消除。

（5）故障处理

在汽车运行过程中如果发生故障，为了不妨碍正常行驶，由微机进行调控，利用预编程序中的代用值（标准值）进行计算以保持基本的行驶性能，待停车后再由车主或维修人员进行相应的检修。

3. 几种不同车型的故障自诊断系统

（1）奥迪（AUDI）汽车故障自诊断系统

奥迪汽车（见图 1-22）的 V6 发动机采用了 MPFI 多点燃油系统，其自诊断系统中有 30 种不同的故障存储在微机中。其特点是：

① 如果故障的存在超过一定的时间，则该故障以稳定的形式被存储在存储器中。

② 如果在一定时间内曾经出现的故障不再出现，则此故障被认为是偶发性故障，如果发动机起动 50 次，该故障仍然没有再次出现，则此偶发性故障将会被自动清除。

③ 在关闭点火开关 150 min 后，微机进入自保持阶段，如果在此期间对燃油喷射和点火系统进行检修，接着应调出已经被存储的故障代码并加以清除。调出被存储的

故障代码需要用专用的仪器——V · A · G1551 型故障码阅读器。

图 1-22　奥迪汽车

（2）克莱斯勒汽车故障自诊断系统

克莱斯勒汽车（见图 1-23）的电控系统简称 SBEC，当汽车出现故障时，相应的故障信息以代码的形式存储于 SBEC 中。

每次打开点火开关，“CHECKENGINE”指示灯都将闪烁几秒，以示该指示灯工作正常，如果 SBEC 接收到来自各种传感器的信号不正常或者根本接收不到信号，则仪表板上的“CHECKENGINE”指示灯将亮起，说明发动机有故障，需要检修。

进入自诊断状态的方法：将点火开关在 5 s 内开关 3 次，即 ON→OFF→ON→OFF→ON，此时仪表板上的“CHECK-ENGINE”指示灯将闪烁，由此可显示出系统所存储的故障码。

故障码的清除方法：可以用专用仪器 DRB Ⅱ 来清除故障码。如果没有 DRB Ⅱ，也可将点火开关 ON/OFF（开/关）50 次，故障码即被清除。

图 1-23　克莱斯勒汽车

（3）沃尔沃汽车故障自诊断系统

沃尔沃汽车自诊断系统的接口在车体的右前角。打开发动机盖，右前大灯的背后有 A、B 两个诊断座，A 座上有一根诊断跨接线、一个 LED 灯和一个按钮。A、B 两个诊断座各有 6 个诊断插孔，各连接不同的诊断系统。

A 座：

1 号孔：变速器。

2 号孔：燃料系统。

3 号孔：ABS 系统。

5 号孔：涡轮增压系统。

6 号孔：点火系统。

7 号孔：仪表诊断系。

B 座：

1 号孔：中央空调。

2 号孔：定速控制系统。

5 号孔：安全气囊。

6 号孔：电动座椅。

沃尔沃汽车的自诊断功能可以进行 10 个系统的诊断，而在每个系统诊断中，又可分为 6 种模式：

① 故障码读取；

② 控制元件动作测试；

③ 各控制元件动作同时控制测试；

④ 制订元件动作指令控制测试；

⑤ 数值读取分析指示；

⑥ 重新设定计算机记忆指令。

当对汽车进行诊断时，可将诊断座上的跨接线直接插在不同的诊断孔中，并按诊断座上的按钮，分别按 1~6 选择各种特定的诊断模式。

清除故障码的方法：先将诊断跨接线插到所要诊断的系统对应的诊断孔中，将点火开关置于 ON 位置，先读取故障码，直到所有故障码均显示完毕之后，LED 灯持续亮起，再按住诊断键 5 s 以上即可清除故障码。

（4）凯迪拉克汽车故障自诊断系统

凯迪拉克汽车（见图 1-24）具有较强的自诊断功能，它的自诊断系统通过空调控制面板（CCP）上的按钮和显示器分别显示发动机的故障码、工作参数和工作状态。

（5）皇冠汽车 ABS 故障自诊断系统

新型皇冠汽车（见图 1-25）采用了防抱死制动系统（ABS），如果系统发生故障，防抱死制动系统的故障自诊断系统将对所发生的故障进行识别，ABS ECU 将代表此故障的编码存储起来，并通过 ABS 报警灯（装在组合仪表的左上角）提示车主。

清除故障码的方法：打开点火开关，用跨接线连接诊断接口的 Tc 和 El 两个端子。保持汽车不动，在 3 s 内将制动踏板连续踩下 8 次以上。这样，ABS ECU 中的故障码就会被清除。

图 1-24　凯迪拉克汽车

图 1-25　皇冠汽车

学习任务2
发动机动力控制系统的检修

一、任务说明

任务描述	一位车主向4S店打电话咨询：起动机不转，发动机无法正常起动，仪表灯能正常点亮，EPC故障指示灯不亮，车型为2018款一汽大众迈腾（配置：380TSI、DSG豪华型）
任务对应工作领域	汽车动力与驱动系统（√） 汽车转向悬架与制动安全系统（ ） 汽车电子电气与空调舒适系统（ ） 汽车全车网关控制与娱乐系统（ ）
任务所属模块课程	动力系统检修（√） 变速箱与传动系统检修（ ） 转向悬架系统检修（ ） 制动安全系统检修（ ） 电器与控制系统检修（ ） 空调与舒适系统检修（ ） 动力与底盘网关控制系统检修（ ） 车身与娱乐网关控制系统检修（ ）
任务育人目标描述	
1. 弘扬劳模精神 2. 优化管理效能	
职业技能（能力）要求描述	
行为	能进行汽车动力与驱动系统工作领域中发动机动力控制系统的故障排除和相关机理分析
条件	车辆/设备：2018款一汽大众迈腾（配置：380TSI、DSG豪华型）
	工具及场地要求： 维修工位4个。 车辆配套维修手册4册。

续表

条件	工具车（新的 SB17 保险、诊断仪、万用表、钥匙、充电机、背针、手电筒、挡块、三件套、翼子板布）4 套。 零件车 4 辆。 工作灯 4 个
标准与要求	树立分析问题、解决问题的信心；提高沟通协调、团队合作的能力；增强安全生产、规范操作的意识。 能掌握发动机动力控制系统的基本结构、原理和检修方法，能够正确使用维修手册、电路图等工具书，制订拆装及检测计划，能够对测量结果进行有效分析并给出维修意见。 能正确使用、维修、校准、更新和管理诊断设备及检测仪器。 能使用解码器读取和记录故障码，并能对相关数据流进行捕捉。 能使用解码器、数字式万用表（DMM）或数字存储示波器检查或测试发动机动力控制系统的传感器、执行器、电路和动力系统控制模块（PCM），确定维修内容。 能诊断与发动机动力控制系统相关的故障，并准确分析故障原因。 能按照维修手册的规范正确进行发动机动力控制系统的故障诊断、排除
成果	完成发动机动力控制系统的测量和故障排除

二、 任务学习与实施

（一） 任务引导与学习

引导问题 1：以 2018 款一汽大众迈腾 380TSI 车辆为例，该车发动机动力控制系统结构如图 2-1 所示，包括以下部分。

传感器类：____

____。

发动机控制单元，执行器类：______________________________________

____。

引导问题 2：简述发动机动力控制模块作用：____________________________

____。

引导问题 3：下列选项属于发动机动力控制系统控制信号的有（　　）。

A. 直流电压信号　　　　B. 交流电压信号

C. 频率调制信号　　　　D. 脉宽调制信号

E. 串行数据信号

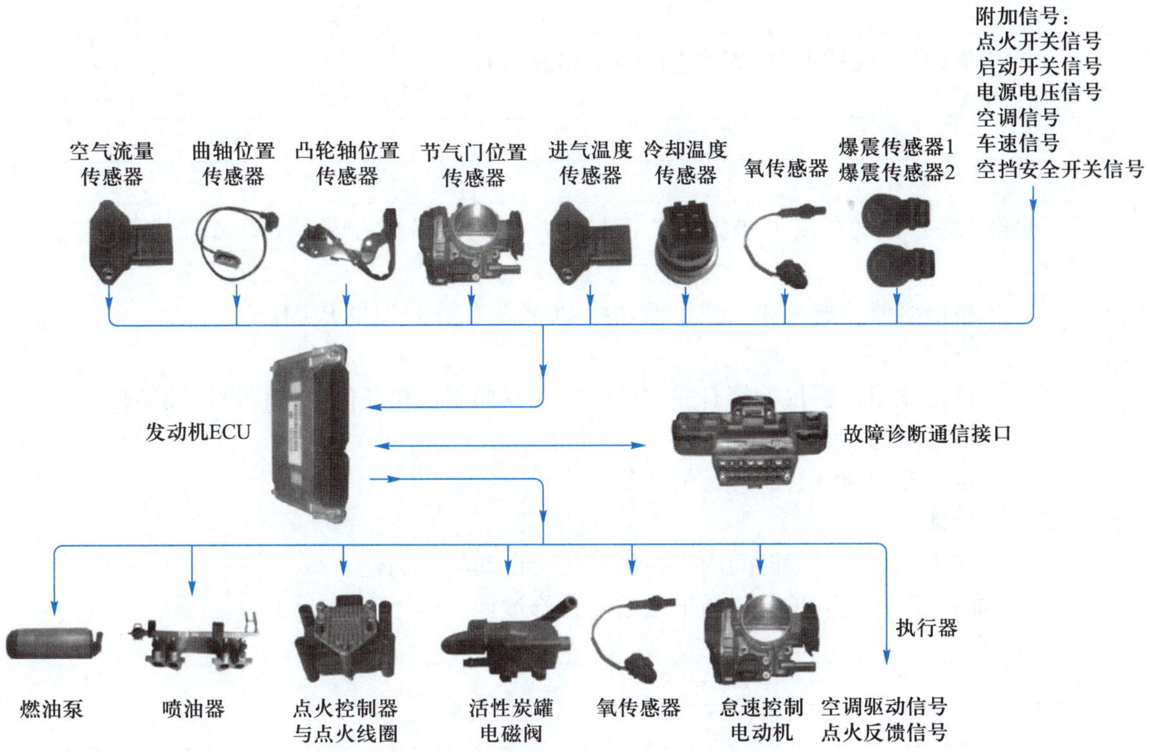

图 2-1　发动机动力控制系统结构

引导问题 4：动力控制模块电路分析方法有____________________和____________________。

引导问题 5：简述局部分析法和全局分析法的特点。

____

____

____

引导问题 6：下列故障中属于动力控制模块典型故障的有（　　）。

A. 常火线故障　　B. 点火开关控制火线故障　　C. PCM 内部电源电路故障

D. PCM 搭铁电路故障　　E. PCM 故障

引导问题 7：简述常火线故障检修过程。

____

____

____

引导问题 8：简述点火开关控制火线故障检修过程。

____

____

____

引导问题 9：简述 PCM 内部电源电路故障检修过程。

____

____

引导问题10：简述PCM搭铁电路故障检修过程。

引导问题11：试在以下步骤的前面标注出动力系统控制模块(PCM)的更换流程(顺序)。

( ) 按照维修手册的要求或根据在用PCM的零件号选择PCM。

( ) 安装PCM。

( ) 使用故障诊断仪检修有关的匹配，有些控制模块还需要进行设定或编程。

( ) 接通电源。

( ) 点火开关断开，断开蓄电池负极线。

( ) 拆卸PCM。

( ) 在更换后的一段时间内，控制模块会自动学习调整。

引导问题12：简述PCM搭铁电路故障检修过程。

引导问题13：发动机动力系统控制单元是发动机各组成部分中最为核心的部分，主要控制发动机的进气、喷油、点火等，控制单元品质的好坏将直接影响发动机的性能。

知识链接

1. 发动机管理系统结构及各部分功能

传感器：检测发动机运行参数，转换为电信号，送至控制单元。传感器包括空气流量传感器、进气压力传感器、发动机转速/曲轴位置传感器、凸轮轴位置传感器、节气门位置传感器、进气温度传感器、冷却液温度传感器、氧传感器、爆震传感器。

控制器：接受传感器的输入信号，分析计算后产生输出信号送至执行器。

执行器：接收控制单元的输出信号，产生执行动作，实现各种控制。执行器包括燃油泵、喷油器、点火器、点火线圈、怠速阀、节气门、废气循环阀(EGR阀)、碳罐电磁阀(EVAP阀)。

2. 动力系统控制模块的作用

PCM接受传感器等的输入信号，分析计算后产生并输出控制信号，传送给执行器，控制执行器完成各种功能。

3. 汽车电路信号的类型

(1) 直流电压信号

直流电压信号包括下列类型。

- 直流电源信号为 12 V、5 V。
- 汽车的直流电压信号(见图 2-2)是指传感器产生的模拟信号传感器包括节气门位置传感器、发动机冷却液温度传感器、进气温度传感器、燃油量传感器等。
- 控制模块根据直流电压信号的大小识别传感器信息。

(2) 交流电压信号

汽车的交流电压信号(见图 2-3)是指传感器产生的交流电压信号。传感器包括电磁感应式曲轴(凸轮轴)位置传感器、爆震传感器、电磁感应式车速传感器、电磁感应式轮速传感器等。

控制模块根据交流电压信号的频率和幅值识别传感器信息。

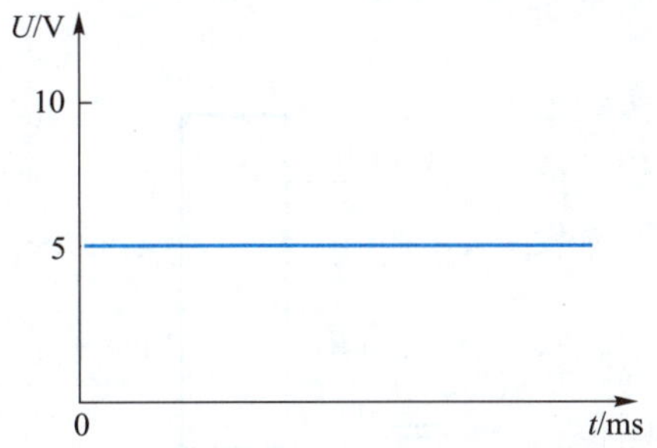

图 2-2　直流电压信号

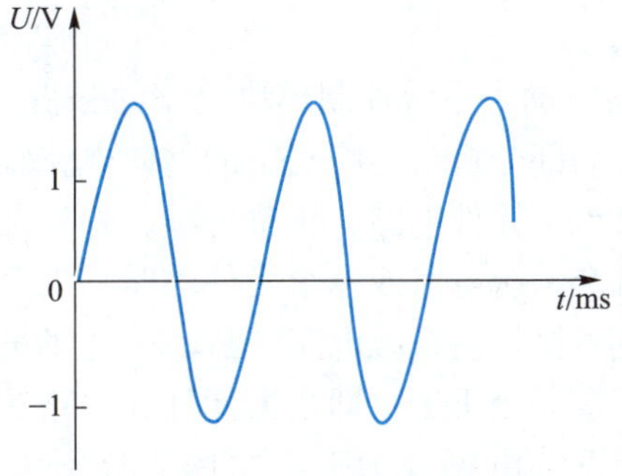

图 2-3　交流电压信号

(3) 频率调制信号

汽车的频率调制信号(见图 2-4)是指传感器产生的频率可变信号。传感器包括数字式进气流量传感器、数字式进气压力传感器、光电式和霍尔式车速传感器、光电式和霍尔式曲轴(凸轮轴)位置传感器等。

控制模块根据频率调制信号的频率变化识别传感器信息。

(4) 脉宽调制信号

汽车的脉宽调制信号(见图 2-5)是指由控制模块产生的控制执行器工作的脉宽可调的输出信号。执行器包括喷油器、怠速控制电动机、点火器、一次点火线圈、废气循环电磁阀、油箱蒸汽排放电磁阀等。

控制模块通过改变脉宽调制信号的脉宽控制执行器的工作。

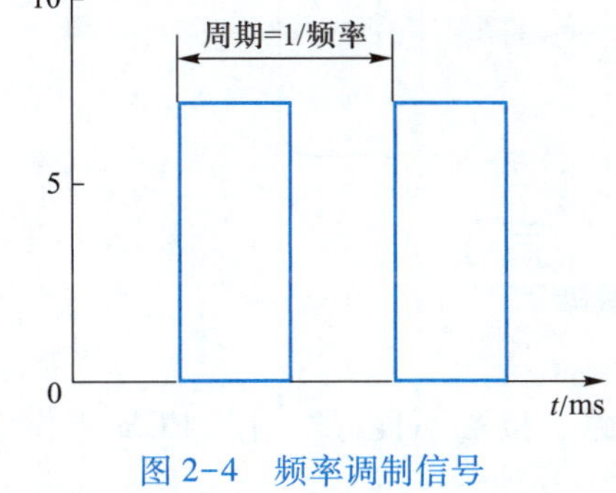

图 2-4　频率调制信号

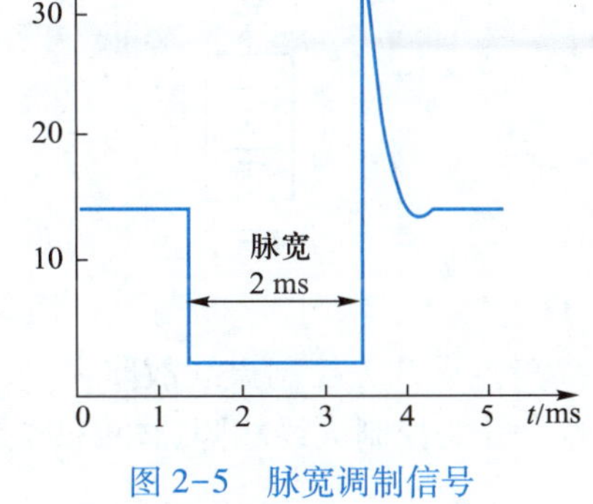

图 2-5　脉宽调制信号

(5) 串行数据信号

串行数据信号(见图2-6)是指汽车电路各控制模块之间、控制模块与故障诊断仪之间相互通信的信号。

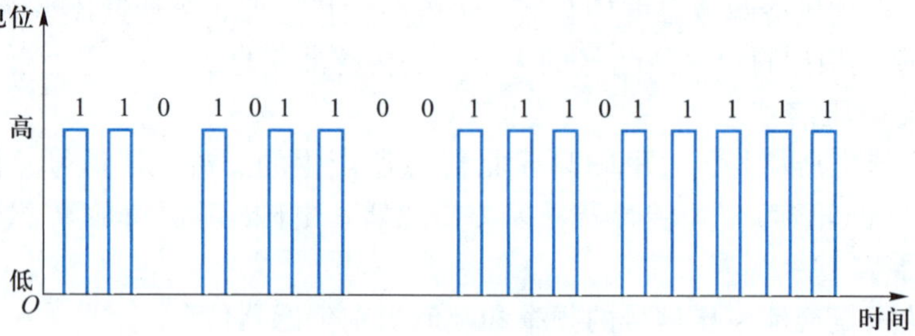

图2-6 串行数据信号

4. 动力系统控制模块电路的分析

局部分析法：将复杂的整体电路划分为单个系统电路或单个元件电路，化整为零，将复杂问题简单化，分析每个系统电路或每个元件电路，汇总后即得到整体发动机微机控制系统电路(见图2-7)的分析结果。

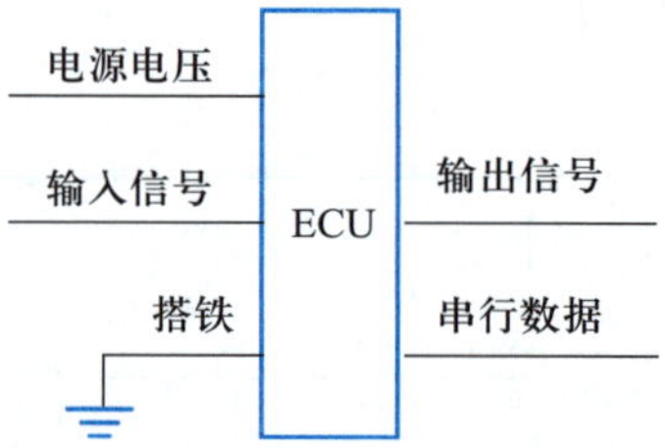

图2-7 发动机微机控制系统电路

全局分析法：即根据元件和线路功能将发动机微机控制系统电路分为五类电路，分别为PCM电源电路、PCM搭铁电路、信号输入电路(连接传感器)、信号输出电路(连接执行器)、串行数据电路(连接计算机、故障诊断座)等。

5. 动力系统控制模块典型故障

(1) 常火线故障

常火线故障(见图2-8)是开路、短路、接触不良等，引起PCM不供电或供电不足，导致PCM不工作，丢失一部分信息。

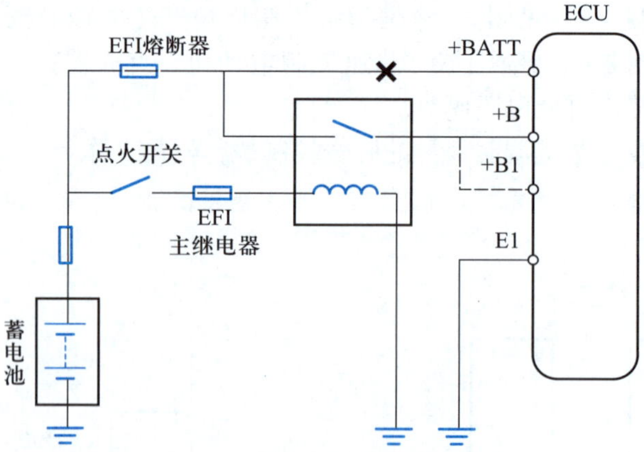

图2-8 常火线故障

(2) 点火开关控制火线故障

点火开关控制火线故障(图2-9)是开路、短路、接触不良等，引起PCM不供电或供电不足，导致 PCM 不工作，所有传感器无供电电压。

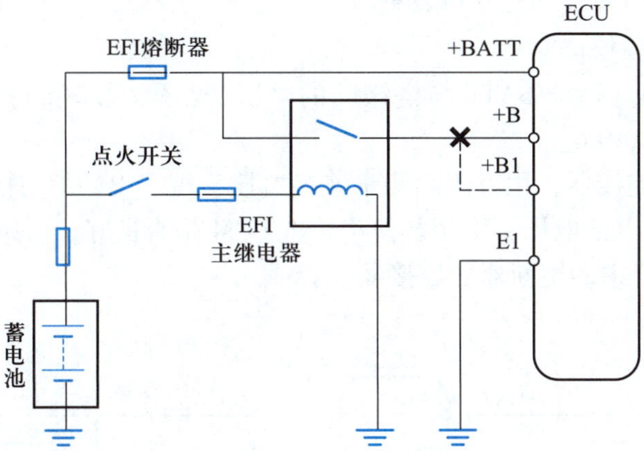

图 2-9 点火开关控制火线故障

（3）PCM 内部电源电路故障

PCM 内部电源电路故障（见图 2-10）会引起 PCM 大部分传感器无工作电压，导致 PCM 不工作，传感器不工作。

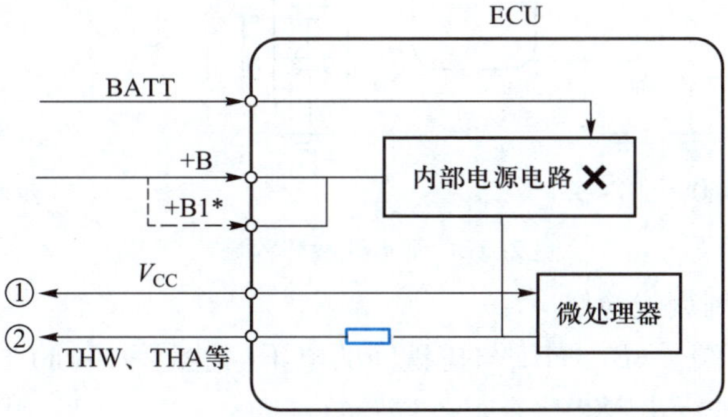

*仅限某些型号。
① 从5 V恒定电压电路输出5 V电压；
② 从5 V恒定电压电路经过电阻器输出5 V电压。

图 2-10 PCM 内部电源电路故障

（4）PCM 搭铁电路故障（见图 2-11）

PCM 搭铁电路 E1 开路或短路，PCM 和传感器不搭铁，会导致 PCM 不工作、传感器无信号；PCM 搭铁电路 E1 接触不良，PCM 和传感器搭铁不良，会导致 PCM 工作不正常、所有传感器信号失准。

传感器搭铁电路 E2 开路或短路及接触不良，传感器不搭铁或搭铁不良，传感器信号失准或失效。

执行器搭铁电路 E01、E02 开路或短路及接触不良，执行器不搭铁或搭铁不良，执

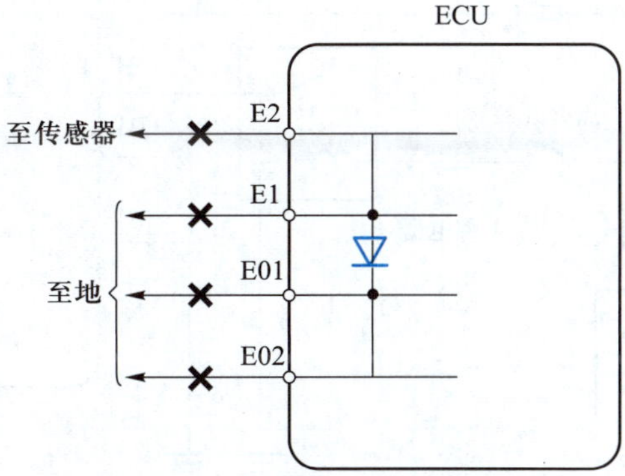

图 2-11 PCM 搭铁电路故障

行器不工作或工作不正常。

6. 动力系统控制模块典型故障检修

（1）常火线故障检修

① 用万用表测量端子 BATT 与搭铁间的电压（见图 2-12（a）），其应为蓄电池电压；否则进行步骤②检查。

② 断开 PCM 连接器，用万用表测量连接器插头端子 BATT 与搭铁间的电压（见图 2-12（b）），若是蓄电池电压，则用替换法检查 PCM 是否良好；否则检查蓄电池与连接器端子 BATT 间线路中的熔断器、连接器、导线。

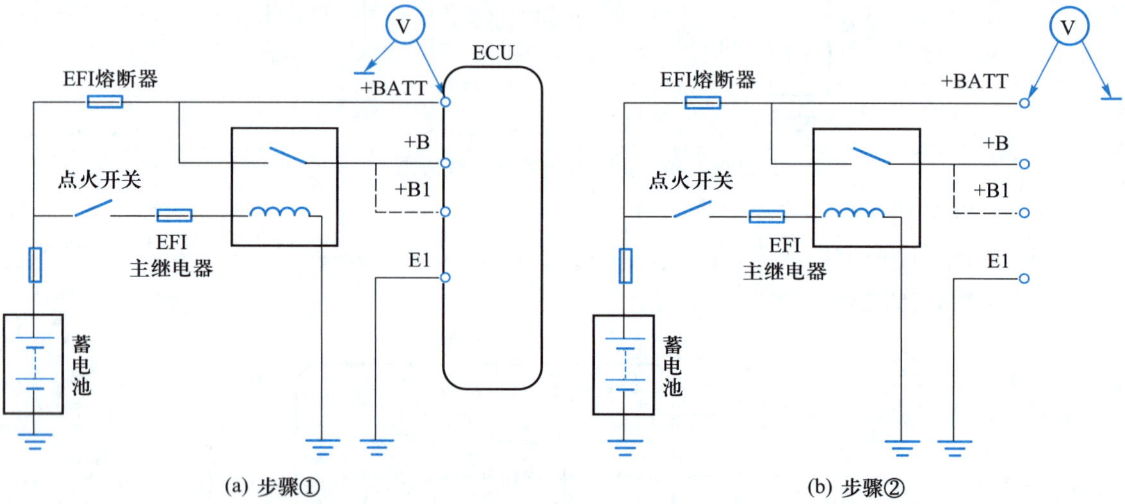

图 2-12　常火线故障检修

（2）点火开关控制火线检修

① 用万用表测量端子+B、+B1 与搭铁间的电压（见图 2-13（a）），点火开关 ON 应为蓄电池电压；否则进行步骤②检查。

② 断开 PCM 连接器，用万用表测量连接器插头端子 BATT 与搭铁间的电压（见图 2-13（b）），若是蓄电池电压，则用替换法检查 PCM 是否良好；否则检查蓄电池与连接器端子+B、+B1 间线路中的继电器、熔断器、点火开关、连接器、导线。

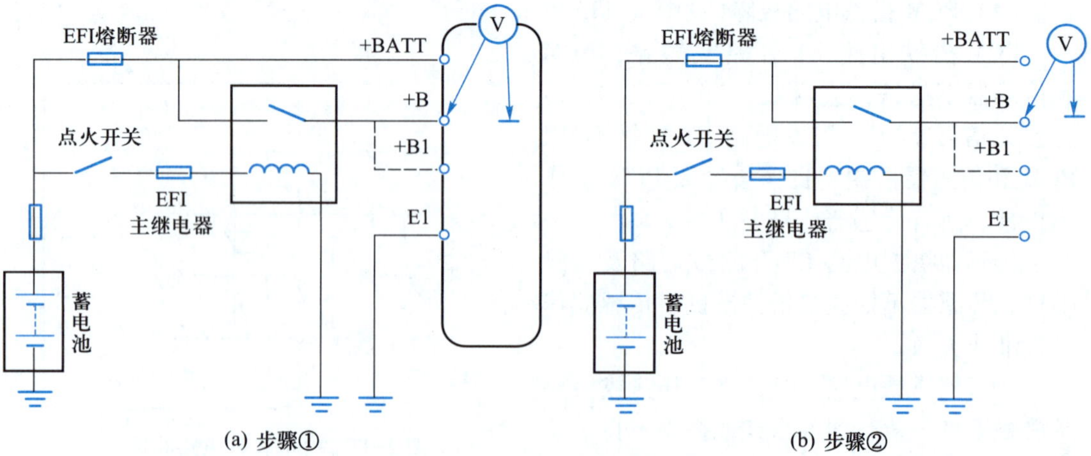

图 2-13　点火开关控制火线检修

（3）PCM 内部电源电路检修

① 用万用表测量端子 VC 与搭铁间的电压（见图 2-14(a)），点火开关 ON 应为 5V 左右；否则进行步骤②检查。

② BATT、+B、+B1 与搭铁间的电压应为蓄电池电压（见图 2-14(b)）。若是蓄电池电压，则表明 PCM 内部电源电路故障，应更换 PCM；否则检查 BATT、+B、+B1 与蓄电池间的线路。

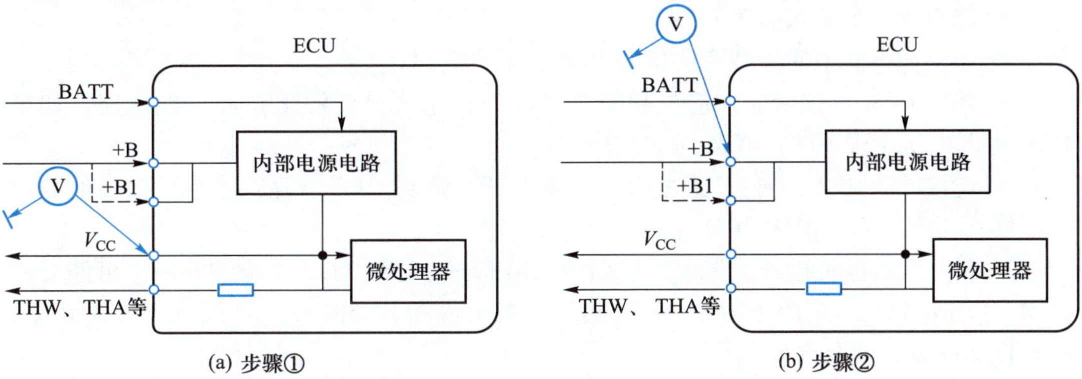

图 2-14　PCM 内部电源电路检修

（4）PCM 搭铁电路检修

① 断开传感器连接器，用万用表测量传感器搭铁端子与搭铁间的电阻（见图 2-15(a)），其应约为 0Ω；否则进行步骤②检查。

② 传感器搭铁端子与 E2 之间的电阻应约为 0Ω（见图 2-15(b)）。若是 0Ω，则表明该线路良好，进行步骤③检查。

③ E1 与搭铁之间的电阻应约为 0Ω（见图 2-15(c)）。若是 0Ω，则表明 PCM 故障；否则表明该线路故障。

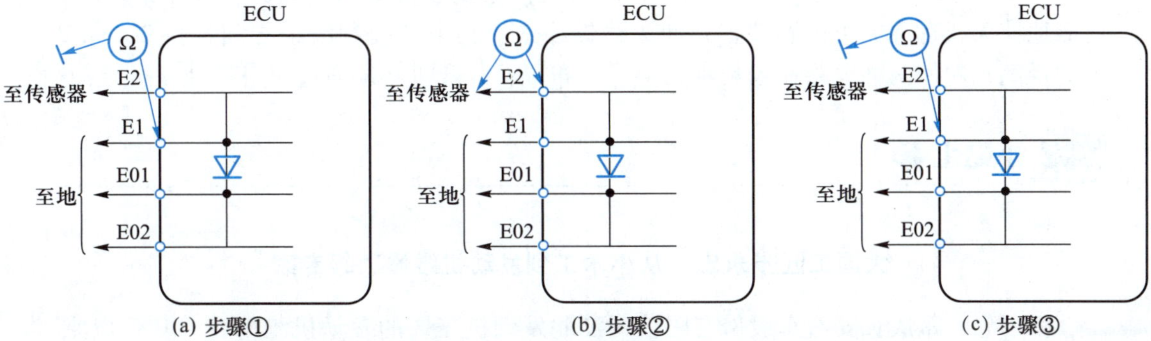

图 2-15　PCM 内部电源电路检修

7. 动力系统控制模块的更换

① 按照维修手册的要求或根据零件号选择 PCM。

② 断开点火开关，断开蓄电池负极线。

③ 拆卸 PCM。

④ 安装 PCM。

⑤ 接通电源。

⑥ 使用故障诊断仪检修有关的匹配，有些控制模块还需要进行设定或编程。在更换后的一段时间内，控制模块会自动学习调整。

8. 动力系统控制模块的使用和检修注意事项

• 使用和检修中应注意 PCM 防止机械撞击、防振、防水、防热、防过电压、防磁。

• PCM 故障率低，价格较贵，不要轻易怀疑和更换。

• 非专业人员请勿拆解 PCM。

• 在一般维修中使用替换法检查 PCM，不必拆解。

• 怀疑 PCM 有故障时，应先检查外部电路，主要是电源电路和搭铁电路；如果 PCM 电源电压小于 10V，PCM 无法工作。

• 连接或断开 PCM 连接器之前，将点火开关转到 OFF 位置，并断开蓄电池的接地电缆；否则可能会损坏 PCM。

• 断开蓄电池负极或拔下电源线路中的熔断器，导致 PCM 常火线断电，可能会使 PCM 丢失故障码、冻结帧数据、设定参数、自适应参数、时钟信息或锁死音响系统，执行操作前应先读取有关参数。

• 连接 PCM 连接器时，将拔杆推到底，以便可靠地锁紧。连接不良会产生过电压，导致集成电路芯片的损坏。

• 连接或断开 PCM 连接器时，注意不要损坏插针接口。连接插针接口时，确保插针没有弯曲或折断。

• 使用电压表测量 PCM 电路时，绝对不要使两测试笔搭接。测试笔的意外搭接将会导致短路，损坏 PCM 内部电路。

• 由于 PCM 内阻较大，检测 PCM 电路应使用高内阻（大于 10MΩ）的数字万用表；否则会引起测量不准确，还有可能因引入大电流而损坏某些元件或电路。

• 当安装无线电台或移动电话时，应避免由于安装位置不当而影响控制系统。尽可能地使天线远离电子控制装置；使天线馈线线路与电子控制线束之间保持 20 cm 以上的距离；勿使两种电路在较长距离上平行布置；收音机必须通过车身接地。

小贴士

大国工匠张永忠：从小木工到发动机维修顶级专家

张永忠，重庆长安汽车股份有限公司江北发动机工厂的发动机维修工。从业以来，他钻研技术，为成千上万的用户排忧解难。他结合经验总结出的一套发动机维修“独门绝技”，提升了效率，在全国汽车行业得到推广。他以 30 多年的坚实步伐，向人们展示了从普通木工到汽车发动机维修专家的成长。

1. 从木工到汽车发动机“医生”

1993 年，张永忠从军队退役后来到重庆长安汽车股份有限公司，从事木工。一年后，公司开始研究汽车发动机，踏实、努力的张永忠被调去参加组装调试工作。在这个全新的领域里，他从一颗颗螺钉干起，从基本的零件名称学起，装配、磨合、调试，不分工种，什么都干。他心里非常清楚，要成为发动机调试工，自己必须认真学习，大量实践。虽然是全新的工作体验，但张永忠很快就发现，自己已经彻底“爱上”了发动机调试这份工作，“发现问题、找出原因、解决问题”成了他最大的乐趣。

凭着对工作的热爱、不怕吃苦的狠劲、刻苦钻研的态度，通过一点一滴的积累提高，张永忠从一个汽车修理“门外汉”逐渐成长为发动机维修专家。同事们这样评价：“张永忠是中国汽车发动机维修的‘老中医’。”他的耳朵很灵，总是能从撞击声音中察觉质量问题。2003 年 10 月，张永忠在一次巡查时“听”到了问题，在工人对连杆螺母撞击打力的过程中，撞击声音和标准力度下发出的声音有些出入。他赶紧查看仪器，果然发现连杆螺母力矩偏小，及时解决了问题。2004 年 9 月，经过车间的张永忠发现了一个技术问题，发动机排气管的角度不对，会造成排气管漏气，导致产品不合格。他在第一时间反映了问题，避免了工厂更大的损失。在工作中，善于总结研究的张永忠练就了一身发动机调修独门技能，归纳总结出“望、闻、听、切”故障诊断方法。“望”即看发动机外观；“闻”即闻汽车尾气味；“听”即听发动机工作异响；“切”即找原因。

这一方法能快速、准确地找出和解决发动机故障，被命名为“重庆市职工经典操作法”，其已经成为发动机维修“宝典”，并在整个行业推广。30 多年来，张永忠组织和参与技术攻关 70 余次，创造经济价值 5000 余万元，通过攻关的技术创新，其个人获得 3 项国家专利；此外，他还积极参与员工合理化建议活动，他提出的合理化建议为公司节约生产成本 3000 多万元。

2. 总维修顾问

时光如梭，30 多年来，张永忠始终“干一行、爱一行、钻一行”，经他手调修好的发动机已经数不清有多少台。在这期间，他先后被评选为工厂十佳能手、公司一级技能师、重庆市劳动模范、中国兵装集团技能大师、全国技术能手……每当有同事求助时，他都毫无保留地把多年积累的技能分享出去。公司驻各地的维修技师遇到棘手发动机故障时，张永忠总是能帮他们迅速排除，他被大家称为“总维修顾问”。

谈及工匠精神，张永忠说：“搞技术必须要有兴趣，对工作充满热爱并保持专注，不怕吃苦，勤思考，爱钻研，精益求精，并执着地坚持下去。弘扬劳模精神和工匠精神，就是要带动身边的职工认真钻研技术，掌握过硬技能，甘于奉献，为提高我国汽车制造业技能水平不断贡献力量。”

（二）任务计划与实施

引导问题 14：在进行动力控制系统故障检测时，下列说法中正确的是(　　)。

A. 进行动力控制系统故障检测时，应该严格按照流程进行规范检测

B. 进行动力控制系统故障检测时，可按照自己的想法，随意进行

C. 进行动力控制系统检测作业时，为了保证车辆的安全，插拔电子控制单元时，必须断开蓄电池负极

D. 进行动力控制系统故障检测时，应该保持严谨细致的工作态度，不漏掉任何可能的故障点

E. 进行动力控制系统故障检测时，只需排除故障即可，不必在乎细节

F. 在读取随车诊断系统故障码时，诊断仪不需要清除故障码操作

G. 在读取随车诊断系统故障码时，诊断仪需要进行读码—清码—再读码操作

H. 当进行随车诊断系统检测时，应当全过程进行 6S 作业：整理、整顿、清扫、清洁、素养、安全

引导问题 15：列举“迈腾 B8L 汽车打开点火开关，仪表显示无异常，启动发动机，起动机不工作”可能的故障原因。

引导问题 16：写出“迈腾 B8L 汽车打开点火开关，仪表显示无异常，启动发动机，起动机不工作”诊断流程。

引导问题 17：列举“迈腾 B8L 汽车排放灯和 EPC 灯报警”可能的故障原因。

引导问题 18：写出“迈腾 B8L 汽车排放灯和 EPC 灯报警”诊断流程。

引导问题 19：列举“迈腾 B8L 汽车发动机启动后熄火”可能的故障原因。

引导问题 20：写出“迈腾 B8L 汽车发动机启动后熄火”故障诊断流程。

引导问题 21：简述发动机动力控制系统的故障检修注意事项。

任务技能点 1：一汽大众迈腾汽车 B8L 发动机起动系统故障检修

1. 故障现象

打开点火开关，仪表显示无异常，启动发动机，起动机不工作，继电器 J907 发出吸合的声音。

2. 故障分析

根据现象，初步分析故障范围。用遥控器可以正常开启车门，打开点火开关，转向盘可正常转动，说明防盗系统已经解除。仪表显示正常，起动继电器 J907 有吸合动作，表明车辆供电正常且启动条件已经满足。因此故障可能为起动机控制线路异常故障、起动机自身故障和控制系统故障。

3. 诊断思路及过程

如图 2-16 所示，用 VAS6150D（大众汽车专用诊断仪）读取故障码，诊断仪与 ECU（J623）通信正常，有 ECU 故障码 15291（起动机继电器，电气故障）。根据故障码的形成机理，发动机启动时 J623 检测到 J906（起动机继电器 1）、J907（起动机继电器 2）线圈

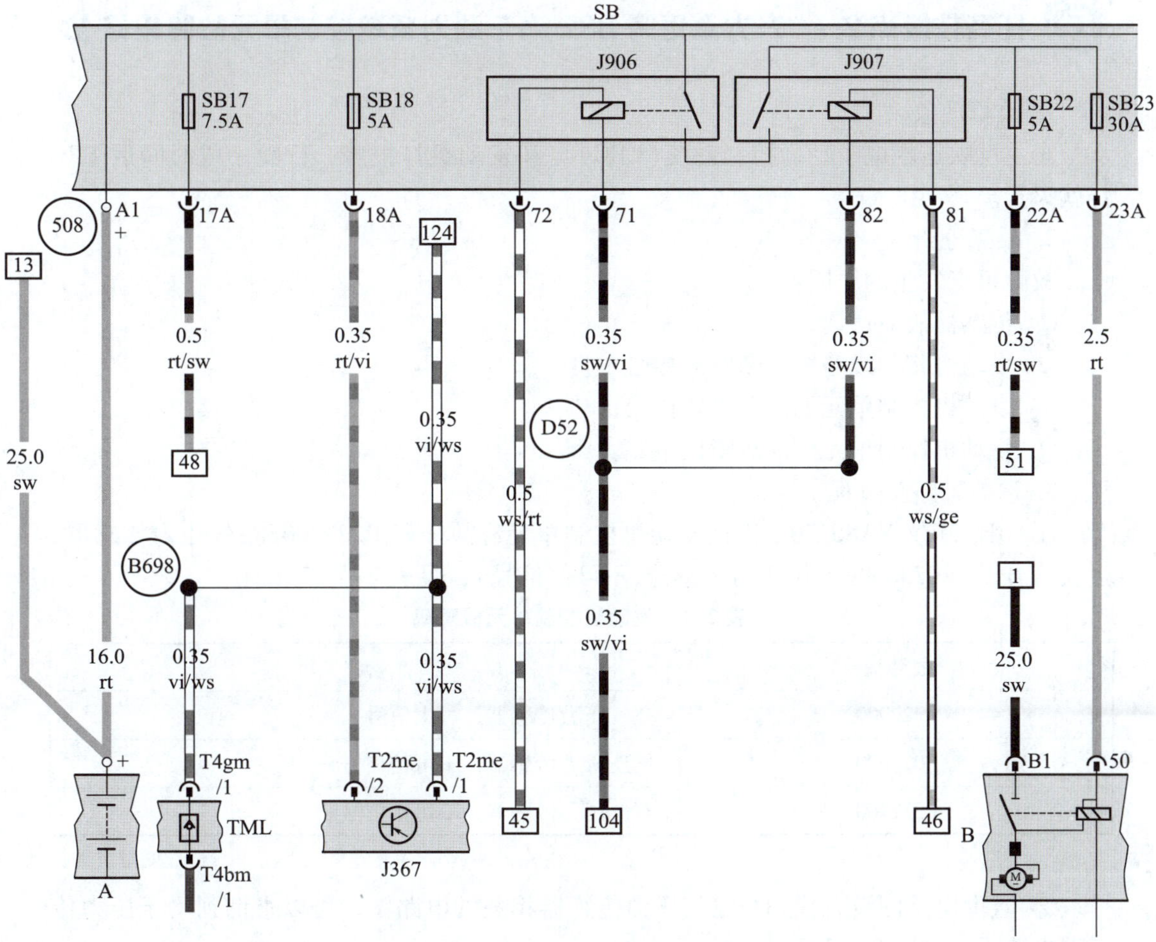

图 2-16　起动电路逻辑控制图

控制电路的电压变化，但检测不到反馈信号电路的电压变化，同时发动机也没有转动。根据故障码诊断信息，故障原因可能是继电器 J906 及相关电路存在故障，继电器 J907 及触点电路存在故障，SB22 或 SB23 及两者电路同时存在故障。

先检测起动机插头上端的 SB22 或 SB23 熔断器的电压，确定故障所在。P 挡下踩制动，按下启动键，用万用表测量 SB22 下端对地电压为 0 V，上端对地电压为 0 V，这表明 SB22 供电异常。检查继电器 J907 及相关电路，J907 输出端 97 对地电压为 0 V，30 端为 0 V，异常；95 端+B，96 端 0 V 正常。这表明 J907 线圈控制无异常，触点输入 30 供电异常。

检查继电器 J906 输出端 97 及 J906 相关电路，J906 输出 97 端对地电压为 0 V，J906 触点供电 30 端对地电压+B，95 端电压+B，96 端对地电压+B。这表明 J906 线圈两端及触点输入 30 均无异常，但 97 端信号无输出，说明继电器损坏。

4. 故障结论

由于继电器 J906 损坏，造成触点无法吸合，起动机控制信号异常，导致起动机不能运转。更换相同规格且状态良好的继电器后，起动机运转正常。

任务技能点 2：一汽大众迈腾 B8L 汽车动力系统控制单元故障检修

1. 故障现象

车主反映车辆电子动力控制系统（EPC）灯和发动机灯报警，行驶一段时间后 EPC 灯就灭了。

2. 故障分析

故障可能发生的原因：

① 传感器故障；

② 发动机相关线路短路断路或接触不良；

③ 发动机控制单元编码和设置错误；

④ 发动机控制单元内部故障误报警。

3. 诊断思路及过程

① 用诊断仪 VAS6150A 检查发动机控制单元有故障码 P222900（空气压力传感器，过大信号）、P023600（增压压力传感器，不可信信号），见表 2-1。

表 2-1 发动机控制单元故障码

故障码	含义
P222900	空气压力传感器，过大信号
P023600	增压压力传感器，不可信信号
P222700	空气压力传感器，不可信信号

② 查询电路图没有找到与空气压力传感器相关的电路图，可以查询到增压压力传感器电路图，如图 2-17 所示。

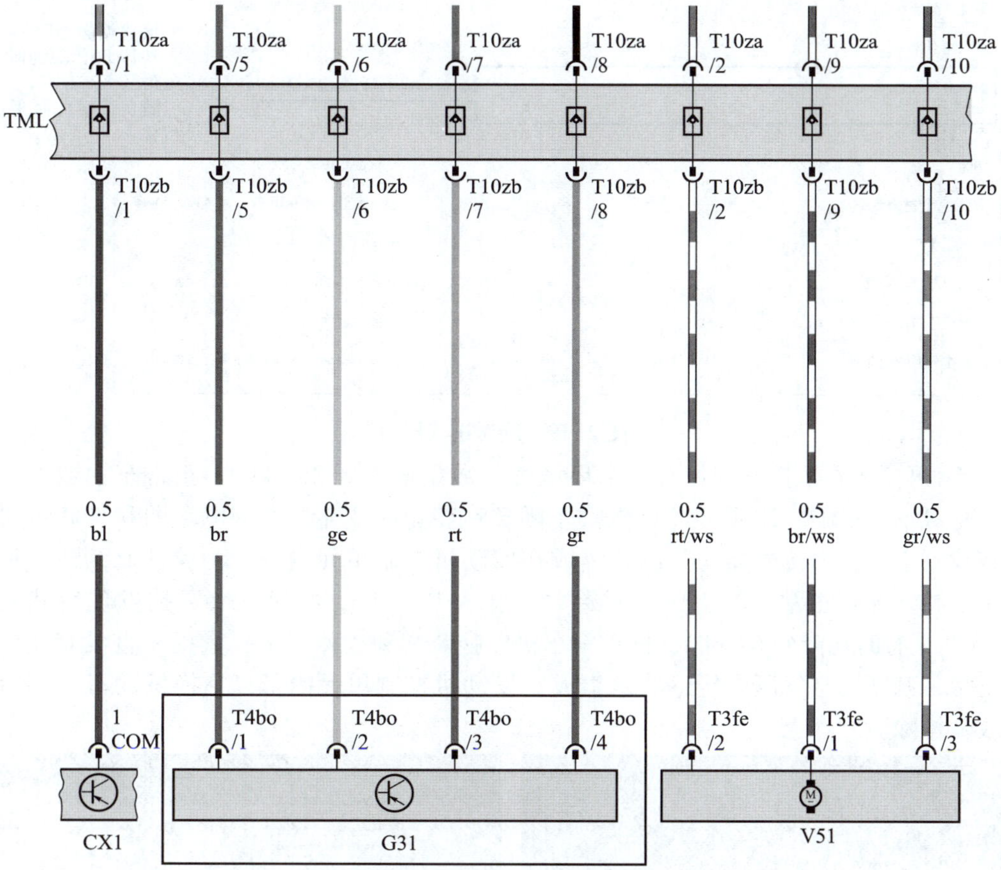

图 2-17　增压压力传感器电路图

③ 首先检查增压压力传感器，检查插头没有虚接和针脚接触不良现象。拆下传感器，发现传感器上的密封圈已经损坏，如图 2-18 所示。

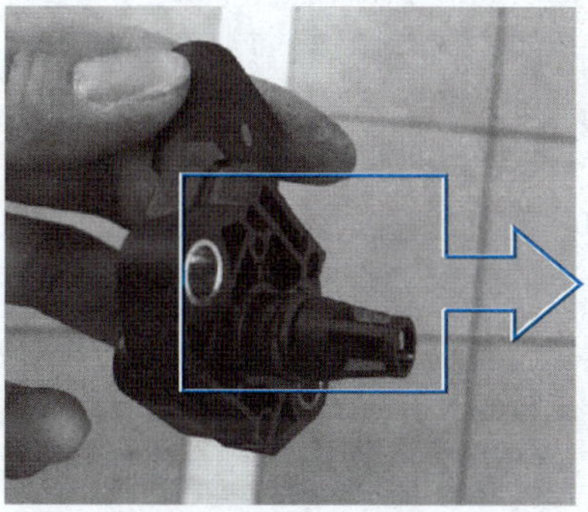

图 2-18　增压压力传感器

④ 更换增压压力传感器后全部故障都可以消除，但行驶 2 天后第一个故障又重新出现，这时的故障码是静态，无法消除。考虑到故障为进气方面，读取发动机相关的进气和负荷压力数据流观察，绝对进气压力随发动机负荷变化而变化，对比同车型正常，如图 2-19 所示。

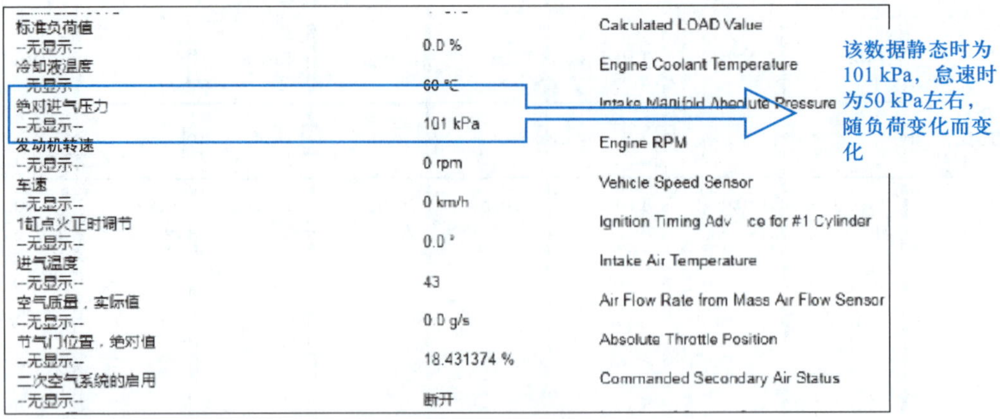

图 2-19　绝对进气压力

⑤ 再往下看数据发现，有一个环境气压数据偏大到 255 kPa，正常车辆数据应该为 100 kPa，如图 2-20 所示。该数据不随负荷变化而变化，查询电路图和维修手册也没有找到空气压力传感器，猜测是集成在发动机控制单元内部。为验证此结论，把故障车电脑装配到正常车辆上，一开始数据显示 101 kPa，继续观察数据发现突然变到 255 kPa，有时还降到 67 kPa，把正常车辆电脑装配到故障车上，数据一直没有变化数据正常，判断为空气压力传感器是集成在发动机控制单元内部，更换发动机控制单元后故障排除。

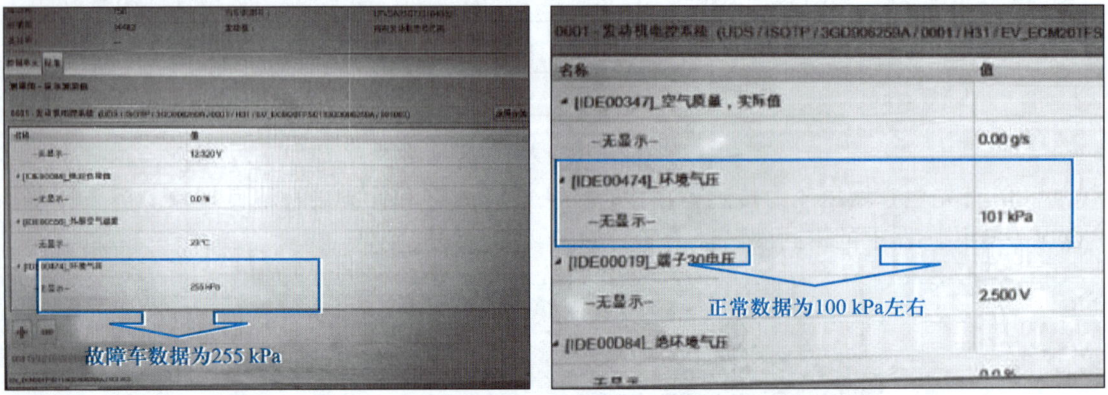

图 2-20　绝对进气压力

4. 故障结论

由于发动机控制单元内部故障，引起空气压力传感器数据错误，导致空气压力传感器数据错误导致 EPC 灯和排放灯报警。更换发动机控制单元后，报警灯火熄灭，故障排除。

任务技能点 3：一汽大众迈腾 B8L 发动机启动后熄火故障检修

1. 故障现象

迈腾 B8L 2. 0TSI 发动机，行驶里程为 12 万公里。故障维修后，启动发动机仪表故障灯点亮，随后发动机熄火。重新启动，发动机怠速 500 r/min 左右，抖动严重，运行较短时间后再次熄火。

2. 故障分析

故障可能发生的原因：

① 涡轮增压器故障。

② 电子节温器故障。

③ 传感器或传感器线路故障。

3. 诊断思路及过程

① 用诊断仪 VAS6150A 检查发动机 ECU，其故障码见表 2-2。

表 2-2　发动机电子控制单元故障码

故障码	含义
P023400	增压压力控制超出控制极限，静态
P064300	传感器参考电压过高，静态
P009700	涡轮增压压缩机超速，静态
P004900	发动机冷却装置不足够，静态

② 首先，拔下涡轮增压调节器插头检查附近线路后未发现有异常，起动发动机故障依旧。ECU 内涡轮增压故障可以清除。可排除涡轮增压器故障。

③ 怀疑故障可能与参考电压过高有关。参考电压是发动机 ECU 程序设计好的模拟电压，一般为 5 V。车辆上常见的参考电压故障分为两种：参考电压 A 和参考电压 B。如图 2-21 所示，发动机 ECU T105/81 端子为增压调节器 V465 T6f/1 端子提供参考电压，正常应为 5 V 左右，测量增压调节器 T6f/1 的供电电压为 13.67 V，表明供电电压过高。初步怀疑是发动机 ECU 内部供电电压过高造成，为证实故障，更换 ECU，故障依旧存在。

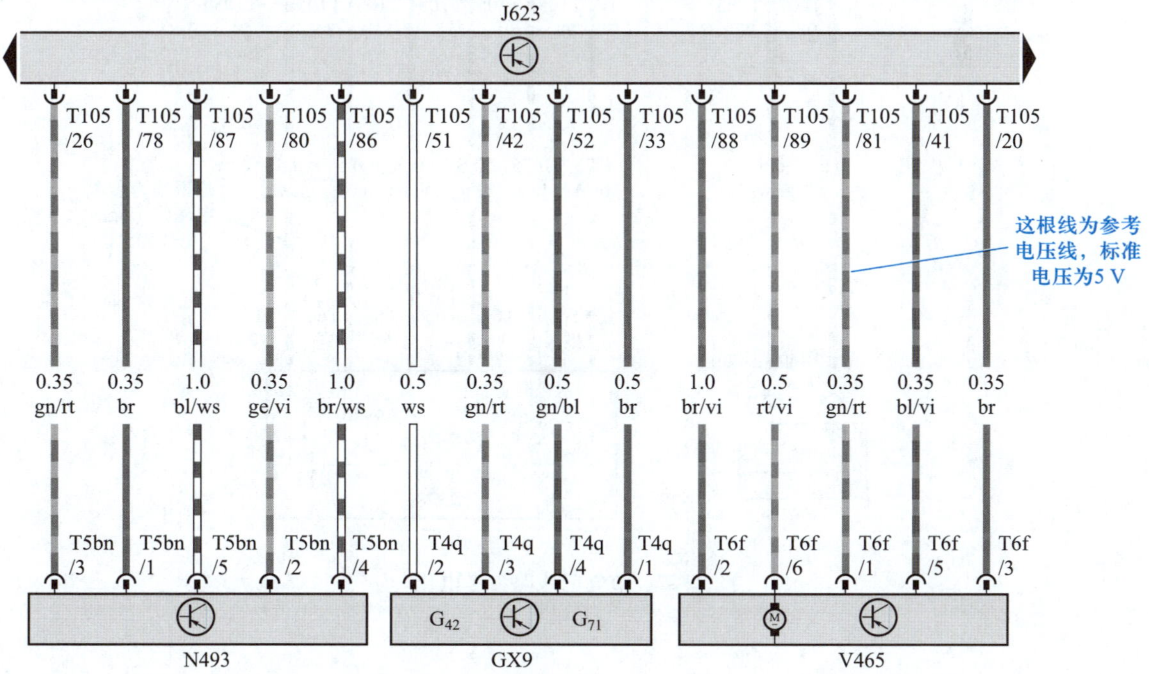

(a) 参考电压

(b) 实测电压

图 2-21　增压调节器电压

④ 对电子节温器进行检查：拔下电路中 N493 插头，并再次测量增压调节器供电电压，测量结果依然为 13 V，检查电子节温器线路及插头未发现破损及开路或短路现象。可以排除此部件造成的故障。

⑤ 依次测量各元件基准电压过程中发现，节气门线束在插拔时基准电压有明显变化。查询相关电路图，如图 2-22 所示。测量节气门插头 T6e/2 的供电电压为 13 V，正常应为 5 V 左右，表明供电电压过高，在摆动节气门线路过程中节气门端子 T6e/2 的电压变成了 5.01 V。检查节气门线路发现，节气门线路因外力破损有轻微短路情况。

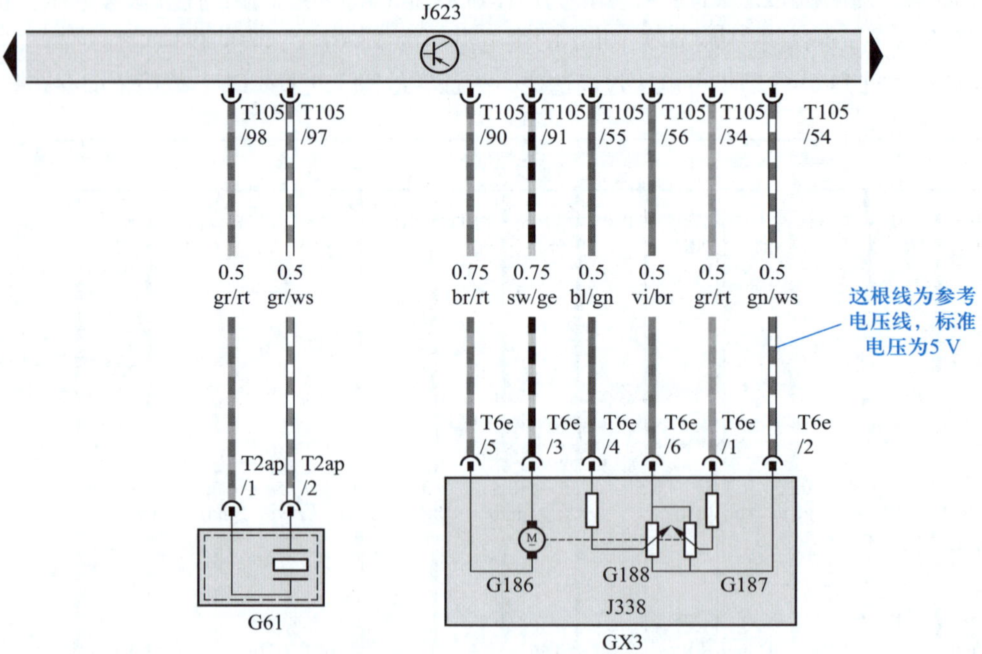

图 2-22　节气门线路参考电压

4. 故障结论

该车节气门线路破损，造成基准电压过高，导致众多执行器和传感器无法正常工作，因此发动机出现熄火故障。修复节气门线路后，发动机不再熄火，故障排除。

（三）任务企业案例引入

1. 案例

动力控制系统故障检修引入视频

一位车主向 4S 店打电话咨询：车辆诊断接口无法与诊断仪正常通信，车型为 2018 款一汽大众迈腾（配置：380TSI、DSG 豪华型）。

2. 准备工作（图 2–23）

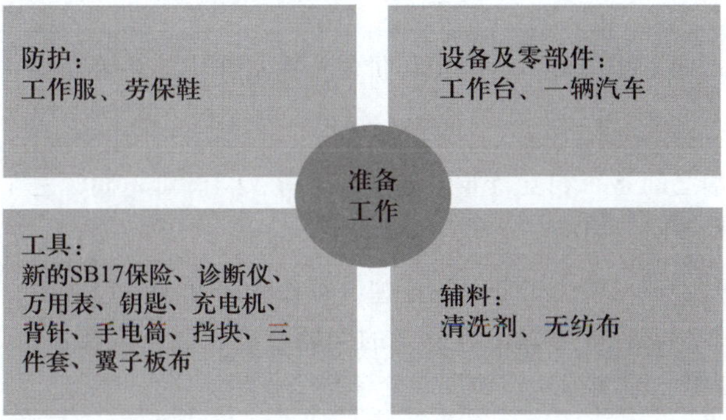

图 2–23　准备工作

3. 检修步骤

动力控制系统故障检修视频

① 打开机舱盖，铺设翼子板布。

② 检查机油量。

③ 检查冷却液量、制动液量。

④ 检查蓄电池电压。

⑤ 关闭点火开关，连接故障诊断仪器，读取故障代码。

⑥ 使用万用表电压挡测量 J623 常火电源线 T91/96 脚，SB17 熔断器两针脚对地电压。

⑦ 更换新的 SB17 熔断器后起动车辆，观察发动机 EPC 故障指示灯和转速表。

⑧ 连接诊断仪，进入发动机 ECU J623，清除故障码，再次读取故障码。

⑨ 整理车内四件套。

⑩ 收起翼子板布。

⑪ 收起挡块和尾排。

⑫ 擦拭设备工具。

（四）任务评价反馈

小组自评表（见表 2-3）能够让小组成员对各自的信息检索能力、任务认知程度、参与状态、学习状态和工作过程等方面进行评价，从记忆、领会、应用、分析、反馈等方面全方位评估自己对知识的学习及掌握情况。

表 2-3　小组自评表

<table>
<tr><td>班级</td><td></td><td>组名</td><td></td><td>日期</td><td></td></tr>
<tr><td>评价指标</td><td colspan="3">评价要素</td><td>分数</td><td>分数评定</td></tr>
<tr><td>信息检索</td><td colspan="3">能有效利用网络资源、工作手册查找有效信息；能用自己的语言有条理地去表述所学知识；能将查找到的信息有效转换到工作中</td><td>10</td><td></td></tr>
<tr><td>任务认知</td><td colspan="3">是否熟悉各自的工作岗位，认同工作价值；在工作中，是否获得满足感</td><td>10</td><td></td></tr>
<tr><td rowspan="2">参与状态</td><td colspan="3">与教师、同学之间是否相互尊重、理解、平等；与教师、同学之间是否能够保持多向、丰富、适宜的信息交流</td><td>10</td><td></td></tr>
<tr><td colspan="3">探究学习、自主学习不流于形式，处理好合作学习和独立思考的关系，做到有效学习；能够提出有意义的问题或能发表个人见解；能按要求正确操作；能够倾听、协助并分享</td><td>10</td><td></td></tr>
<tr><td>学习方法</td><td colspan="3">工作计划、操作技能是否符合规范要求；是否获得了进一步发展的能力</td><td>10</td><td></td></tr>
<tr><td>工作过程</td><td colspan="3">遵守管理规程，操作过程符合现场管理要求；平时上课的出勤情况和每次完成学习任务情况；善于多角度思考问题，能主动发现并提出有价值的问题</td><td>15</td><td></td></tr>
<tr><td>思维状态</td><td colspan="3">是否能发现问题、提出问题、分析问题、解决问题、创新思路</td><td>10</td><td></td></tr>
<tr><td>自评反馈</td><td colspan="3">按时按质完成学习任务；较好地掌握了专业知识点；具有较强的信息分析能力和理解能力；具有较为全面严谨的思维能力，并能条理清晰地表述成文</td><td>25</td><td></td></tr>
<tr><td colspan="4">自评分数</td><td colspan="2"></td></tr>
<tr><td>有益的经验和做法</td><td colspan="5"></td></tr>
<tr><td>总结反思建议</td><td colspan="5"></td></tr>
</table>

小组互评表(见表 2-4)能够让小组成员从信息检索能力、任务认知程度、参与状态、学习状态和工作过程等方面对其他小组进行评价，通过互相评价环节，学习其他小组的长处，弥补自己小组的不足。

表 2-4　小组互评表

班级		被评组名		日期	
评价指标	评价要素			分数	分数评定
信息检索	该小组能否有效利用网络资源、工作手册查找有效信息			5	
	该小组能否用自己的语言有条理地去表述所学知识			5	
	该小组能否将查找到的信息有效转换到工作中			5	
任务认知	该小组能否熟悉各自的工作岗位，认同工作价值			5	
	该小组成员在工作中，是否获得满足感			5	
参与状态	该小组与教师、同学之间是否相互尊重、理解、平等			5	
	该小组与教师、同学之间能否保持多向、丰富、适宜的信息交流			5	
	该小组能否处理好合作学习和独立思考的关系，做到有效学习			5	
	该小组能否提出有意义的问题或能发表个人见解，按要求正确操作，能够倾听、协助并分享			5	
	该小组能否积极参与学习任务，并在过程中综合运用信息技术的能力得到提高			5	
学习方法	该小组工作计划、操作技能是否符合规范要求			5	
	该小组是否获得了进一步发展的能力			5	
工作过程	该小组是否遵守管理规程，操作过程是否符合现场管理要求			5	
	该小组平时上课的出勤情况和每次完成学习任务情况			5	
	该小组是否善于多角度思考问题，能否主动发现并提出有价值的问题			5	
思维状态	该小组是否能发现问题、提出问题、分析问题、解决问题、创新思维			5	
自评反馈	该小组能否严肃认真地对待自评，并独立完成自测试题			10	
互评分数					
简要评述					

教师评价表(见表2-5)的内容主要包括小组出勤状况、信息收集能力、计划制订是否完善、工作过程是否规范等，能够帮助学生更好地理解学习任务，促进对任务知识点、技能点的消化和吸收。

表2-5 教师评价表

班级		组名		姓名	
出勤情况					
评价指标	评定要素			分数	分数评定
职业素养	具备信息素养			5	
	具备探究学习、终身学习能力			5	
	在实操过程中体现劳模精神、劳动精神、工匠精神			10	
	具备良好的职业道德和环保意识			5	
道德品质	遵守实验室、实训场地等公共场所的管理规定，自觉遵守秩序			5	
	在公共场所举止文雅，文明礼貌			5	
	爱护公物，保护公共设施			5	
信息检索	能够顺利完成教师安排的任务，快速找到有效信息，并转化到工作中去			5	
任务认知	能够理解任务的内容			5	
	能够满足岗位工作要求，掌握工作流程，熟悉注意事项			5	
参与状态	与教师、同学之间相互尊重、理解			5	
	能够做到独立思考、表达自己想法			5	
	能够按照要求正确操作，能够倾听对方表达的内容并乐于分享			5	
学习方法	能够按照工作内容的紧急情况合理制订计划			5	
	能够按要求完成工作计划，且操作符合规范			5	
工作过程	操作符合安全规定			5	
	操作符合流程规范			5	
	能协助他人完成工作			5	
思维状态	工作过程思维清晰，对工作结果能够正确预判，对其他相关工作有帮助			5	
师评分数					
综合评价					

三、 任务拓展信息

发动机电子防盗系统新技术

1. 发动机防盗系统的含义

汽车防盗系统通常分为三种防盗原理：机械式防盗、电子式防盗、网络式防盗。发动机防盗系统是电子式防盗系统。发动机电子式防盗系统一般由主机、感应传感器、报警装置等组合而成。

2. 发动机电子防盗技术发展

第一代方案(fix code)，只是在钥匙插进锁孔后，发送一个特定的密码，验证通过即可点火起动，典型的应答器是 PCF7930。

第二代方案(read-write)，使用应答器 PCF7931，且每次发送的密码都不同，同时基站发送密码保护信息。

第三代方案，使用应答器 PCF7935，由基站首先发送一串随机数，应答器再回应经过加密的代码，经过验证后才可起动发动机。

第四代方案，使用应答器 PCF7936，基站不仅发送随机数，同时发送加密信息，通过认证后，应答器才发送加密的应答信号，用于起动。这是目前主要的应用方式。

第五代方案，使用应答器 PCF7939，采用 AES129 的加密算法传输数据。

3. 发动机电子防盗技术组成

发动机电子防盗系统(immobilizer, IMMO)是在通用的车辆防盗系统(vehicle anti-theft system, VATS)基础上发展起来的，在防盗原理上传承了 VATS 的思路，即利用钥匙中芯片的密码与起动电门中的密码进行匹配，来控制发动机的起动，以达到防盗的目的。对于装有发动机电子防盗系统的汽车，盗车者即使打开车门也不能启动发动机开走汽车。简单地说，发动机电子防盗系统一般匹配拥有智能钥匙的车型，钥匙需要有密码，如果没有正确的密码，汽车不可能被发动。其基本结构如图 2-24 所示。

在发动机电子防盗系统中，每把车钥匙内嵌有一个防盗转换器。将钥匙插入点火开关锁芯，并将其旋转至 ON 位置时，电子防盗 ECU 与钥匙之间通过无线射频的方式通信。如果钥匙被确认是合法的，则电子防盗 ECU 将与发动机 ECU 进行密码验证。如果密码验证正确，将允许发动机起动。

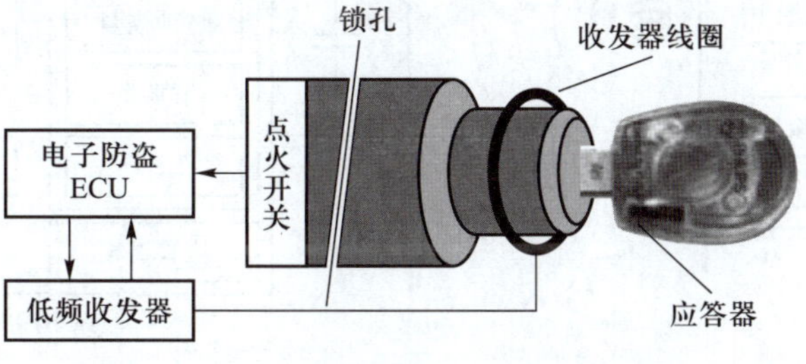

图 2-24　发动机电子防盗系统基本结构

4. 发动机电子防盗工作原理

点火钥匙中装有芯片，每个芯片都有固定的ID，只有钥匙芯片的ID与发动机的ID相匹配时，汽车才能起动。当车主转动钥匙发动车辆时，基站发射低频信号开始认证过程。钥匙端应答器工作能量由基站低频信号提供。在认证过程中，置于钥匙中的应答器首先发送自身的ID，通过基站芯片的验证，基站会发出一串随机数和MAC地址，同时应答器做出回应。为了提高安全性，每次发送的信号都是经过加密的数据，如图2-25所示。IMMO主要通过发动机ECU来控制发动机，整个方案包括低频收发器、MCU、稳压器和通信接口芯片(例如CAN、LIN收发器)。在尺寸的限制下，NXP推出新一代的单芯片解决方案(ABIC2)，将这些芯片用一块专用IC来实现。它包括了LIN收发器、稳压器及数字逻辑单元，实现了单芯片的远程ECU通信，只需要三根线(Power、GND、LIN)就可以实现IMMO功能。

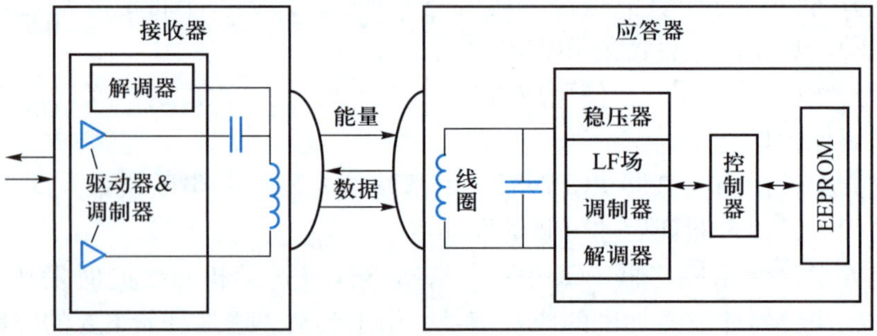

图2-25 发动机电子防盗工作原理

5. 发动机电子防盗系统的作用

发动机电子防盗系统主要的作用是看电子防盗ECU与钥匙之间通过无线射频的方式进行通信是否正确，从而得到起动发动机的权限。钥匙内建有一个芯片，里面保存了这辆车唯一的ID，发动机和钥匙芯片里的频率信号ID相符时，才能起动。所以，仿制钥匙无法起动车辆发动机，安全性能提高。

6. 发动机电子防盗推荐方案

点火锁附近的基站芯片PCF7991搭配钥匙中的应答器PCF7936，如图2-26所示。

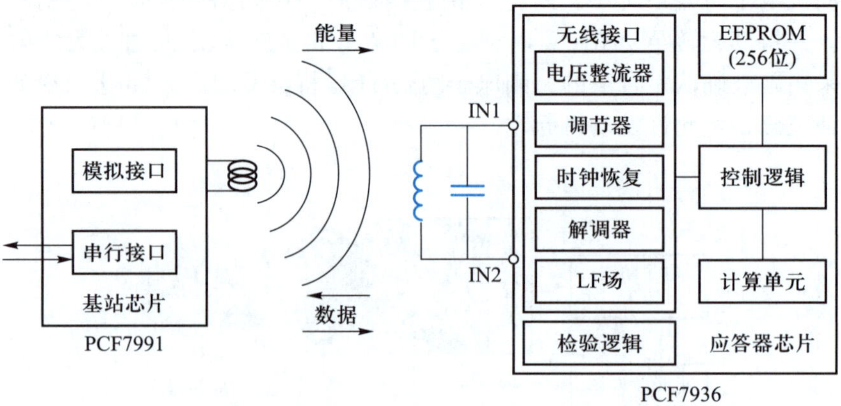

图2-26 发动机电子防盗推荐方案

学习任务3
发动机燃油供给控制系统的检修

一、 任务说明

学习任务引入视频

任务描述	一位车主在起动汽车时，发动机运转一段时间后熄火，无法再次起动，向 4S 店打电话咨询，车型为 2018 款一汽大众迈腾（配置：380TSI、DSG 豪华型）
任务对应工作领域	汽车动力与驱动系统　（√） 汽车转向悬架与制动安全系统　（　） 汽车电子电气与空调舒适系统　（　） 汽车全车网关控制与娱乐系统　（　）
任务所属模块课程	动力系统检修　（√） 变速箱与传动系统检修　（　） 转向悬架系统检修　（　） 制动安全系统检修　（　） 电器与控制系统检修　（　） 空调与舒适系统检修　（　） 动力与底盘网关控制系统检修　（　） 车身与娱乐网关控制系统检修　（　）
任务育人目标描述	
培养创新思维，树立科学意识	
职业技能（能力）要求描述	
行为	能进行汽车动力与驱动系统工作领域中发动机燃油供给系统的故障排除和相关机理分析
条件	车辆/设备：2018 款一汽大众迈腾（配置：380TSI、DSG 豪华型）
	工具及场地要求： 维修工位 4 个。 车辆配套维修手册 4 册。 工具车（万用表、示波器、解码器、油压表及相关通用、专用工具）4 套。 零件车 4 辆。 工作灯 4 个

续表

标准与要求	树立分析问题、解决问题的信心；提高沟通协调、团队合作的能力；强化安全生产、规范操作的意识。 能够掌握发动机燃料供给系统的基本结构、原理和检修方法，能够正确使用维修手册、电路图等工具书，能够制订拆装及检测计划，能够对测量结果进行有效分析并给出维修意见。 按照维修手册的规范能正确进行燃油箱、加油管和油箱盖的检查、拆装或更换。 能正确进行喷油器的端子及线束电压、电阻、频率或波形的测量。 能正确进行喷油器的喷油量、喷射角度、1 分钟滴漏情况、雾化效果的测量。 能正确进行喷油器及密封件、燃油导轨的检查、拆装或更换。 能正确进行燃油系统压力，管路是否泄漏或堵塞的测量。 能正确进行燃油泵及其组件的检查、拆装或更换。 能正确进行燃油系统真空、电气部件和连接器的检查、拆装或更换
成果	完成发动机燃油供给控制系统的检测和故障排除

二、 任务学习与实施

（一）任务引导与学习

引导问题 1：良好的燃油供给是发动机正常运转的基本条件之一，燃油供给控制系统（简称燃油系统）是发动机最基本的系统，发动机燃油供给控制系统的组成包括________、________、________、________、________、________。

引导问题 2：如图 3-1 所示，根据发动机燃油供给系统结构示意图，说明油路在系统当中的循环路线。

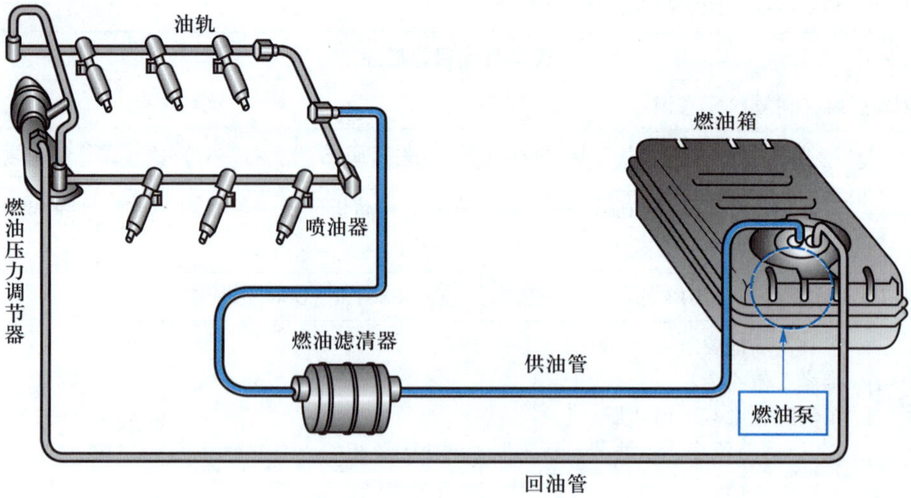

图 3-1　发动机燃油供给控制系统结构示意图

油路循环路线：____
____
____。

引导问题 3：燃油系统的类型可以分为有回油燃油系统和无回油燃油系统。

1. 有回油燃油系统的特点：____
____
____。

2. 无回油燃油系统的特点：____
____
____。

引导问题 4：图 3-2 所示电动燃油泵的作用是什么？有哪几种形式？

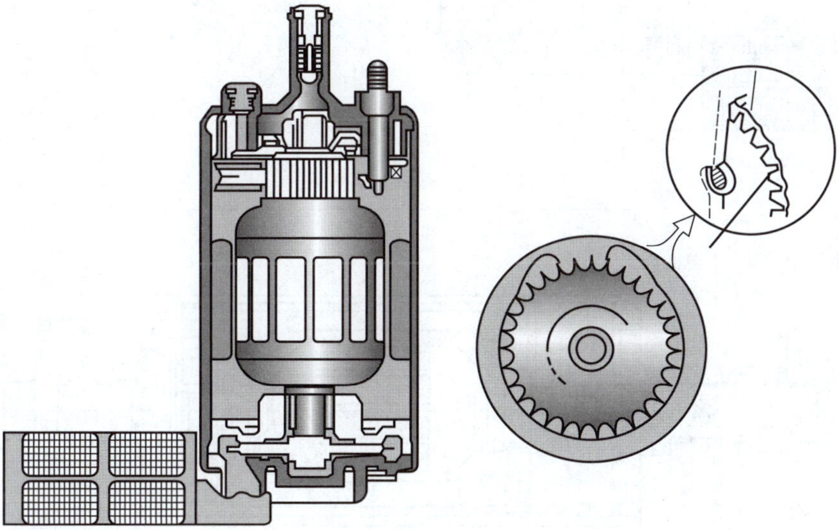

图 3-2　电动燃油泵

1. 作用：____
____
____
____
____。

2. 形式：____________________、____________________、____________________、
____________________。

引导问题 5：图 3-3 所示为两种燃油泵的结构，写出燃油泵的形式。

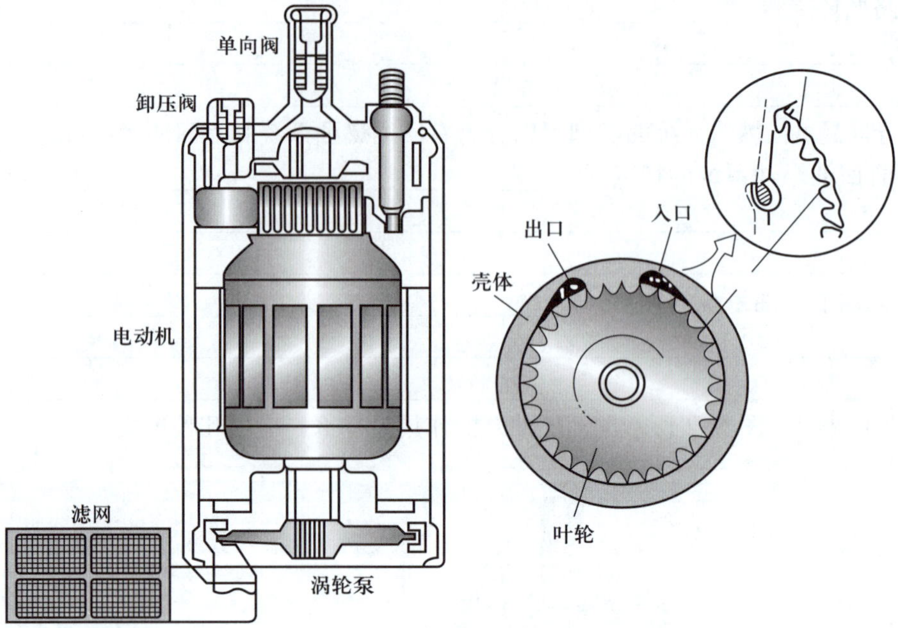

(a) ________________

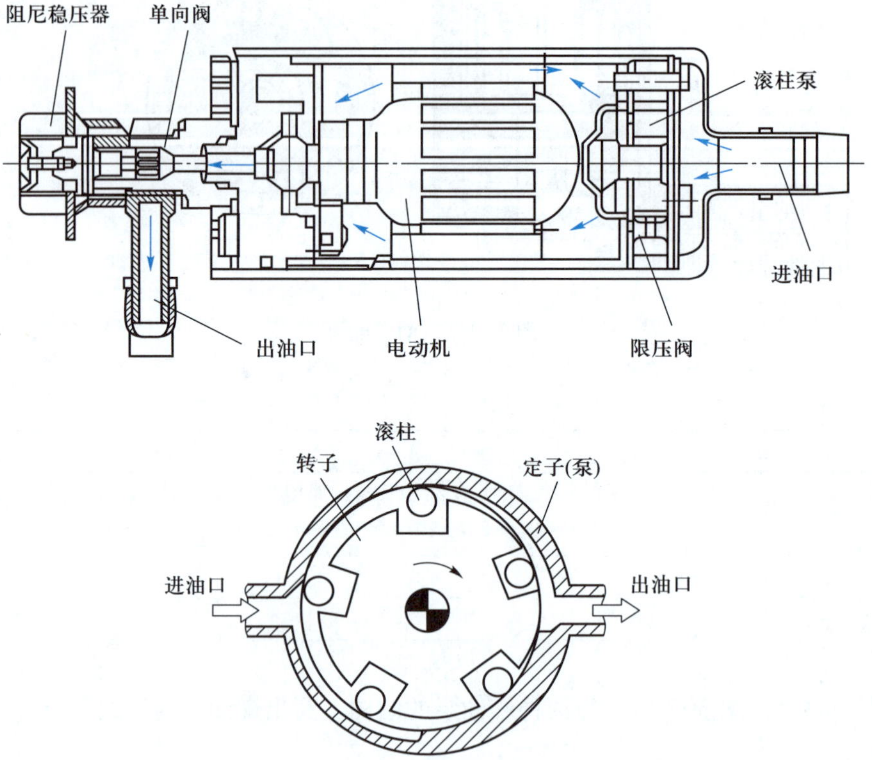

(b) ________________

图 3-3　两种燃油泵的结构

引导问题 6：图 3-4 所示为燃油压力调节器，它在发动机的燃油供给控制方面有着重要的作用。叙述其作用。

图 3-4　燃油压力调节器

作用：____

____

____

____

____。

引导问题 7：图 3-5 所示为两种燃油系统，请观察并回答下列问题。

1. 图 3-5(a)所示燃油系统的燃油导轨处有压力调节器吗？系统有回油管吗？

____

____

____

____

2. 图 3-5(b)所示燃油系统的燃油导轨的压力调节器的 3 个接头分别接到哪里？

____

____

____

____

3. 图 3-5(a)所示燃油系统的压力调节器安装在哪里？其压力的调节和进气歧管的真空度有关系吗？

____

____

____

____

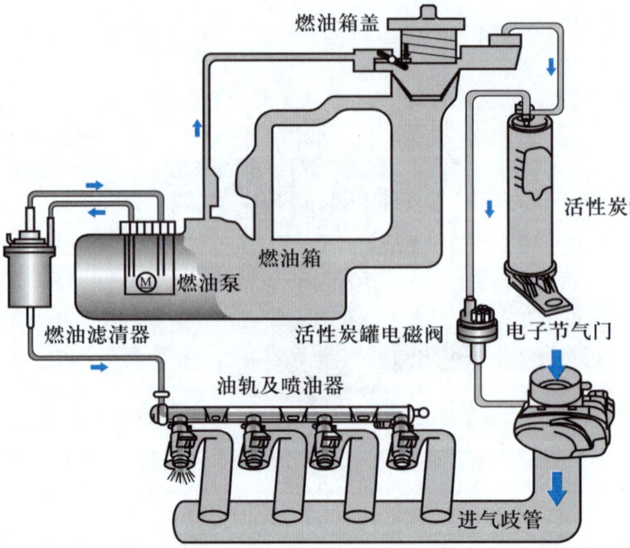

(a)

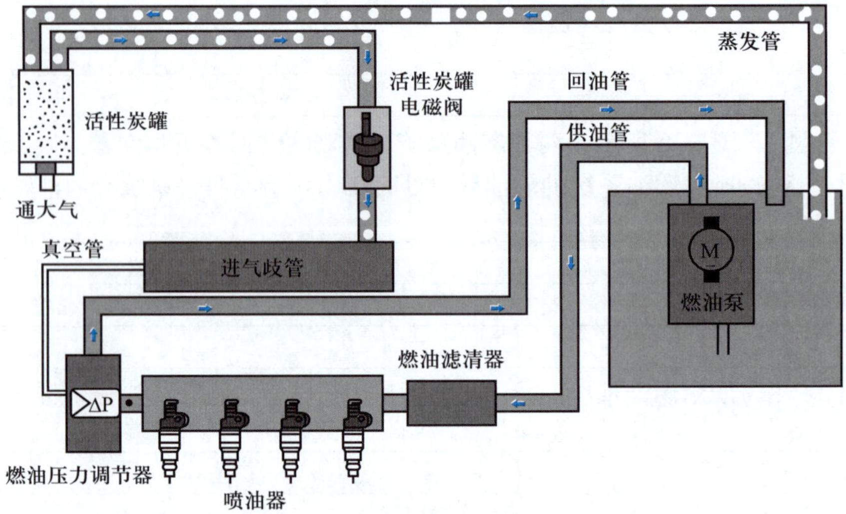

(b)

图 3-5　两种燃油系统

引导问题 8：喷油器按照安装位置的不同分为________喷油器和______喷油器。在 MPI 喷射系统中，喷油器一般安装在__________并指向________________；在某些车辆中，为了改善低温起动性能增设有__________喷油器。按喷口形状不同，喷油器可分为________喷油器和________喷油器；按电阻值不同，喷油器可分为__________喷油器和____________喷油器。其中，__________喷油器不能直接接蓄电池电源电压，必须串联____________，否则可能因电流过大而烧坏。

引导问题 9：图 3-6 所示分别是顺序喷射和分组喷射的喷油器控制电路示意图。画出控制线路的连接(注意喷油器的喷射顺序)。

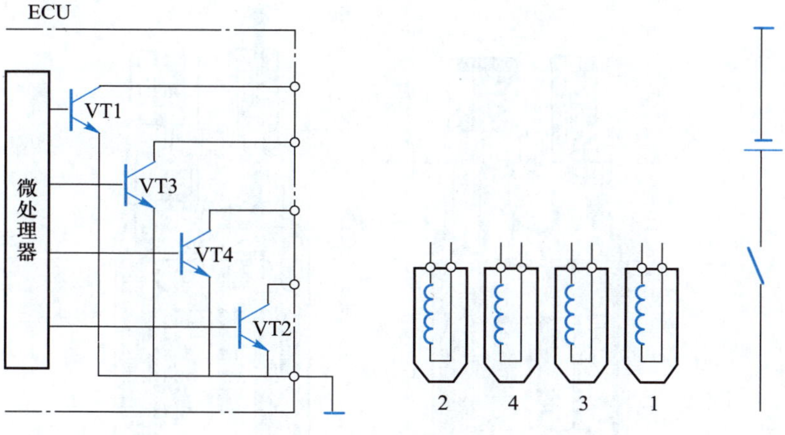

(a) 顺序喷射

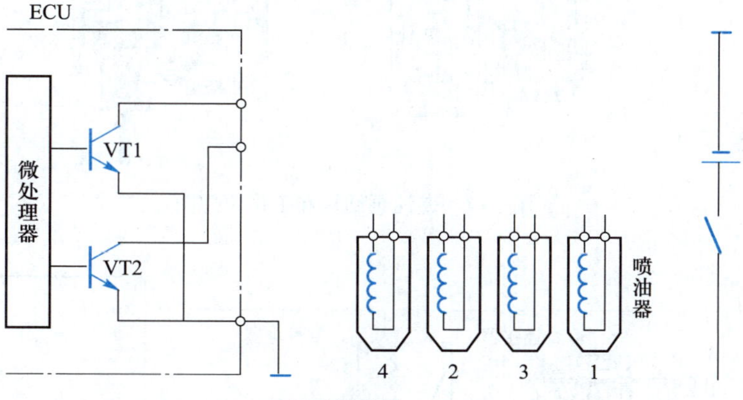

(b) 分组喷射

图 3-6　顺序喷射和分组喷射的喷油器控制电路示意图

引导问题 10：图 3-7 所示为燃油泵结构和工作原理图，请写出其结构和工作原理。

1. 结构：

1______________；2______________；3______________；4______________；

5______________；6______________；7______________；8______________。

2. 工作原理：

____

____

____

引导问题 11：图 3-8 所示为电动燃油泵控制电路，请分析电动燃油泵控制过程。

____

____

____

____

____

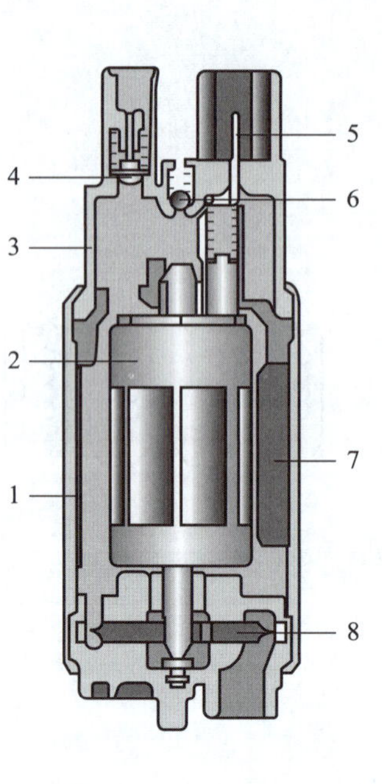

图 3-7　燃油泵结构和工作原理图

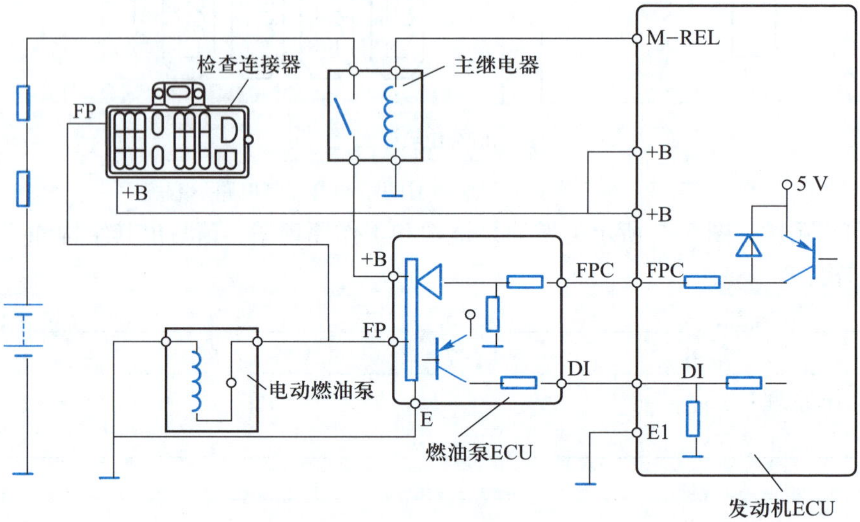

图 3-8　电动燃油泵控制电路

引导问题 12：图 3-9 所示为大众车系的燃油泵控制电路图，当发动机点火开关由 OFF 挡拨到 ON 挡时，一般燃油泵继电器将________________________________，其作用是________________________________。

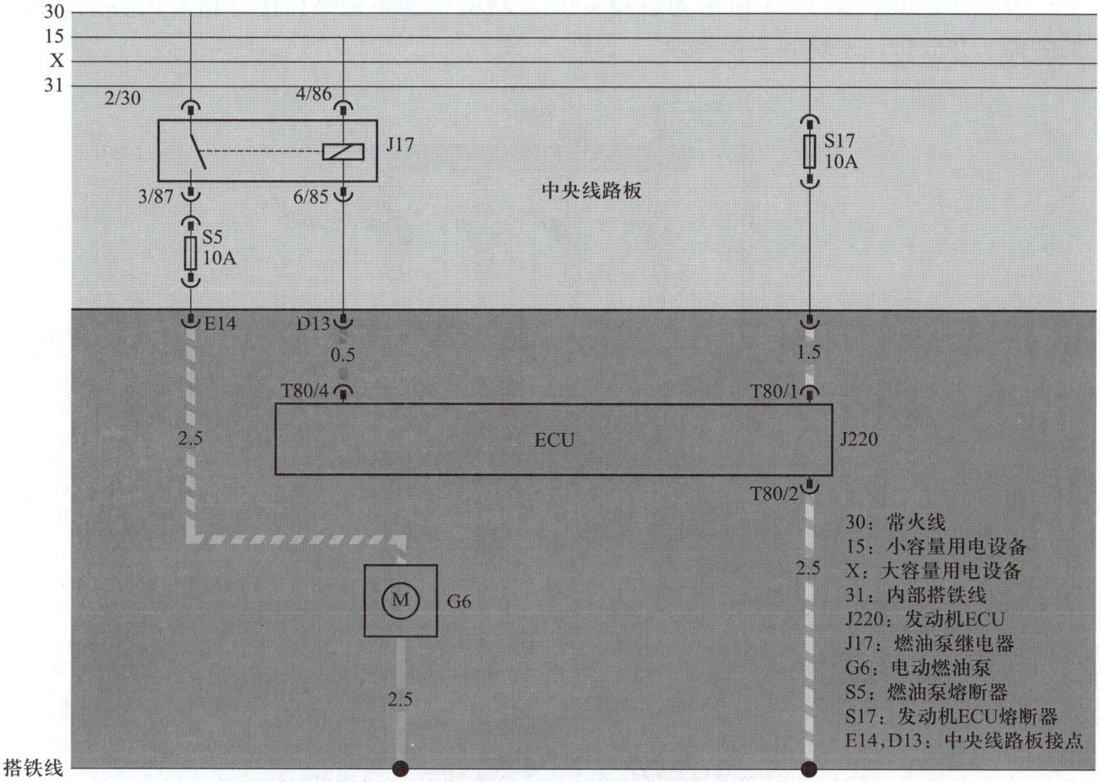

图 3-9　大众车系的燃油泵控制电路图

引导问题 13：图 3-10 所示为喷油器位置连接关系图，喷油器一般安装在______________位置，其作用是为发动机提供一定压力的燃油，保持油压________________，并在发动机电控单元(ECU)的控制下，适时地向________________喷入适量燃油，与进气形成良好的混合气。喷油器实际上是一个电磁阀，ECU 通过控制其____________的电流通断(接地线的通断)来控制喷油器的工作。当有电流通过时，喷油器柱塞被______________，针阀__________________，即实现燃油喷射。

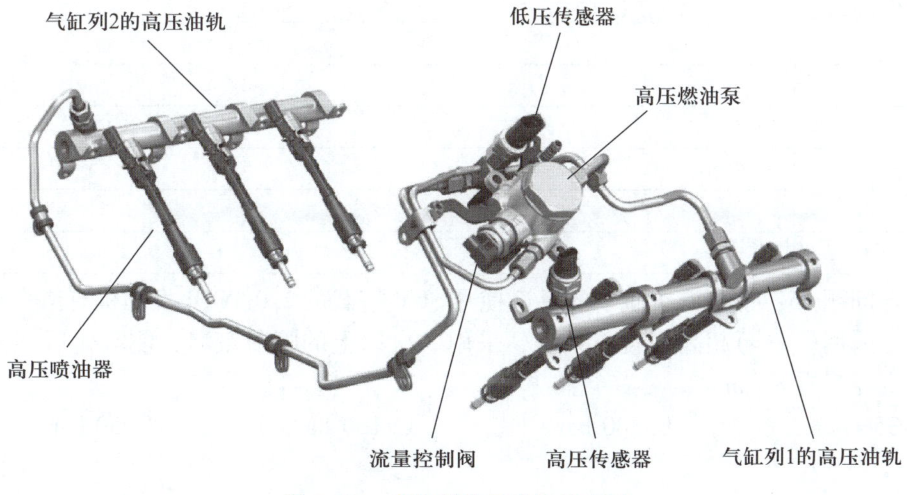

图 3-10　喷油器位置连接关系图

引导问题 14：图 3-11 所示为迈腾 B8L 发动机燃油系统结构图，请写出各个结构的名称，并分析该系统的工作原理。

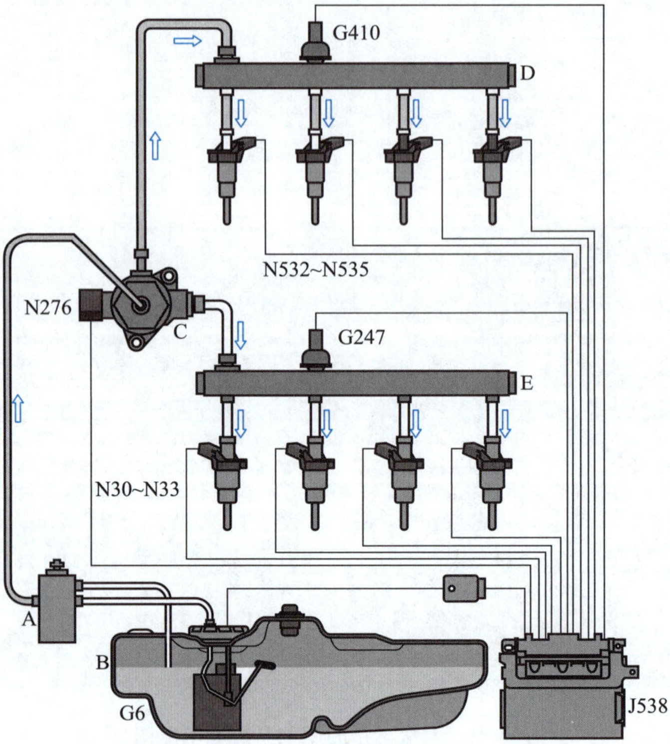

图 3-11　迈腾 B8L 发动机燃油系统结构图

G6__________；G247__________；G410__________；

J538__________；N276__________；N30~N33__________；

N532~N535__________；A__________；B__________；

C__________；D__________；E__________。

工作原理：____

____。

引导问题 15：奇瑞汽车旗下的星途揽月 SUV 搭载的 2.0 TGDI 发动机有诸多自主核心技术，采用(　　)超高压直喷系统，采用 3 次以上的喷射策略，使雾化后燃油粒子的平均直径只有 8 μm。

A. 350 bar　　B. 200 bar　　C. 150 bar　　D. 50 bar

知识链接

1. 电控燃油系统简介

(1) 作用与结构

发动机燃油供给控制系统结构动画

电控燃油系统的作用是根据发动机电控单元(ECU)发出的供油指令，适时给发动机提供适量的燃油。如图 3-1 所示，该系统由燃油箱、燃油泵、燃油滤清器、调压器、喷油器等构成。

(2) 供油路线

如图 3-12 所示，燃油由燃油泵从燃油箱中泵出，经燃油滤清器除去杂质及水分后，送至燃油分配管，再经各缸喷油器进入发动机各缸进气歧管。燃油压力调节器对系统油压进行调节。

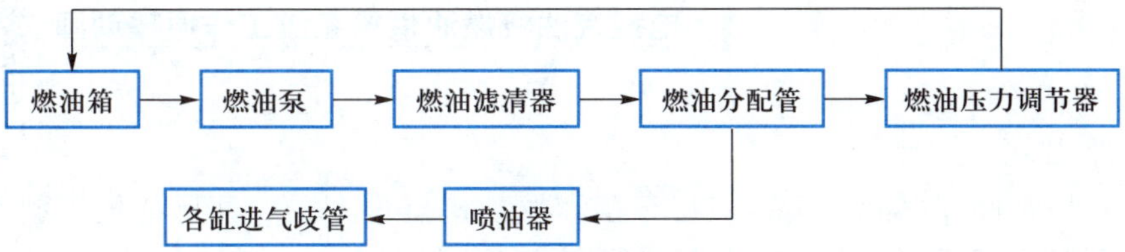

图 3-12　电控燃油系统的油路

(3) 优点

① 精确控制喷油量，提高了汽车的动力性、经济性和排放性。

② 易起动，暖机快，不需进气预热，充气效率高。

③ 采用多点喷射方式，使各缸混合气分配均匀，发动机运转稳定性好。

④ 易于实现减速减油或超速断油。

⑤ 电子控制系统响应迅速，加、减速灵敏。

⑥ 诊断快速、准确。

(4) 类型

电控燃油系统分为有回油燃油系统和无回油燃油系统。

① 有回油燃油系统中将燃油滤清器及燃油压力调节器等安装在燃油箱外面。安装在燃油分配管附近的燃油压力调节器可根据进气歧管的压力来调整燃油分配管内的燃油绝对压力，从而使喷油器的喷油压力保持恒定。燃油压力调节器工作时的回油通过回油管流回燃油箱(图 3-13(a))，这种供油方式使得流回燃油箱的燃油有较多的时间与空间吸收发动机的热量，其温度较高，流入燃油箱后，将导致燃油箱内油温升高。

② 无回油燃油系统中将燃油泵、燃油滤清器及燃油压力调节器等均内置于燃油箱中，燃油压力调节器工作时的回油在燃油箱内完成回流，从燃油箱到燃油分配管只有一根供油管，燃油箱只有泵出的燃油而没有回流的燃油(图 3-13(b))。这种燃油系统的燃油箱内部采用绝对压力调节器，因此燃油分配管内的压力是恒定的。

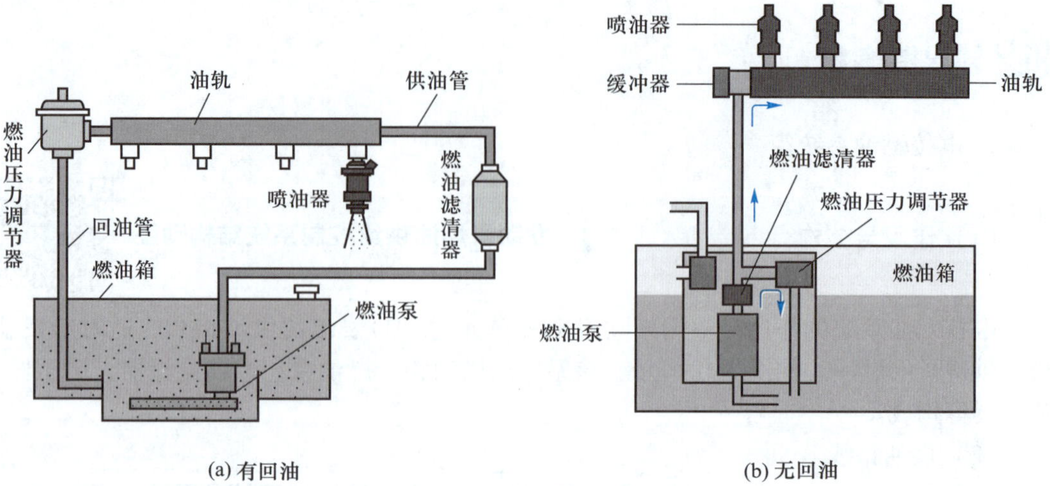

图 3-13　电控燃油系统的类型

2. 电控燃油系统结构、作用和原理

电控汽油机燃油供给系统工作原理动画

（1）燃油箱

燃油箱用来储存燃油，其容积与车型和发动机排量有关，其形状随车型不同而各异，这主要是为了适应在车上的布置安装，其结构如图 3-14 所示。

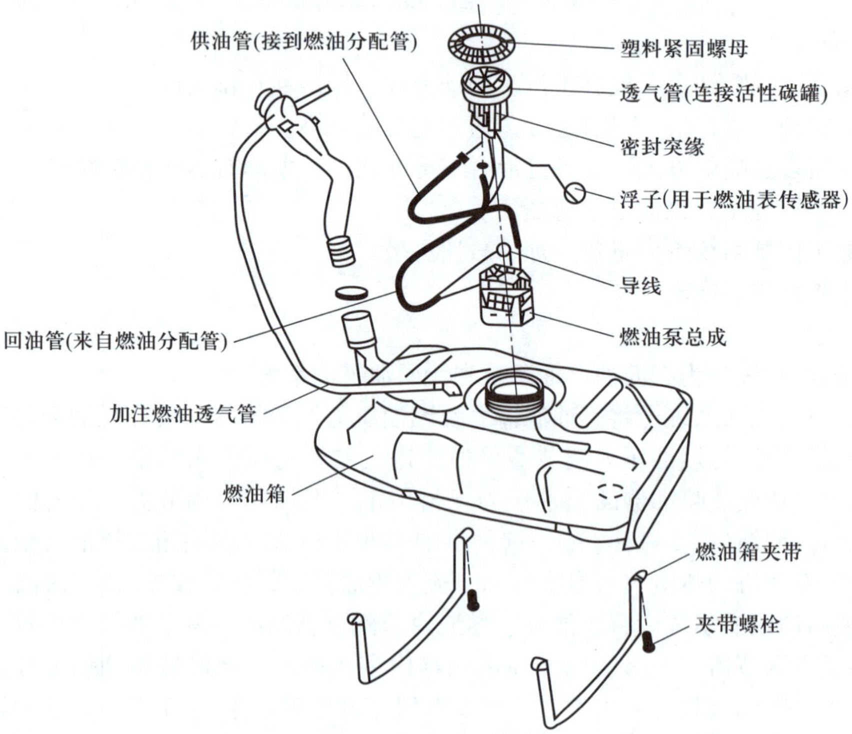

图 3-14　燃油箱结构

挥发性好的燃油在燃油箱内挥发，挥发的燃油蒸气直接排到大气中会污染环境，为此设置了燃油箱蒸发排放控制装置(见图 3-15)，将活性炭罐与燃油箱相连，挥发的燃油蒸气被吸附在活性炭上。发动机工作时，活性炭罐电磁阀通电打开，被吸附在活性炭上的燃油蒸气即可被吸入气缸并燃烧。

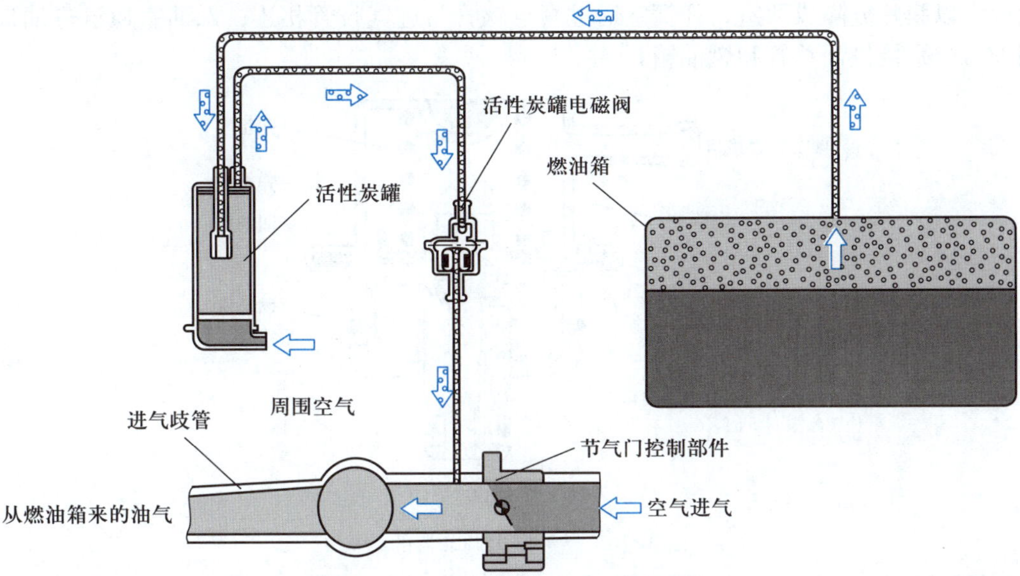

图 3-15　燃油箱蒸发排放控制装置

（2）电动燃油泵

叶片式汽油泵工作原理动画

电动燃油泵与滤网、燃油表、浮子等构成一个整体。其作用是把燃油从燃油箱内吸出并输送到燃油管路，和燃油压力调节器配合，建立合适的系统压力。

在燃油喷射系统中，最常用的是内置式燃油泵，即燃油泵安装在燃油箱内。其结构包括：电动机、涡轮泵、单向阀和卸压阀等，如图 3-3(a)所示。

涡轮泵由叶片、叶轮、壳体和泵盖组成，叶轮由电机带动，在离心力作用下，叶片紧贴壳体，将油经窄小缝隙由进油室驱至出油室，从而得到加压。油泵通电时，电机带动叶轮旋转，将油从进油口吸入，流经燃油泵内部，再从出油口压出。当燃油泵停止工作时，单向阀关闭，防止燃油倒流，保持管内残余压力，便于下次起动。当燃油泵输出油压达到 0.4 MPa 左右时，泄压阀打开，高压燃油回到进油室，防止油压过高而造成燃油管破裂或燃油泵损坏。

内置式燃油泵的优点：不易产生气阻，对泵的自吸性能要求较低，所以应用广泛。由于内置式燃油泵依靠内部的燃油进行冷却和润滑，禁止燃油泵在无油的情况下运转，否则容易烧坏。

（3）燃油压力调节器

燃油压力调节器动画

目前广泛采用膜片式燃油压力调节器。燃油压力调节器一般安装在燃油分配管上。

其作用：使系统油压(即供油总管内油压)与进气歧管压强之差保持恒定，一般为250~300 kPa。这样，从喷油器喷出的燃油量便唯一取决于燃油的喷射时间，ECU 才能通过控制喷油器的通电时间来控制喷油量，从而对喷油量和空燃比进行精确控制。

燃油压力调节器通常装在燃油分配管的一端，其结构如图 3-16 所示，壳体由金属制成，以膜片分隔成两室，弹簧室通过真空软管与进气歧管相连，燃油室通过进油口、回油口分别接供油总管和燃油箱。

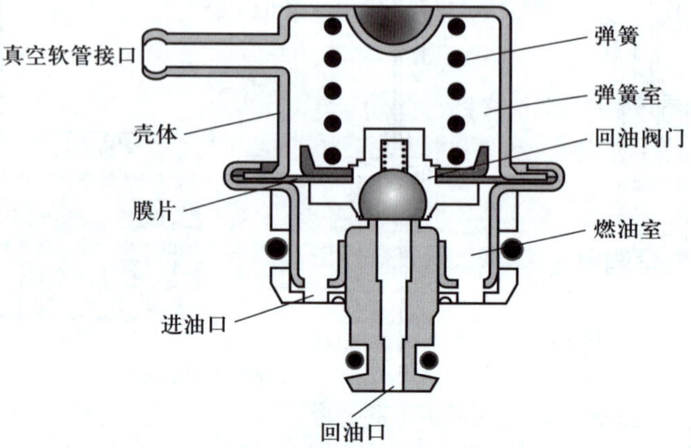

图 3-16　燃油压力调节器的结构

燃油压力、进气歧管真空的吸力及弹簧弹力作用在膜片上，当三力平衡时，膜片保持不动，回油阀门关闭。当燃油压力超过预定值时，燃油将膜片上顶，克服弹簧弹力打开回油阀门，多余燃油流回燃油箱，从而使燃油室油压保持在预定值，如图 3-17 所示。

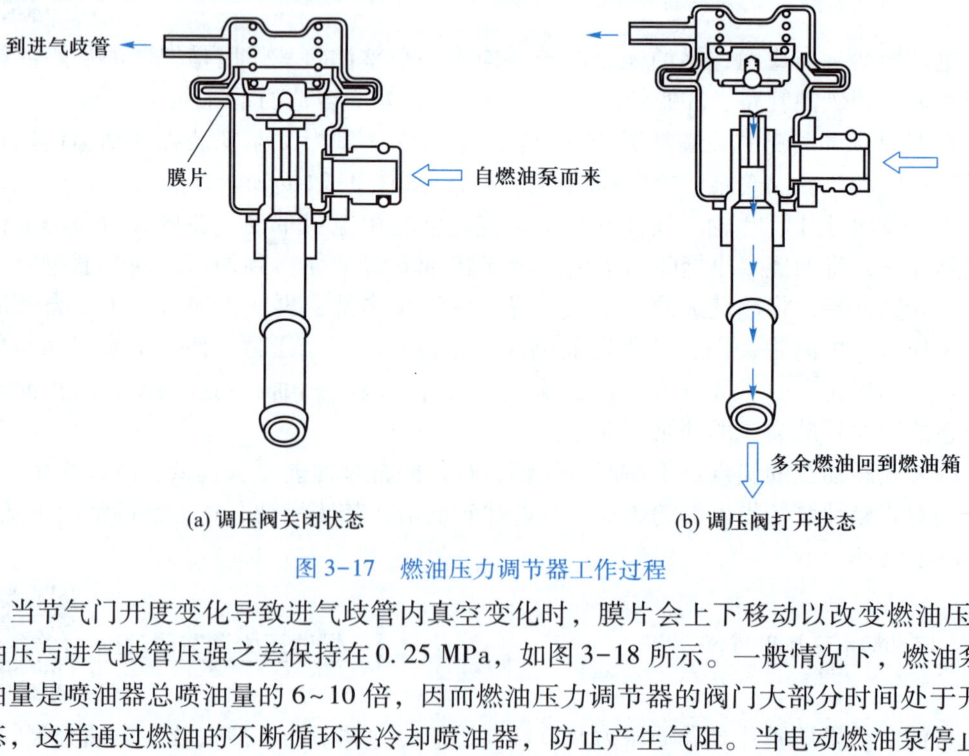

图 3-17　燃油压力调节器工作过程

当节气门开度变化导致进气歧管内真空变化时，膜片会上下移动以改变燃油压力，使油压与进气歧管压强之差保持在 0. 25 MPa，如图 3-18 所示。一般情况下，燃油泵的泵油量是喷油器总喷油量的 6~10 倍，因而燃油压力调节器的阀门大部分时间处于开启状态，这样通过燃油的不断循环来冷却喷油器，防止产生气阻。当电动燃油泵停止工作时，膜片和螺旋弹簧力的作用使阀门关闭，保持油路中的残余压力。

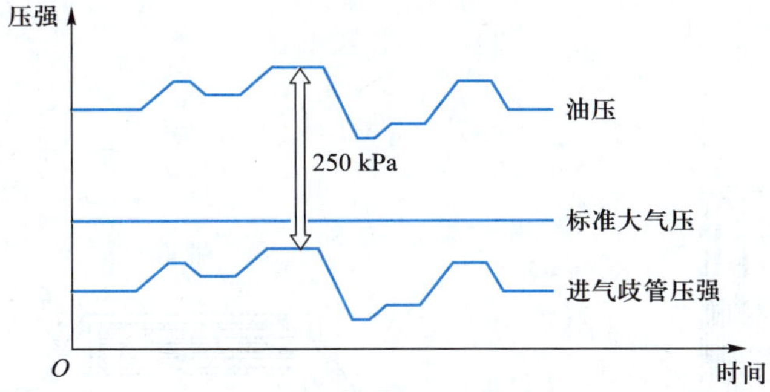

图 3-18　燃油压力调节器的功能

燃油压力调节器有以下常见故障：

① 燃油压力高。

原因分析：燃油压力调节器真空软管破裂，连接部位漏气；燃油压力调节器失效（卡死、阻塞）；回油管堵塞或回油不畅。

对发动机影响：发动机怠速高；发动机混合气过浓，发动机油耗过高；发动机起动时火花塞易熄火；火花塞积碳严重；发动机排放超标；三元催化转换器发热等。

② 燃油压力过低。

原因分析：燃油压力调节器损坏；燃油泵供油不足；燃油泵进油滤网堵塞；油路管道破损。

对发动机影响：起动困难；怠速不稳；运转无力；混合气过稀；发动机易回火。

③ 无油压。

原因分析：燃油泵损坏；燃油泵控制电路故障；熔断器烧断；燃油泵继电器烧蚀；燃油压力调节器损坏。

对发动机影响：不能起动。

④ 输油管漏油。

原因分析：输油管破裂；输油管连接松动。

对发动机影响：容易导致火灾，所以行车过程中闻到浓烈的汽油味时，必须马上停车检查，排除隐患。

（4）燃油滤清器

可拆式燃油滤清器结构、工作原理动画

燃油滤清器一般设置在燃油供给管路中，也可以设置在燃油泵出口处并与燃油泵装在一起，由壳体和滤芯组成，其作用是过滤燃油中杂质，确保喷油器等部件工作正常。燃油滤清器（见图 3-19）可清除燃油中的杂质，防止堵塞喷油器等部件，减少运动部件的磨损。燃油滤清器一般采用过滤形式，壳体内有一个纸质滤芯，每行驶 20 000～40 000 km 或 1～2 年更换。滤芯应根据车辆行驶里程和使用的燃油质量情况及时更换，以确保发动机稳定行驶，提高可靠性。安装时应注意燃油流动方向的箭头，不能装反。

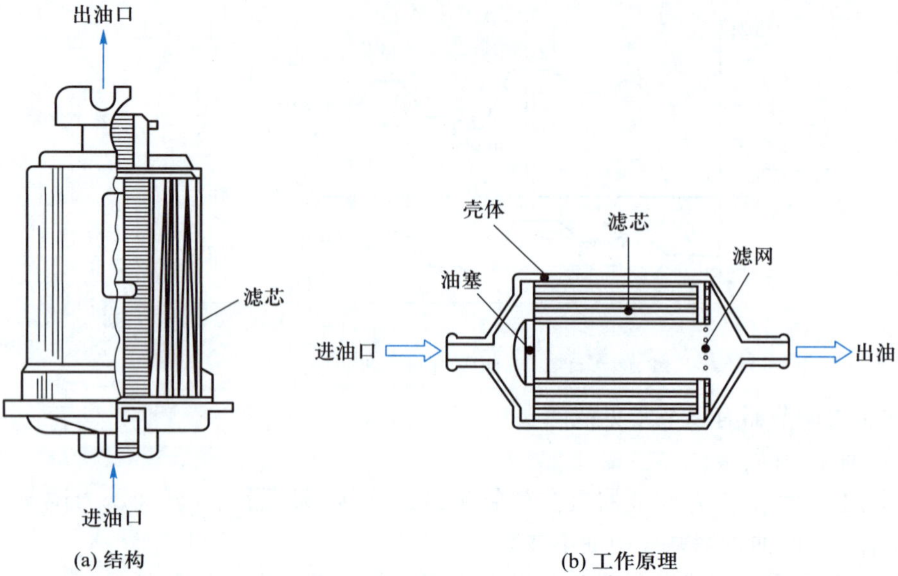

图 3-19 燃油滤清器

（5）脉动缓冲器

脉动缓冲器由膜片和弹簧构成(见图 3-20)。发动机工作时，燃油经过脉动缓冲器膜片下方进入输油管，当燃油压力产生脉动时，膜片弹簧被压缩或伸张，膜片下方的容积稍微增大或减小，从而起到稳定燃油系统压力的作用。

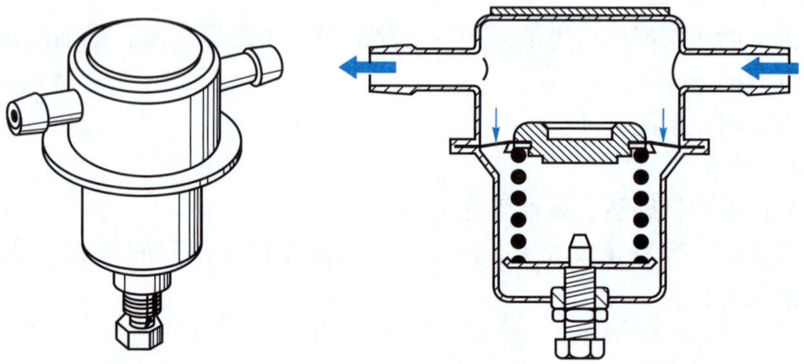

图 3-20 脉动缓冲器

（6）燃油分配管

燃油分配管(见图 3-21)的作用是将燃油均匀、等压地输送给各缸喷油器。由于它的容积较大，故有储油蓄压、减缓油压脉动的作用。燃油分配管安装在进气歧管或气缸盖上，与喷油器之间用 O 形圈和卡簧密封，O 形圈可防止燃油渗漏，并具有隔热和隔振的作用。卡簧将喷油器固定在燃油分配管上。大多数燃油分配管上都有燃油压力测试口，可用于检查和释放油压。

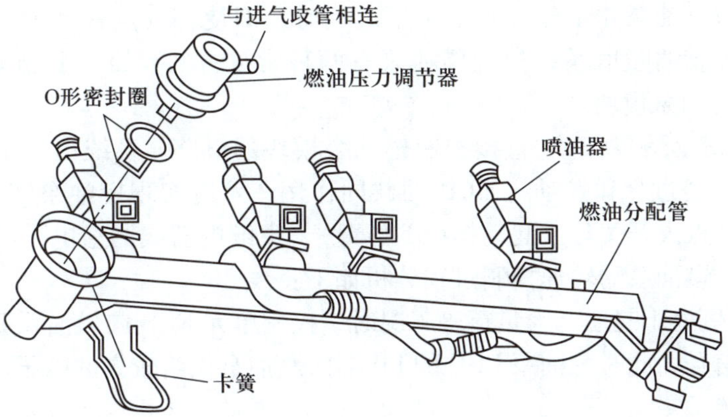

图 3-21 燃油分配管

（7）喷油器

喷油器动画

喷油器是燃油喷射系统的一个重要执行元件，其作用是接收来自 ECU 的控制信号，将雾化良好的燃油喷入进气歧管，其结构如图 3-22 所示。按结构不同，喷油器可分为轴针式和孔式两种。

喷油器是一个电磁阀开关，当电磁线圈通电时，产生电磁吸力，回位弹簧被压缩，将衔铁吸起并带动针阀离开阀座，燃油经过针阀并由轴针与喷口的环隙或喷孔中喷出。当电磁线圈断电时，电磁吸力消失，回位弹簧迅速使针阀关闭，喷油器停止喷油。喷油器通电时间越长，喷油量越多。

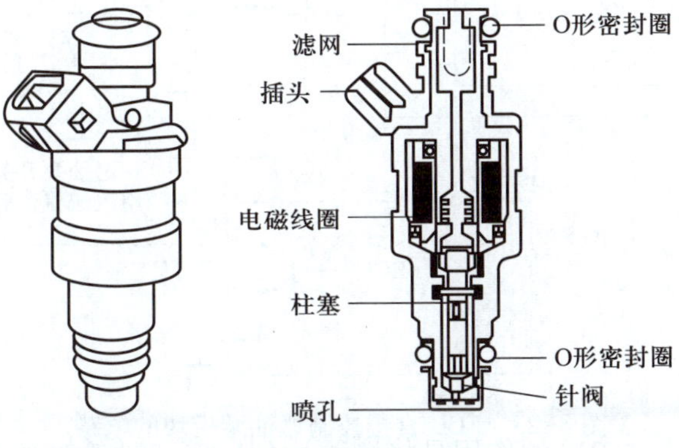

图 3-22 喷油器的结构

3. 电动燃油泵的控制原理

电控燃油喷射系统必须对电动燃油泵的工作进行精确控制。在发动机起动和运转过程中，燃油泵应保持正常工作。打开点火开关但不起动发动机，或关闭点火开关后，应适时切断燃油泵控制电路，使燃油泵停止工作。有高、低两个转速挡的，根据发动机的转速和负荷来控制燃油泵以高速或低速运转。

不同车型采用的燃油泵控制电路也不同。多数电控发动机在点火开关打开或发动机熄火后，燃油泵一般预先或延长工作 2~3 s，以保证燃油系统需要的油压。少数发动机起动和运转时燃油泵才工作，发动机不起动时，即使打开点火开关，燃油泵并不动作。目前，电控燃油喷射系统控制燃油泵有两种常见方式：ECU 控制燃油泵继电器；ECU 直接控制燃油泵模块。

（1）图 3-23 所示为 ECU 直接控制燃油泵模块的电路。系统设置了单独的燃油泵控制单元 ECU，通过它和发动机 ECU 的共同作用，可以实现燃油泵转速的变速控制。发动机起动时，点火开关处于起动挡(ST 位置)，主继电器线圈通电，触点闭合，电源向燃油泵供电。燃油泵的转速控制过程分析如下：

① 当发动机处于起动、大负荷等工况时，控制单元 ECU 向燃油泵 ECU 的 FC 端输入一个高电位信号，此时燃油泵 ECU 的 FP 端向燃油泵供给较高的电压(12~14 V)，使燃油泵高速运转。

② 当发动燃机处于低速或小负荷工况时，发动机 ECU 向燃油泵 ECU 的 FC 端输入一个低电位信号，此时燃油泵 ECU 的 FP 端向燃油泵供给低于蓄电池的电压(约 9 V)，使燃油泵低速运转。

③ 当发动机转速低于规定的最低转速时，燃油泵 ECU 断开燃油泵电路，使燃油泵停止工作，此时尽管点火开关处于接通状态，燃油泵也不工作。

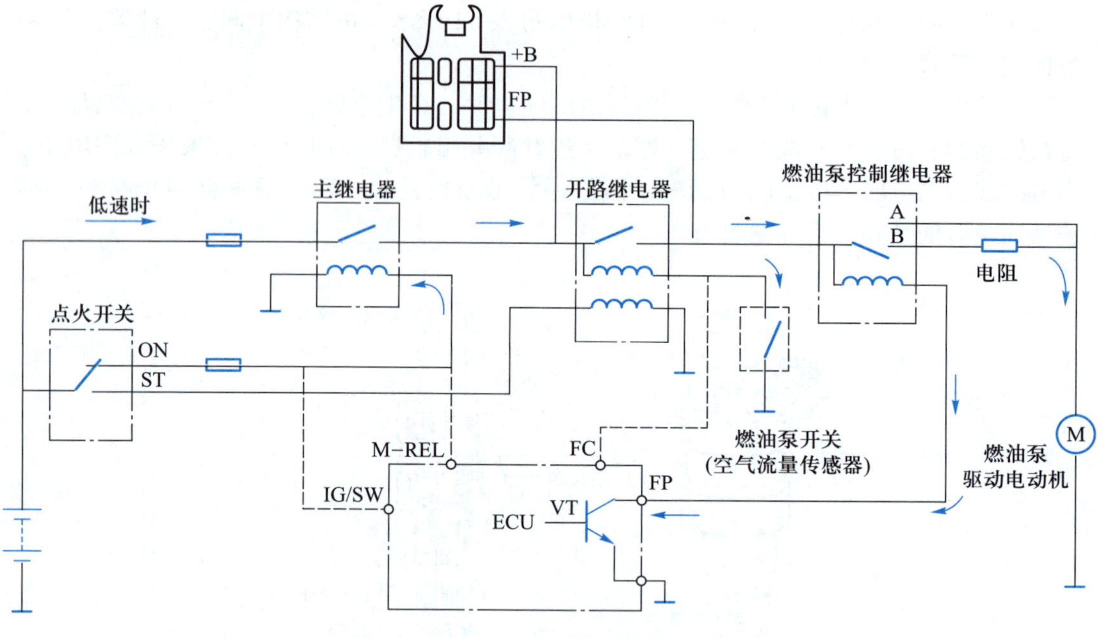

图 3-23　ECU 直接控制燃油泵模块的电路

（2）图 3-24 所示为 ECU 通过晶体管和开路继电器控制燃油泵的电路。当采用卡门涡流式空气流量计和热线式空气流量计，都用该控制方式。

① 发动机起动时，点火开关处于起动挡(ST 位置)，开路继电器 L_2 线圈通电，触点闭合，电源向燃油泵供电，燃油泵工作，处于起动供油状态。

② 发动机起动后进入正常运转时，转速传感器将发动机转速 Ne 信号输入 ECU，ECU 控制晶体管 VT 导通，L_1 线圈通电，开路继电器触点继续保持闭合状态，燃油泵

继续工作。

③ 发动机停止运转时，ECU 接收不到转速传感器发出的 Ne 信号而使晶体管 VT 截止，线圈 L_1 断电，开路继电器触点断开，燃油泵供电线路中断，燃油泵停止工作。

以上控制方式具有预运转功能，即点火开关处于起动挡(ST 位置)，但不起动发动机时，ECU 会控制燃油泵运转 3~5 s，使油路中的油压提高，从而方便起动。

此外，用连接线将检查插座中的+B 和 FP 插孔连接起来，可使燃油泵运转。该方法可判断燃油泵及其控制电路的故障。

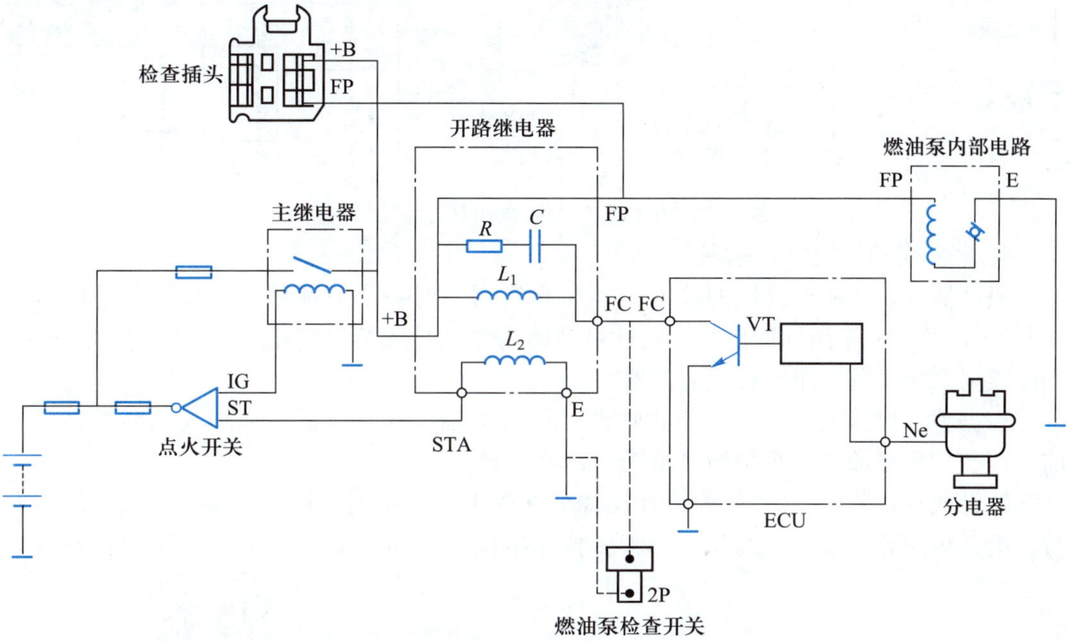

图 3-24 ECU 通过晶体管和开路继电器控制燃油泵的电路

(3) 当发动机处于中小负荷工况时，需要的油量较小，此时燃油泵应低速运转，以减少磨损、噪声和电能消耗；当发动机处于大负荷工况时，需要的油量较大，燃油泵应高速运转，以增加供油量。为此，某些车型上采用了低速和高速两级控制燃油泵控制电路，常见的控制方法是电阻式转速控制。

图 3-25 所示为电阻器控制式燃油泵转速控制电路。其特点是：在燃油泵控制电路中增设一个电阻器和燃油泵控制继电器。转速控制原理如下：当电阻器串入燃油泵电路时起到分电压的作用，燃油泵电压则有所降低，燃油泵就低速运转；当电阻器被隔除时，燃油泵电压则升高，燃油泵高速运转。

该控制电路中，实现转速控制的方法如下：

① 当发动机处于中小负荷工况时，ECU 的控制晶体管导通，燃油泵控制继电器线圈通电，使触点 A 闭合，电阻器串联到燃油泵电路中，燃油泵两端的电压下降，电流减小，因此燃油泵低速运转。

② 当发动机处于大负荷工况时，ECU 的控制晶体管截止，燃油泵控制继电器触点 B 闭合，电阻器被隔除，蓄电池电压直接加在燃油泵两端，电流增加，因此燃油泵高速运转。

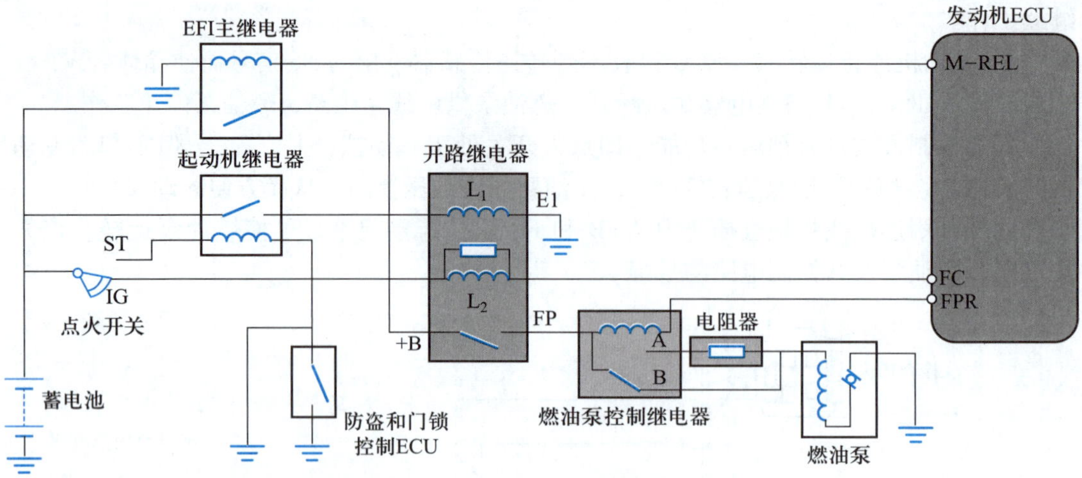

图 3-25　电阻器控制式燃油泵转速控制电路

4. 电控喷油器的控制原理

喷油器是发动机电控燃油喷射系统执行机构中的一个关键部件，其作用是根据发动机 ECU 发出的喷油脉冲信号，将计量精确的燃油喷入节气门附近的进气歧管。电控燃油喷射系统全部采用电磁式喷油器。

根据喷油口形式不同，电磁式喷油器可分为轴针式、孔式和片阀式三种类型。目前，国产轿车燃油喷射系统均采用轴针式喷油器。

轴针式喷油器(图 3-26)安装在燃油分配管上，主要由轴针、针阀、衔铁、复位弹簧、电磁线圈等组成。针阀与衔铁制成整体结构，针阀的上端安装一个复位弹簧。喷

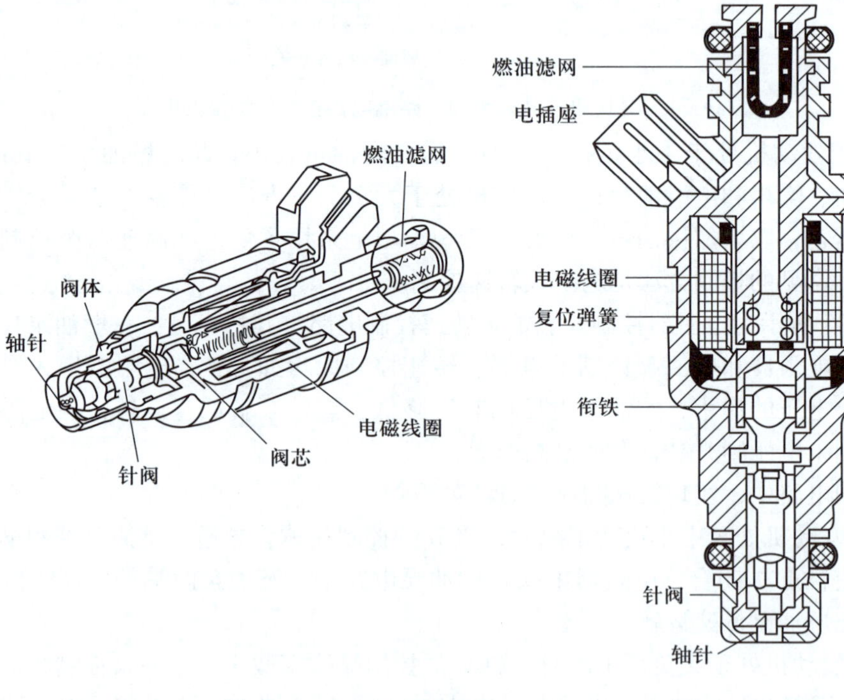

图 3-26　轴针式喷油器的结构

油器通电喷油时，复位弹簧被压缩，针阀打开；喷油器停止工作时，复位弹簧弹力使针阀复位，针阀关闭并压靠在阀座上，起到密封作用，防止燃油泄漏。滤网用于过滤燃油中的杂质。

孔式喷油器针阀的前端没有轴针，故针阀不露出喷孔。孔式喷油器的喷孔数为 1 个或 2 个，其针阀头部为锥形或球形，其结构如图 3-27 所示。孔式喷油器的特点是燃料雾化质量较好，且锥形或球形针阀的质量仅为轴针式针阀的一半，故响应速度快；不足之处是喷孔易堵塞。

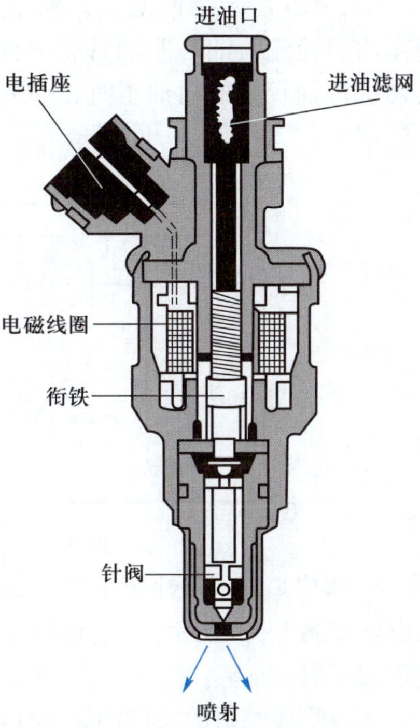

图 3-27　孔式喷油器的结构

当 ECU 发出喷油指令时，喷油器的电磁线圈接通电流。通电线圈产生磁场，磁场对衔铁和针阀有电磁吸引力。当电磁吸引力大于复位弹簧的弹力，阀体压缩弹簧而上升（上升行程一般为 0.1~0.2 mm）。阀体上升时，针阀随阀体一同上升，针阀离开阀体时出油阀被打开，燃油从喷孔喷出。由于喷油器喷孔小且燃油压力较高，因此燃油雾化质量较好。

（1）电控喷油器的正时控制

① 喷射控制方式。

电控燃油喷射发动机的喷射方式可分为单点喷射和多点喷射。多点喷射又分为同时喷射、分组喷射和顺序喷射。下面介绍三种多点喷射。

a. 同时喷射。同时喷射是指各缸喷油器同时喷油，其控制电路如图 3-28 所示。各缸喷油器并联，由 ECU 通过一个晶体管 VT 控制负极搭铁。发动机工作时，ECU 根据各传感器信号计算出喷油量和喷油正时并发出喷油指令，控制晶体管导通或截止，从而控制喷油器的电磁线圈电流接通或切断，使各缸喷油器同时喷油或停止喷油。曲轴每转一圈（360°），各缸喷油器同时喷油一次，一次喷油量为发动机一次燃烧需要燃油量的 1/2，喷油正时与发动机工作循环无关。同时喷射方式的控制电路简单，成本低，但不能使各缸喷油都在最佳时刻，会影响发动机工作性能。

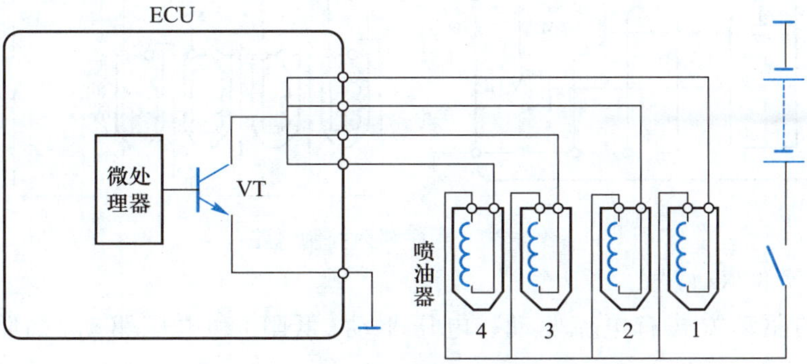

图 3-28　同时喷射控制电路

b. 分组喷射。分组喷射是将喷油器喷油分成若干组进行控制，一般每两个喷油器为一组，计算机通过晶体管控制各组喷油器轮流喷射。曲轴每转一圈(360°)，只有一组喷油器喷油，每组喷油器喷射 1 次或 2 次。

图 3-29 所示为四缸发动机分组喷射控制电路。发动机工作时，由 ECU 控制各组喷油器轮流喷油。曲轴每转一圈(360°)，只有一组喷油器喷油。分组喷射方式使发动机得到较好的喷油正时，与同时喷射相比，燃油雾化质量有所改善，故得到广泛应用。

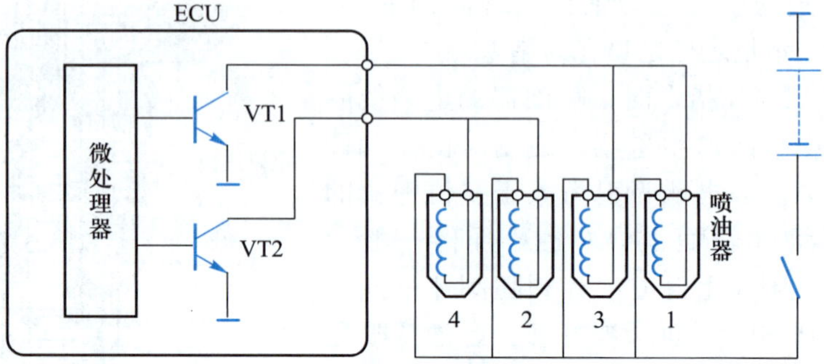

图 3-29　四缸发动机分组喷射控制电路

c. 顺序喷射。顺序喷射是各缸喷油器按照发动机的做功顺序单独轮流喷油，其控制电路如图 3-30 所示。发动机工作一个循环，各缸喷油器轮流喷油一次，按特定的顺序依次喷射。

实现顺序喷射的关键问题是 ECU 获得准确的各缸活塞位置信息以计算喷油正时。为此，ECU 需要一个气缸判别信号(G 信号)。ECU 根据凸轮轴位置传感器信号(G 信号)、曲轴位置传感器信号(Ne 信号)和发动机的做功顺序，确定各缸工作位置。当确定某缸活塞运行至排气行程上止点前某一位置时，ECU 输出喷油控制信号，接通喷油器电磁线圈电路，该缸即开始喷油。顺序喷射能保证各缸喷油均在最佳时刻，随着电子技术的发展，顺序喷射将逐渐取代其他喷射方式。

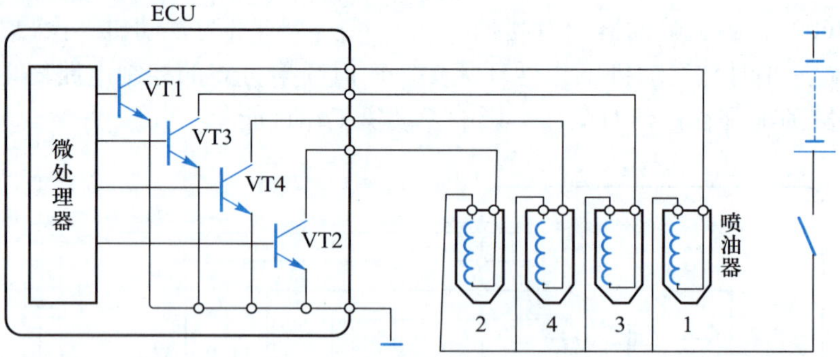

图 3-30　顺序喷射控制电路

② 喷油器的驱动方式

喷油器的驱动方式有电流驱动、电压驱动(低阻)和电压驱动(高阻)三种，如图 3-31所示。

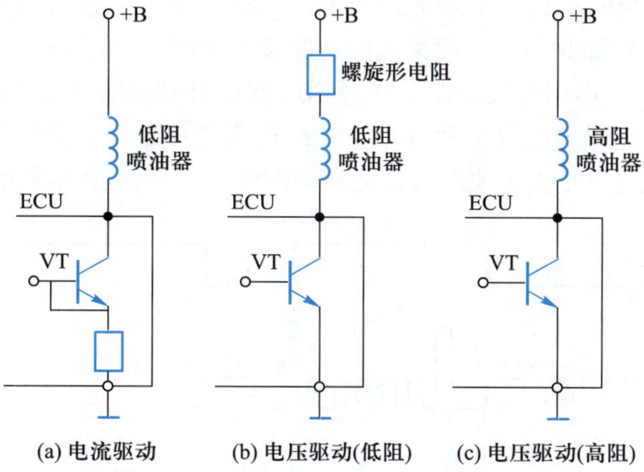

图 3-31　喷油器的驱动方式

a. 电流驱动。在电流驱动控制电路中，没有附加电阻，低阻喷油器电磁线圈直接与蓄电池相连，流过电磁线圈的电流由发动机 ECU 中的晶体管进行控制。

由于无附加电阻，回路阻抗小，开始导通时，通过的大电流使柱塞迅速升起，针阀快速打开，从而缩短了开阀时间，改善了喷油器的响应特性。针阀打开后，需要保持电流较小，由此可以防止喷油器线圈发热，减少了功率消耗。

电流驱动控制电路如图 3-32 所示。蓄电池经点火开关、安全主继电器或 INJ 熔断器向喷油器和发动机 ECU 供电。安全主继电器与发动机 ECU 的 FS 端子相连接，再经发动机 ECU 内部的喷油器驱动电路接地，形成回路。

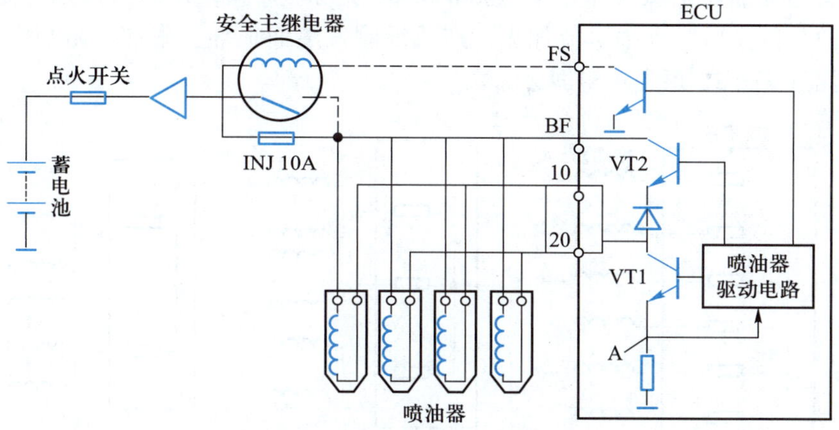

图 3-32　电流驱动控制电路

电流驱动控制电路工作过程：当接通点火开关后，安全主继电器触点闭合，喷油器驱动电路使 ECU 内的 VT1 导通，流过喷油器电磁线圈的电流在 VT1 发射极电阻上产生电压降。

当 A 点电压达到设定值时，喷油器驱动电路使 VTl 截止。当蓄电池电压为 12～14 V时，打开喷油器针阀的峰值电流为 8 A 左右，针阀达最大升程后处于稳定、静止状态，保持这一状态的电流约为 2 A。此过程中 VTl 以 20kHz 的频率导通和截止，即电压变化频率为 20 kHz。

喷油器针阀开启时刻较信号导通时刻有一段迟滞时间，这段迟滞时间通常称为无效喷射时间(也就是开阀时间)，喷油期间有关波形如图 3-33 所示。

ECU 内的 VT2 的作用是吸收在 VT1 导通或截止时喷油器电磁线圈产生的感应电动势，以免通过电磁线圈的电流突然减小。在经过安全主继电器供电时，如果通过喷油器电磁线圈的电流过大，安全主继电器会自动断开，停止向喷油器供电。

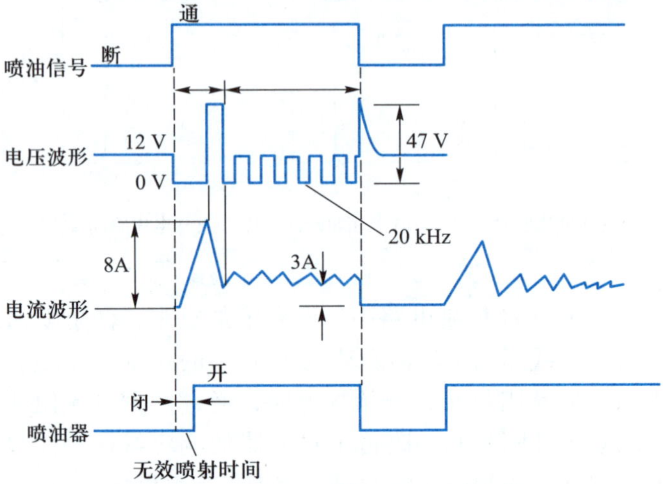

图 3-33　电流驱动喷油器波形

b. 电压驱动。在电压驱动控制电路中，如果使用低电阻喷油器，必须在回路中加入附加电阻，以防通电电流增加时，电磁线圈过热而损坏。这是因为为使喷油器响应性好，在低阻喷油器中减少了电磁线圈的匝数以减小电感，在回路中加入附加电阻，可以防止匝数减少后线圈中电流加大，造成线圈发热而损坏。附加电阻与电压驱动喷油器的电路连接方式如图 3-34 所示。

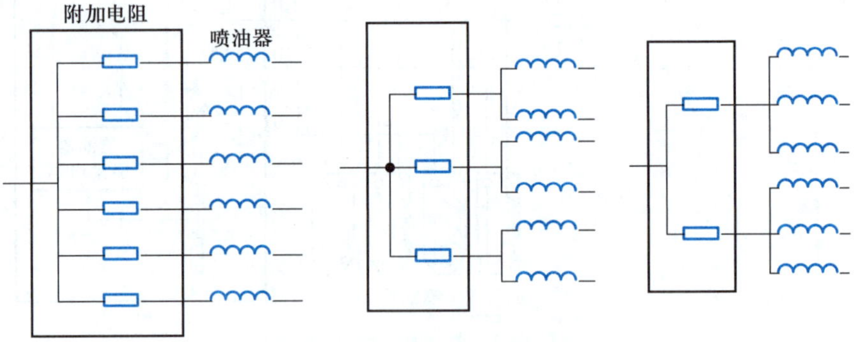

图 3-34　附加电阻与电压驱动喷油器的电路连接方式

电压驱动喷油器的控制电路比电流驱动式简单。但由于加装了附加电阻，使电路阻抗增大，造成电磁线圈通电电流减小，电磁吸力下降，从而增加了开阀时间，所以其响应特性比电流驱动式差。

综上所述，电流驱动喷油器的迟滞时间(无效喷射)最短，电压驱动(低阻)喷油器的迟滞时间次之，电压驱动(高阻)喷油器的迟滞时间最长。

（2）喷油器脉宽控制

喷油器脉宽控制是电控燃油喷射系统重要的控制内容，其目的是使发动机在各种运行工况下，获得最佳空燃比的混合气，以提高发动机的动力性、经济性，并降低排放污染。

由于燃油压力调节器将系统油压保持在 0.25～0.35 MPa 范围内，ECU 实际上通过控制喷油器通电时间以控制喷油量。

在喷油器脉宽控制中，主要的控制内容包括：起动时的喷油量控制、起动后的喷油量控制、燃油停供控制等方面。

① 起动时的喷油量控制

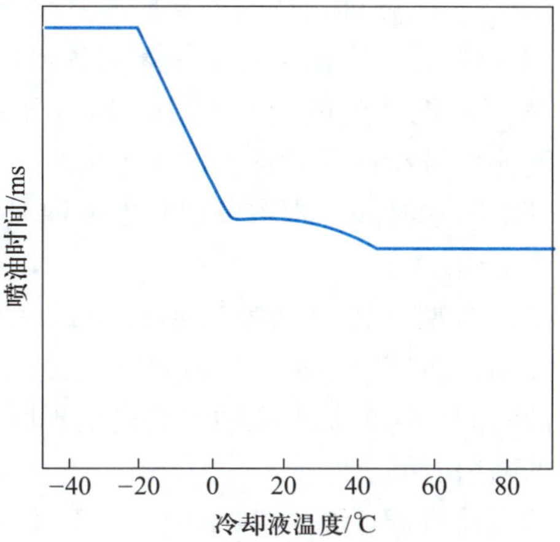

图 3-35　冷却液温度-喷油时间曲线

在发动机起动时，由于转速波动大，无论是进气歧管压力传感器（D 型电控燃油喷射系统），还是空气流量传感器（L 型电控燃油喷射系统），都不能精确地确定进气量，导致 ECU 无法按照此信号确定合适的基本喷油时间。因此，发动机起动时与起动后的喷油量控制方法不同。

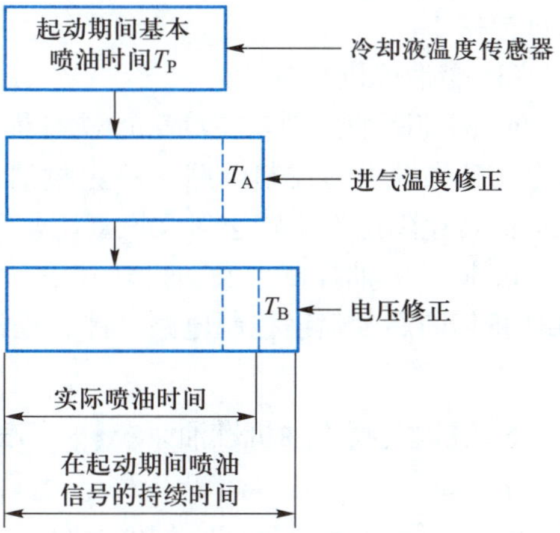

图 3-36　起动期间喷油信号的持续时间

发动机冷起动时，ECU 是根据可编程只读存储器（ROM）中预先编制的起动程序和预定空燃比控制喷油。如图 3-35 所示，发动机起动时，ECU 根据冷却液的温度，由 ROM 的“冷却液温度-喷油时间曲线”来确定基本喷油时间，再根据进气温度和蓄电池电压修正，得到起动时的喷油持续时间。

在发动机转速低于规定值，或点火开关接通，位于起动挡（ST 位置）时，喷油时间的确定如图 3-36 所示。ECU 根据冷却液温度传感器信号和 ROM 的“冷却液温度—喷油时间曲线”确定基本喷油时间，根据进气温度传感器信号修正，再检测蓄电池的电量，以电压值修正，适当延长喷油时间，以实现喷油量的进一步修正。

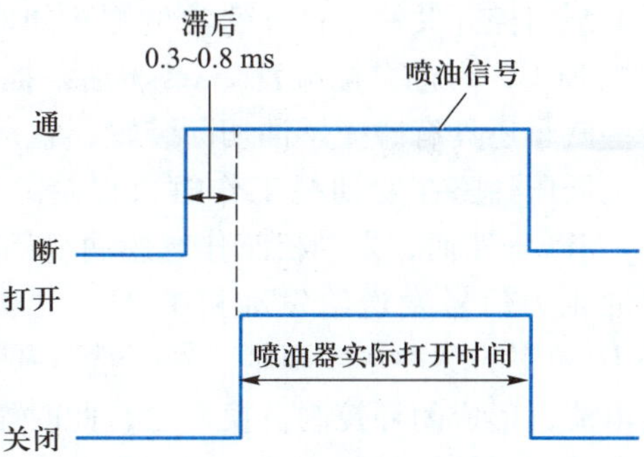

图 3-37　喷油滞后时间

以电压值修正是因为喷油器的实际喷油时刻比 ECU 发出喷油指令的时刻晚，即存在一段滞后时间（见图 3-37），使喷油器喷油的实际时间比 ECU 确定出的喷油时间短，导致喷油量不足，使实际空燃比高于发动机要求的空燃比。蓄电池电压越低，滞后时间越长。因此，ECU 需根据蓄电池电压值适当延长喷油时间，以提高喷油量控制的精度。

② 起动后的喷油量控制

喷油持续时间=基本喷油持续时间×喷油修正系数+电压修正值

式中，喷油修正系数是各种修正系数的总和。在 D 型电控燃油喷射系统中，ECU 根据发动机转速信号和进气歧管绝对压力信号，由内存的基本喷油时间三维图确定基本喷油时间，如图 3-38 所示。

在 L 型电控燃油喷射系统中，ECU 则根据发动机转速信号和空气流量计信号确定基本喷油时间。这个基本喷油时间是实现既定空燃比的喷射时间。

发动机起动后的各工况下，ECU 在确定基本喷油时间的同时，还必须根据各种传感器输送来的发动机运行工况信息，对基本喷油时间进行修正。

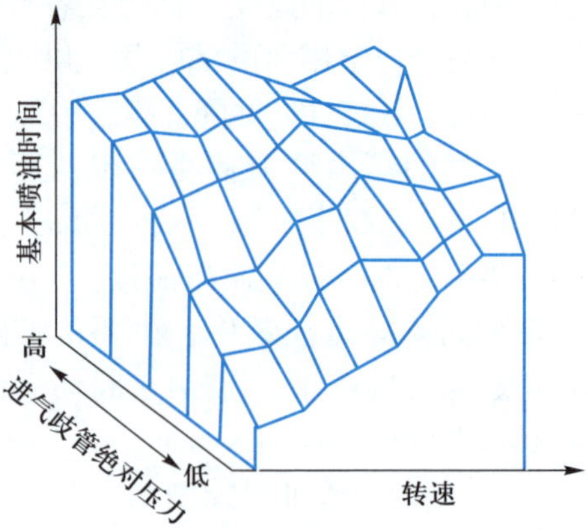

图 3-38 起动后的喷油量控制

③ 燃油停供控制

a. 减速断油控制。在汽车行驶过程中，驾驶员快收加速踏板使汽车减速时，ECU 将会切断燃油喷射控制电路，停止喷油，以降低碳氢化合物及一氧化碳的排放量。当发动机转速降至设定转速时又恢复正常喷油。

b. 限速断油控制。发动机转速超过安全转速或汽车车速超过设定的最高车速时，ECU 将切断燃油喷射控制电路，停止喷油，防止超速。

5. 缸内直喷汽油机燃油系统 直喷发动机燃油供给系统部件组成视频

缸内直喷汽油机已被各大汽车制造商普遍采用，包括大众、奔驰、奥迪、丰田等，缸内直喷汽油机燃油系统的结构主要包括低压燃油系统和高压燃油系统。

（1）低压燃油系统

与传统的进气道燃油喷射系统相比，其低压油路增加了燃油泵门控开关、低压燃油压力传感器、燃油泵控制单元。低压燃油压力传感器属于传统三线式压力传感器。燃油泵门控开关使得打开驾驶员侧车门时燃油泵即开始工作，车门开关信号被送至发动机 ECU，燃油泵被触发 2 s。燃油泵提前工作是为了迅速建立高压以缩短起动时间。有些汽车还具有碰撞燃油切断装置，它是通过燃油泵继电器断开燃油泵。

低压油路在发动机工作时仅保持 0.4 MPa 油压，在易汽阻状态则使油压保持在 0.5 MPa。然而，发动机工作时燃油消耗是不固定的，因此低压燃油压力传感器随时将燃油压力信号发送给发动机 ECU，发动机 ECU 根据此信号向燃油泵 ECU 发送一个 20 Hz频率的脉冲宽度调制信号。燃油泵 ECU 根据这个指令，为燃油泵送去脉冲宽度调制电流，形成闭环控制。换言之，此时燃油泵上的电压不是 12 V，而是由脉冲宽度调制电流产生的较低的有效电压。即燃油泵转速是受控可变的，不需要燃油压力调节器，输出油压也保持在 0.4 MPa。应注意，图 3-39 中燃油泵上的回油管不是用于低压燃油系统的，它仅用于高压燃油系统。低压燃油系统都是无回油式。

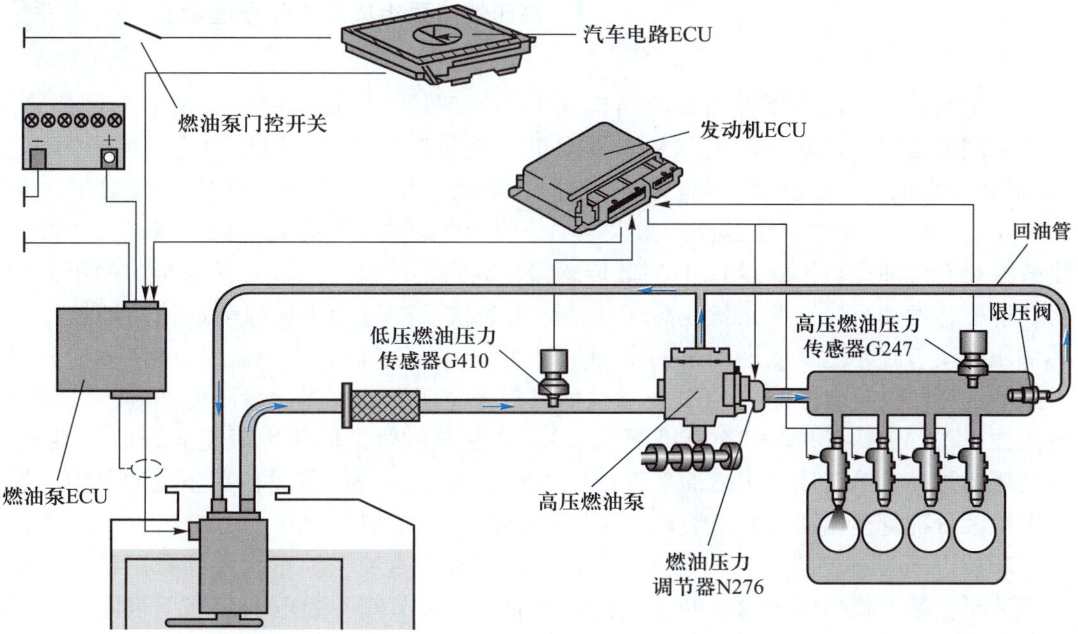

图 3-39　低压燃油系统结构

（2）高压燃油系统

高压燃油系统结构和工作原理动画

高压燃油系统结构如图 3-40 所示，它由高压燃油泵、燃油压力调节器、燃油压力传感器、喷油器、压力限制阀、高压燃油管路、低压燃油管路等组成。

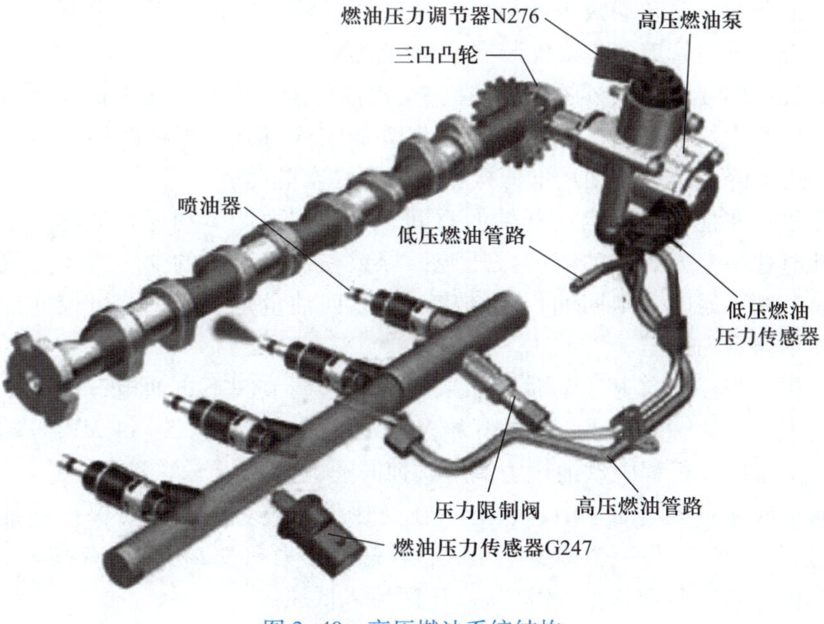

图 3-40　高压燃油系统结构

高压燃油泵组成及工作原理动画

第二代和第三代高压燃油系统结构和工作原理相近，都采用按需调节高压油路。目前常用的是第三代高压燃油系统。发动机在不同工况时的喷射压力是不同，为4~10 MPa。例如，大众途观汽车发动机怠速时喷射压力是4 MPa，高速时喷射压力是9 MPa。因为按需调节高压油路压力，燃油分配管中的油压始终处于最佳状态。燃油分配管处装有燃油压力传感器G247。此传感器时刻向发动机控制单元发送当前的压力信号。这样，发动机控制单元就在高压燃油泵的每次泵油过程中，提前或错后地控制着燃油压力调节阀，使高压燃油泵的泵油量时而小一点，时而大一点，从而使燃油分配管中的油压始终符合发动机ECU要求。如果因为高压燃油泵等出故障使而高压油路中油压大于14 MPa(有些车型更高或更低些)，燃油分配管上的压力限止阀开启而泄压，以防压力过高。第三代高压燃油系统中压力限止阀(限压阀)集成在高压燃油泵中，省去了燃油分配管至燃油泵的回油管。这是目前最常用的结构。

2010年起国内销售的一汽大众、上汽通用等缸内直喷汽油车，大都采用第三代高压燃油泵。第三代高压燃油泵的特点：在燃油压力调节阀不通电的状态下也能产生高压，在调节阀不进行调控的情况下进油阀门也可以依赖于吸油冲程中的压力而被打开。同时，高压腔也可以在调节阀不通电的情况下充填。这些特点的好处是，在起动过程开始时就向燃油输送压力，不需要让发动机控制器先将燃油压力调节阀“调节到状态”时才送压。泵的驱动是通过进气凸轮轴上的四凸(或三凸)凸轮来实施的。特别在冷起动时，这种驱动能快速产生压力。除此以外，通过较大的柱塞直径(10 mm)，促进压力的快返形成。通过这些措施，在冷起动时进气阶段开始后只要0.5 s的时间，在燃油分配管中压力就已经达到了6 MPa以上。采用大容量的减压腔，有两个减压器膜集成安装在高压油泵内，防脉动减压效果好。减压器膜隔出的上、下单个室腔，经通道互相连通。在燃油进口管道中集成安装有一个节流阀。

进油行程：燃油压力调节阀N276在整个进油行程中由发动机控制单元控制。对该阀线圈通电所产生的电磁场，克服弹簧力将进油阀门打开，当柱塞向下运动时导致在泵腔里的压力下降。结果燃油从低压接口流入泵柱塞腔内。

回油行程：在柱塞向上运动开始的瞬间，燃油压力调节阀还在通电，进油阀门继续打开。此时柱塞上方的燃油流向减压腔，导致在柱塞上方的油压并不升高。而一旦燃油压力调节阀不通电，则回油行程结束。所以回油量是可控的，可控回油为的是按需调节高压油路中的油压。

输油行程：当柱塞向上运动时，如果燃油压力调节阀不再通电，那么由于柱塞压力比弹簧力大，进油阀门关闭，输油开始。输出的燃油压力为5~14 MPa。输出燃油压力多少，取决于回油行程中燃油压力调节阀何时通电。

限压阀集成在高压燃油泵中，它可以在受热膨胀或功能故障时保护零部件不会受到燃油的过高压力。这是一个弹簧限压阀，在燃油压力超过14 MPa(有些车型更高或更低些)时打开。当阀门打开时，燃油从高压区流入低压区。

小贴士

坚持自主创新，树立产业自信

坚持“自主创新”是奇瑞发展战略的核心。从创立之初，奇瑞就坚持自主创新，成为一家创新型企业。经过不断努力，奇瑞已建立起融合协同的“大研发”格局，形成了传统汽车、新能源汽车、智能网联汽车、无人驾驶汽车等从研发到试制、试验较为完整的产品研发体系，取得多项核心技术突破。截至目前，公司已累计申请专利 20794 件，授权专利 13153 件。公司先后承担国家“863 计划”、科技支撑计划、重点研发计划等 170 多个项目，多次获得国家科技进步一等奖、二等奖，三次被授予国家级创新型企业称号。

奇瑞第二代智效燃烧系统：完成了“三大传承，两大革新”的第二代智效燃烧系统，继承了鱼肚型进气道、Masking 燃烧室、气流引导性喷雾，同时将缸径冲程比优化为 1.22，成为长冲程燃烧架构，可把缸内滚流比提升 30%，燃烧速度提高 20%，与 TNGA 架构水平相当。

奇瑞 350bar 超高压直喷系统：可采用 3 次以上的喷射策略，使雾化后燃油粒子的平均直径只有 8 μm，相当于头发丝直径的 1/6，极大改善了燃油雾化效果与气体混合效果，让燃油燃烧得更充分，颗粒物排放降低 90%，HC 排放降低 40%。

（二）任务计划与实施

引导问题 16：在进行燃油系统检测时，下列说法中正确的有（　　）。

A. 在进行燃油系统压力检测时，1 人可以完成作业

B. 在进行燃油系统压力检测时，需要 2 人的配合

C. 在进行燃油系统泄压作业时，为了保证车辆和人的安全，应当设置隔离区域，严禁烟火

D. 在连接燃油系统压力表时，压力表的型号和规格可以随意使用

E. 在连接燃油系统压力表时，应当使用专业的，和车辆配套的压力表

F. 在读取燃油系统故障码时，诊断仪不需要清除故障码操作

G. 在读取燃油系统故障码时，诊断仪需要进行读码—清码—再读码操作

H. 当进行燃油系统检测时，应当全过程进行 6S 作业：整理、整顿、清扫、清洁、素养、安全

引导问题 17：根据计划，列出实训车辆燃油泵的检测步骤。

____

____

____

____

____

引导问题 18：当燃油供给控制系统出现故障时，利用诊断仪会出现哪些故障代码？并分别解释这些故障代码的含义。

____

____

____

____

____

引导问题 19：利用诊断仪检测读取发动机数据流时，哪些数据流是有关燃油系统的？分别解释这些数据流的含义。

____

____

____

____

____

引导问题 20：（1）对车辆燃油泵周围进行清洁，燃油泵上有________根管子，分别是__________、__________、__________。

（2）断开燃油泵燃油管路时应注意______________________________。

（3）使用燃油泵的拆卸工具称为______________________________。

（4）燃油泵______________________________角度位置标记。

引导问题 21：测试燃油系统压力并填写表 3-1。

表 3-1 燃油系统压力

测试工具	测试条件	实际值	参考值	结果

引导问题 22：检查燃油泵工作情况并填写表 3-2。

表 3-2 燃油泵工作情况

操作测试条件	操作步骤	标准	结果

引导问题 23：进行燃油泵元件测试并填写表 3-3。

表 3-3　燃油泵元件测试

项目	方法	标准	结果
线圈测试	断开燃油泵插头；万用表欧姆挡（200Ω 量程）		
通电测试	蓄电池直接通电； 时间不得超过 10 s； 在蓄电池侧断开、接通		

引导问题 24：根据计划，列出实训车辆喷油器的检测步骤。

____

____

____

____

____

引导问题 25：喷油器电源供给情况检查。拔下喷油器电插头，接通点火开关，用万用表测______________脚电压，应为 12 V；否则，检查电源电路，用__________进行检查，看是否有供电，是否闪烁正常。

引导问题 26：检查喷油器的工作情况。起动发动机，并用手触摸喷油器外表，应能感受到________________而产生的振动，用触杆式听诊器还能听到喷油器工作的声音。

引导问题 27：测量喷油器的电阻值，填入表 3-4。拔下喷油器插头，用万用表测喷油器两插脚之间的电阻值，应符合维修手册的要求。

表 3-4　喷油器电阻值

喷油器	一缸喷油器	二缸喷油器	三缸喷油器	四缸喷油器
电阻值/Ω				

引导问题 28：喷油器与 ECU 的连接线路情况检查。用万用表测喷油器插头中控制脚与 ECU 相应针脚之间的连接情况，填入表 3-5，应该导通，否则查找断路点。

表 3-5　喷油器与 ECU 连接情况

喷油器	一缸喷油器	二缸喷油器	三缸喷油器	四缸喷油器
ECU 针脚是否导通				

引导问题 29：检查喷油量，填入表 3-6。

表 3-6 喷 油 量

喷油器	一缸喷油器	二缸喷油器	三缸喷油器	四缸喷油器
喷油量/($g \cdot s^{-1}$)				

引导问题 30：根据测量结果，画出任意两个喷油器的工作波形。

引导问题 31：当实训车辆出现燃油供给控制系统故障时，制订出故障诊断与检测计划。

____
____
____
____
____
____
____
____

引导问题 32：在进行发动机燃油供给控制系统检修时，有哪些注意事项？

____
____
____
____

引导问题 33：图 3-41 所示为 2018 款大众迈腾汽车的燃油系统 ECU J538 电路图，该 ECU 由________、________、________、________线组成。

（1）各线含义：T5ax/1 为________________，T5ax/2 为________________，T5ax/3 为________________，T5ax/4 为________________，T5ax/5 为________________。

（2）J538 的信号线 T5ax/1 到油泵端 T5aw/1 之间线路的诊断步骤：

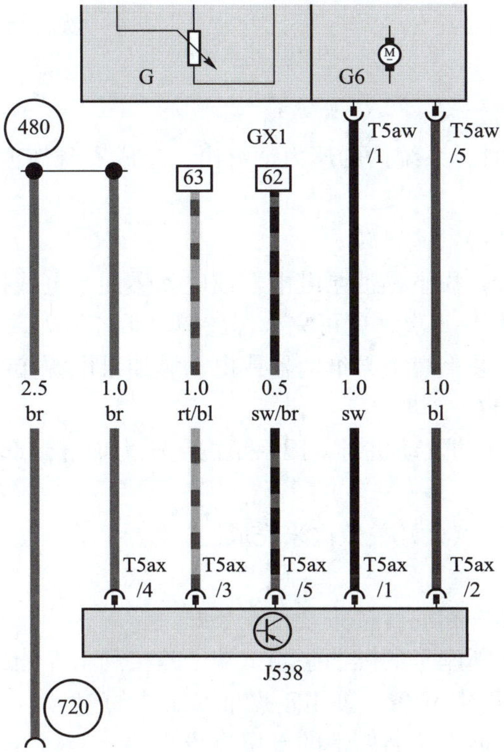

图 3-41　J538 电路图

① ____。

② ____。

③ ____。

（3）J538 的信号线 T5ax/2 到油泵端 T5aw/5 之间线路的诊断步骤：

① ____。

② ____。

③ ____。

任务技能点 1：燃油系统压力检测

1. 目视外观检查

检查燃油系统渗漏情况视频

燃油系统的目视外观检查是进行故障诊断的首要环节。维修前应对车辆进行登记，记录车辆 VIN 码、发动机型号，并向车主询问故障现象，同时查阅该发动机的维修资料。检查外观时，应检查燃油系统各接头处是否泄漏，燃油箱是否损坏或锈蚀，油管是否破损，装配是否稳固，汽油滤清器安装方向是否正确，真空软管是否连接完好，喷油器 O 形密封圈、插接器、插头及外壳是否正常等。

2. 燃油压力检测

燃油压力检测视频

(1) 燃油压力的释放

目的：防止在拆卸时，系统内的压力油喷出，造成人身伤害和火灾。

方法：

① 起动发动机，维持怠速运转。

② 在发动机运转时，拔下燃油泵继电器或电动燃油泵电线接线，使发动机熄火。

③ 再使发动机起动 2~3 次，就可完全释放燃油系统压力。

④ 关闭点火开关，装上燃油泵继电器或电动燃油泵电源接线。

(2) 燃油压力的设置

目的：为避免首次起动发动机时，因系统内无压力而导致起动时间过长。

方法一：

通过反复打开和关闭点火开关数次来完成。

方法二：

① 检查燃油系统元件和油管接头是否安装好。

② 用专用导线将诊断座上的燃油泵测试端子跨接到 12V 电源上。

③ 将点火开关转至 ON 位置，使电动燃油泵工作约 10s。

④ 关闭点火开关，拆下诊断座上的专用导线。

(3) 油压测试

为了判断燃油系统工作是否正常，需要用燃油压力表测试燃油压力，将测试的工作油压及残余压力与正常值相比较，来判断故障所在部位。

检测方法：首先释放燃油系统压力，拔下蓄电池负极电缆；将油压表(图 3-42)接入脉动缓冲器位置(对于通用)或进油管接头处(对于丰田)。

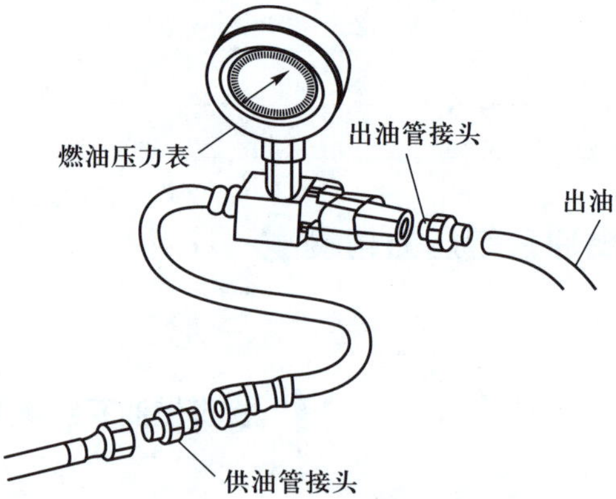

图 3-42　油压表安装

测量油压时按以下步骤进行。

① 静态油压：打开点火开关(发动机不起动)2~3 s 后，油压表读数应为 0.28~0.30 MPa。若不在规定范围内，压力偏高，更换燃油压力调节器；压力偏低，应检查燃油管、接头、燃油泵、滤清器、燃油压力调节器、喷油器是否泄漏。

② 怠速油压：发动机怠速运转时，油压表读数应为(0.25±0.02)MPa。

③ 调节油压：怠速时，拔下并塞住真空软管，油压表读数为(0.3±0.02)MPa。

④ 最大油压：发动机怠速运转时，夹住回油管，油压为怠速时的 2~3 倍。

⑤ 残余油压：关闭点火开关，5 min 后，油压应为 0.15 MPa 以上。

检查完毕后，释放油压，拆下油压表，装复燃油系统，然后预置油压，起动发动机，确定有无泄漏。

不同车系、不同排量的燃油系统的油压有差异，维修时应仔细查阅维修车辆的技术资料。一些车型的油压见表 3-7。

表 3-7　一些车型的油压

车型	排量/L	喷射类型	系统油压(接真空管)/kPa	残压
桑塔纳 2000	1.8	多点喷射	约 300	>150 kPa(停车 10 min 后)
奥迪 A6	1.8	多点喷射	约 350	>250 kPa(停车 10 min 后)
别克	3.0	多点喷射	284~325	>33 kPa(停车 10 min 后)
通用	5.0	单点喷射	75	残压很低
丰田		多点喷射	196~235(怠速) 265~304(静态)	熄火后 5 min 不降低
克莱斯勒	2.5	单点喷射	98	残压很低
本田	2.0	多点喷射	265~305(怠速)	>150 kPa(停车 10 min 后)
福特	2.3	多点喷射	206~318(怠速)	熄火后 5 min 不降低

3. 检测流程

燃油系统主要故障是油压过低、油压过高及残压过低，根据燃油压力表显示的油压进行故障判断，检测流程如图 3-43 至图 3-45 所示。

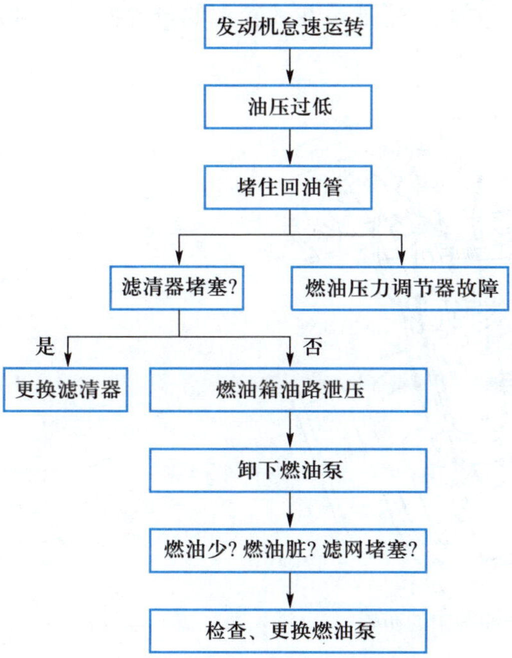

图 3-43　油压过低检测流程

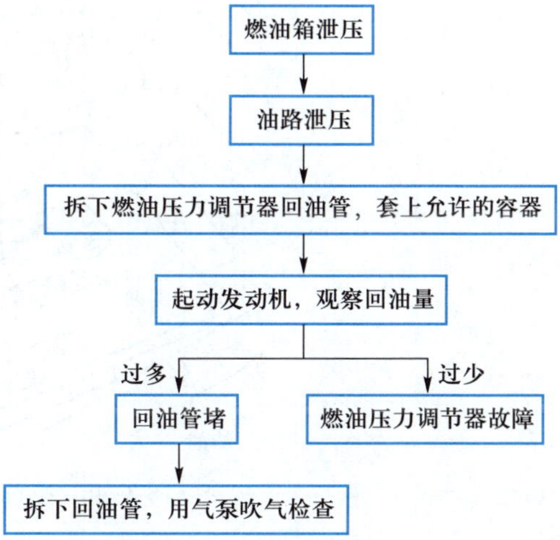

图 3-44　油压过高检测流程

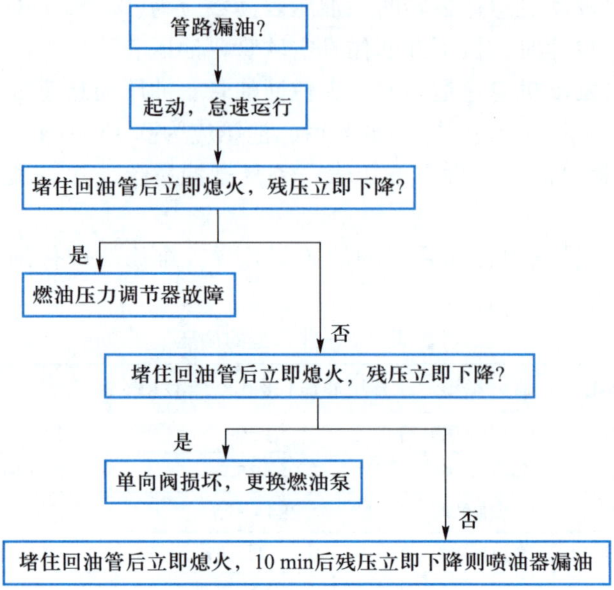

图 3-45 残压过低检测流程

任务技能点 2：燃油泵的检测与更换

1. 燃油泵的检测

燃油泵的检测项目通常包括保持压力和最大压力检测。点火开关置于“ON”位置，使燃油泵作用 2~3 s 后关闭点火开关，5 min 后保持压力应符合规定。燃油泵的最大压力为 440~589 kPa，若不符合，均应更换燃油泵。更换燃油泵前，应先释放油箱和油管压力，更换时，其 O 形环和密封橡胶必须更换。燃油泵在油箱中的位置如图 3-46 所示。

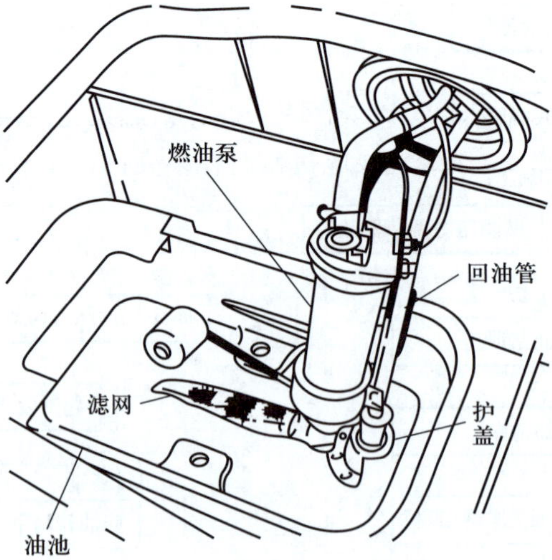

图 3-46 燃油泵在油箱中的布置

2. 燃油泵控制电路的检测

按以下步骤检测控制电路，如图 3-47 所示。

① 检查燃油泵继电器。打开点火开关，不起动发动机，听燃油泵继电器有无响声或触摸其有无振动。若没有声音或者振动，对燃油泵继电器本身进行检查；若正常则继续下一步。

② 检查燃油泵继电器至电源端。检查燃油泵继电器前端的电源电压、主熔断器、EFI 熔断器、EFI 主继电器是否正常；电路、连接器有无短路或者开路。

③ 检查燃油泵继电器至燃油泵端。若燃油泵继电器工作，关闭点火开关，拔下燃油泵插头，打开点火开关，测量有无电压。若没有电压则是燃油泵继电器至插头的线路短路或开路；若有电压则检查燃油泵。

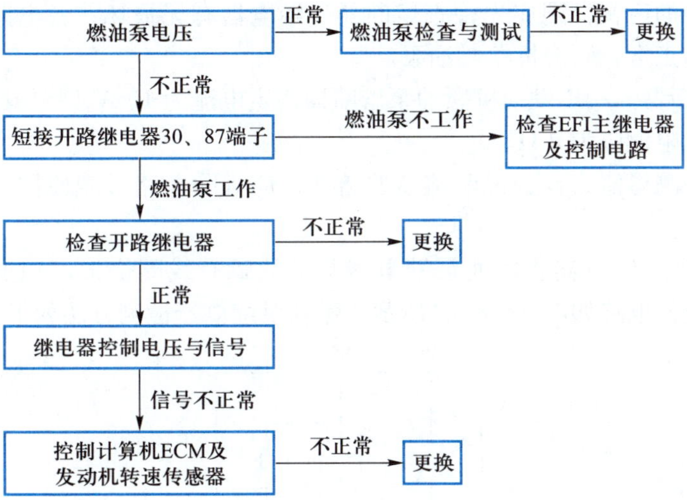

图 3-47　检测流程图

3. 燃油泵的使用与维修

（1）在燃油泵的使用过程中，必须注意以下两点：

① 旧泵不能干试。当燃油泵拆下后，由于泵壳内剩余有汽油，因此在通电实验时，一旦电刷与换向器接触不良，就会产生火花，引燃泵壳内汽油而引起爆炸。

② 新泵也不能干试。由于燃油泵电机密封在泵壳内，干试时通电产生的热量无法散发，电枢过热就会烧坏电机。

因此必须将燃油泵浸泡于汽油中进行试验。

（2）燃油泵的检修

① 燃油系统压力：燃油泵出口的最大压力由泄压阀决定，为 450~650 kPa。但是整个燃油系统的压力却是随着进气歧管压力的波动而波动的。系统压力跟进气歧管压力之间的差值由燃油压力调节器决定，一般为 300 kPa。根据发动机的需要，燃油泵可有不同的流量。相同结构的燃油泵通过调整线圈匝数来调整电动机的转速，从而调整流量。

② 燃油泵的检测：首先卸下接头。把数字万用表调到欧姆挡，两表笔分别接燃油泵两针脚，测量内阻，不为零或无穷大(即为非短路、开路状态)。

接上接头，在进油管接上燃油压力表，起动发动机，观察燃油泵是否工作；若不运转，检查“+”针脚是否有电源电压；若运转，怠速工况下，检查燃油压力是否在260 kPa左右；拔掉燃油压力调节器真空管，检查此时燃油压力是否在300 kPa左右。

（3）ECU控制的燃油泵控制系统检查

① 打开油箱盖。

② 打开点火开关（不起动发动机），听油箱中有无燃油泵电动机转动的声音。

判断：如能听到燃油泵运转3~5 s后停止，则控制系统工作正常。

③ 如听不到燃油泵运转的声音，关闭点火开关后，用跨接线将故障检查插头内FP和+B两插孔短接。

判断：打开点火开关，若能听到燃油泵运转的声音，说明ECU内部故障；若仍听不到燃油泵运转的声音，则应先检查熔断器、继电器有无损坏，各电路有无开路或接触不良。若电路正常，则应拆检燃油泵。

④ 检测熔断器。AJR发动机燃油泵熔断器额定电流为10 A。将熔断器从熔断器盒中取出，检测其阻值应为0 Ω。

判断：如果测得值为∞，说明熔断器熔断，应排除电路过载原因后，再更换相同规格的熔断器。

⑤ 检测燃油泵继电器。燃油泵继电器常见故障有线圈烧损、触点烧蚀或触点黏连。燃油泵继电器电路如图3-48（a）所示，燃油泵继电器检测方法如下：

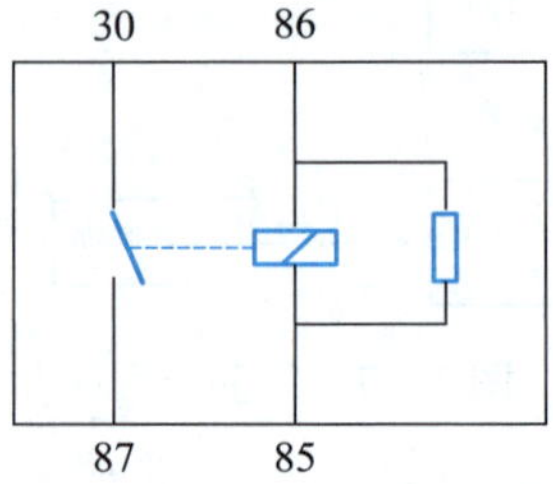

30—接电源；87—接燃油泵；85—接ECU；86—接点火开关

(a) 电路

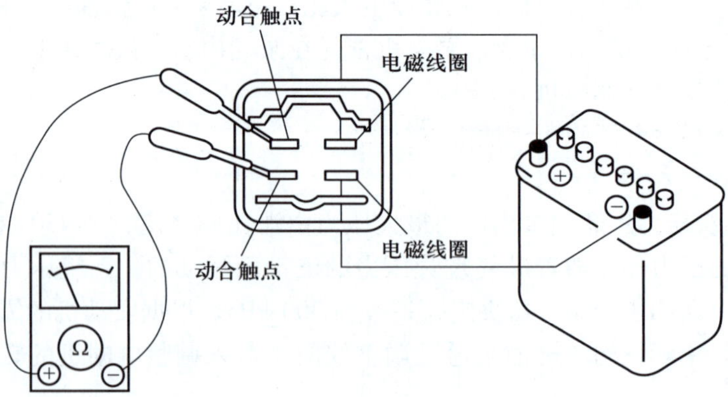

(b) 检测

图3-48 四脚燃油泵继电器的检测

a. 四脚燃油泵继电器的检测。

ECU 控制的电动燃油泵控制系统通常采用四脚燃油泵继电器，四脚燃油泵继电器中有两脚用于接继电器的电磁线圈，另外两脚接继电器动合触点。

操作：用万用表欧姆挡测量，继电器线圈两脚 85 和 86 之间应能导通，如图 3-48 所示，阻值应为 0 Ω；动合触点两脚之间应不能导通（30 和 87）电阻值应为∞，否则，继电器触点黏连。

判断：在线圈两脚接上蓄电池电压，同时用万用表欧姆挡测量动合触点两脚之间应能导通，如图 3-49 所示。若测量结果不符合要求，应更换燃油泵继电器。

b. 五脚燃油泵继电器的检测。

L 型或 D 型（由开关和 ECU 共同控制）的燃油喷射系统采用五脚燃油泵继电器。五脚燃油泵继电器内有两组线圈。其中一组由起动开关控制，另一组由 ECU 或空气流量传感器内的燃油泵开关触点控制，如图 3-49（a）所示。

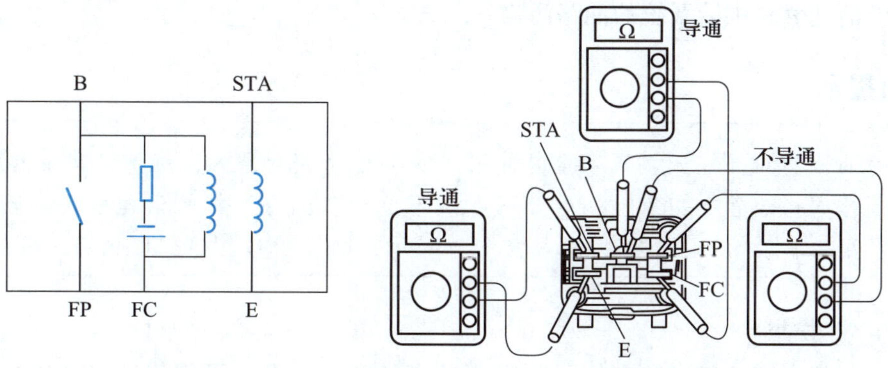

(a) 电路　　(b) 检测

图 3-49　五脚燃油泵继电器的检测

（4）燃油泵工作状态的检测

操作：如图 3-50 所示，用外接电源直接测试燃油泵工作状态。将燃油泵与蓄电池相接（正负极不能接错），并使燃油泵尽量远离蓄电池，每次接通不超过 10 s。（时间过长会烧坏燃油泵电动机的线圈。）

判断：如燃油泵不转动，则应更换燃油泵。

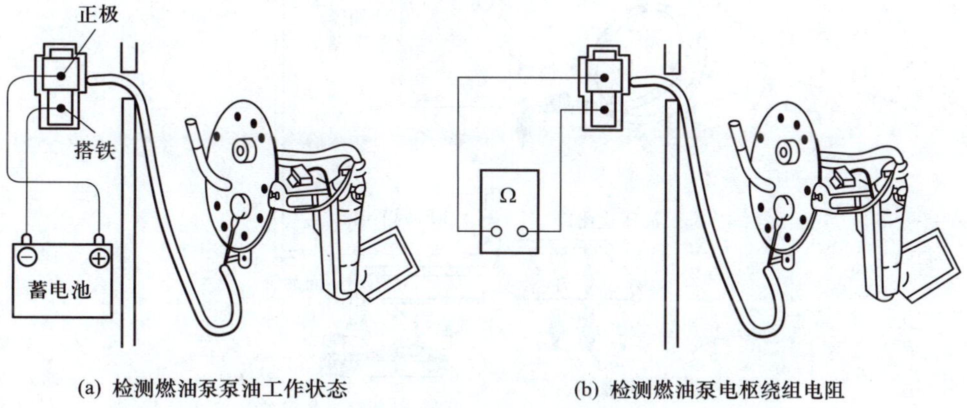

(a) 检测燃油泵泵油工作状态　　(b) 检测燃油泵电枢绕组电阻

图 3-50　燃油泵工作状态的检测

任务技能点3：喷油器的检测与诊断

检查与更换喷油器视频

1. 喷油器的清洗

（1）离车清洗

将各喷油器从发动机上拆下来，并装在喷油器清洗检测实验台上，按照清洗检测实验台的操作说明进行清洗与检测。该方法的优点是可以清楚地看到喷雾的形状，检测各喷油器的喷油量及喷油量的均匀性，还可以检测喷油器的滴漏情况，清洗的效果比较直观。该方法的缺点是需要从发动机上拆下喷油器，且只能对喷油器本身进行清洗，不能清洗燃料供给系统的油路污物。

小提示

喷油器的O形密封圈不可重复使用。安装O形密封圈时，应先将其涂上汽油。把喷油器向输油管上安装时，小心不要损坏O形密封圈。把喷油器安装到输油管上后，用手转动喷油器。若喷油器旋转不平滑，则说明O形密封圈已经损坏。

（2）就车清洗

专用的就车清洗机内装有加了除碳剂的燃油和燃油泵，可将清洗机的连接管与发动机燃油总管上的油压检测口及油压调节器回油管连接，如图3-51所示。断开汽车上的燃油泵电路（拔下燃油泵熔断器即可），然后接通清洗机的电动燃油泵电路，起动发动机并以2 000 r/min左右的转速保持运转，约10 min即可完成清洗。

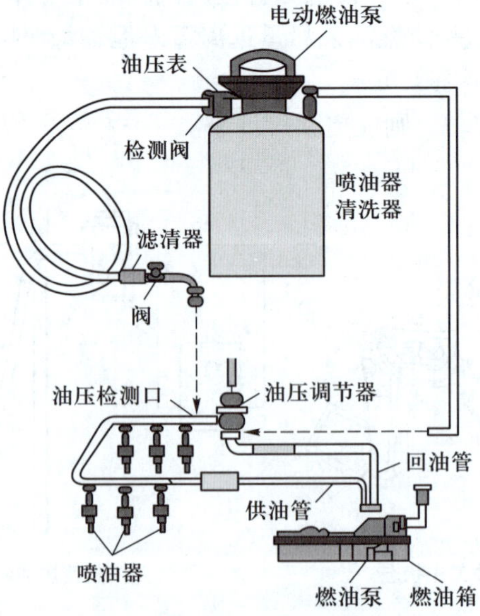

图3-51 就车清洗机及其连接方法

2. 喷油器的检查和更换

（1）喷油器线圈电阻检查

断开点火开关，拔下喷油器插头，用万用表测量喷油器线圈电阻，如图 3-52(a) 所示，高阻型为 11~17 Ω，低阻型为 2~3 Ω，且各缸阻值都应相同。低阻值的喷油器不可直接与蓄电池连接，应串联一个适当阻值的电阻，以免烧坏线圈。

（2）喷油器线圈检查

怠速运转发动机，如图 3-52(b) 所示，用手摸喷油器应有振动感，用听诊器探针接触喷油器应能听到清脆的吸合声，否则说明喷油器不工作。

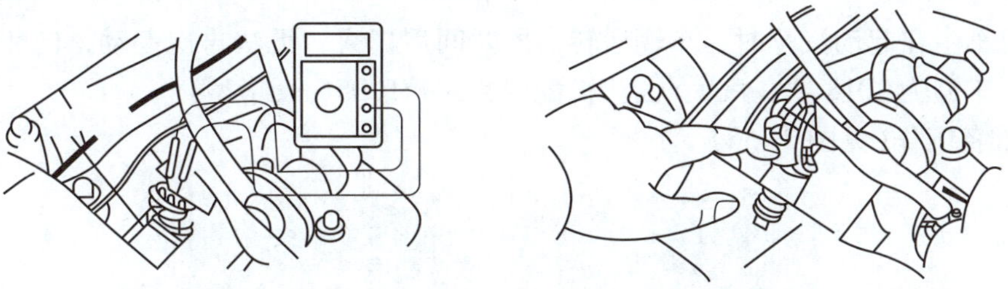

(a) 喷油器线圈电阻检查　　(b) 用手指检查喷油器的工况

图 3-52　喷油器的检查

（3）喷油质量检查

将喷油器拆下，放置在超声波喷油器清洗机上，观察喷油状况和喷油量。15 s 喷油量应是 50~60 ml，喷出的燃油应是一定锥度的均匀雾状，如图 3-53 所示。

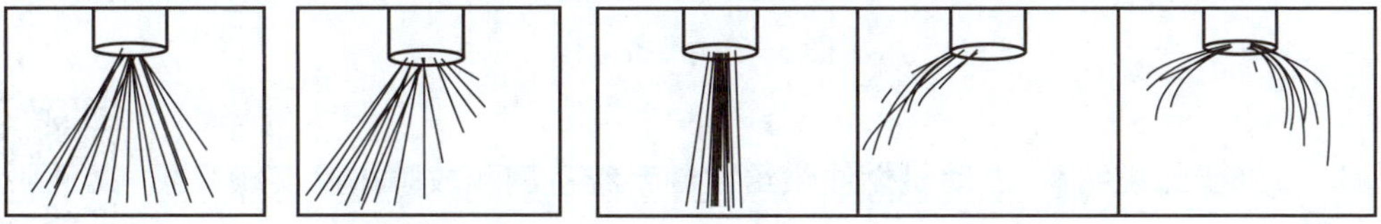

(a) 良好　　(b) 尚可使用　　(c) 差

图 3-53　喷油器雾化情况检查

（4）喷油器的更换

喷油器出了故障只能整体更换，不可维修。如图 3-54 所示，安装喷油器时应更换

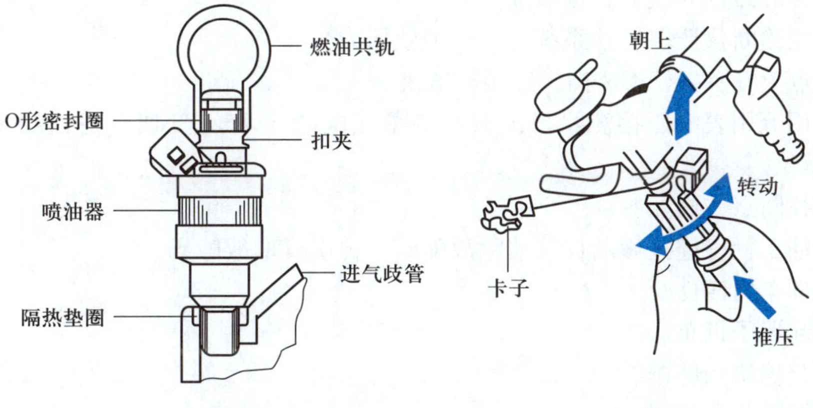

(a) 安装　　(b) 紧固

图 3-54　喷油器的安装

O 形密封圈，将喷油器装入燃油总管时应不断转动喷油器，以免损坏 O 形密封圈。用手转动喷油器，如果不能平顺转动，说明 O 形密封圈安装不当，应重新安装。装完后要用扭力扳手按规定力矩拧紧燃油导轨的连接螺栓。

（三）任务企业案例引入

1. 案例 发动机燃油供给控制系统检测和故障排除案例引入视频

一位车主在起动汽车时，车辆运转一段时间后熄火，无法再次起动，向 4S 店打电话咨询。车型为 2018 款一汽大众迈腾（配置：380TSI、DSG 豪华型）。

2. 准备工作（见图 3-55）

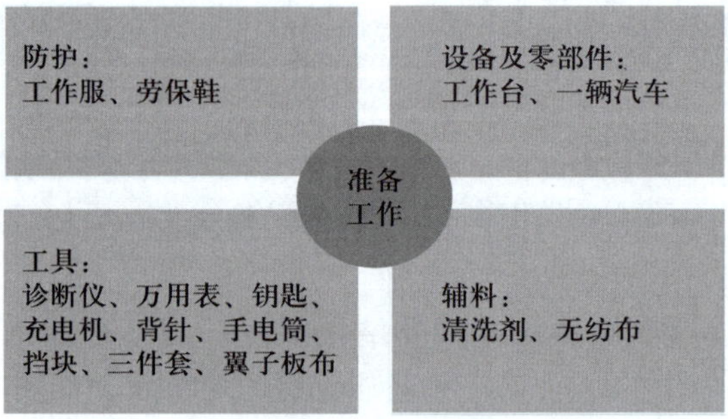

图 3-55 准备工作

3. 检修步骤说明 发动机燃油供给控制系统检测和故障排除实操视频

① 打开机舱盖。

② 检查冷却液量、制动液量。

③ 检查蓄电池电压。

④ 连接故障诊断仪器，读取故障码。

⑤ 使用诊断仪读取燃油系统高、低油轨压力。

⑥ 将点火开关置于 ON 挡，连接充电机。

⑦ 使用万用表电压挡测量燃油泵控制单元电源线 T5ax/3 脚，搭铁线 T5ax/4 脚，判断故障部位。

⑧ 查找断点并修复。

⑨ 起动车辆，连接诊断仪，清除故障码，再次读取故障码。

⑩ 整理车内四件套。

⑪ 收起翼子板布。

⑫ 收起挡块和尾排。

⑬ 擦拭设备工具。

（四）任务评价反馈

小组自评表(见表 3-8)能够让小组成员对各自的信息检索能力、任务认知程度、参与状态、学习状态和工作过程等方面进行评价，从记忆、领会、应用、分析、反馈等方面全方位评估自己对知识的学习及掌握情况。

表 3-8　小组自评表

班级		组名		日期	
评价指标	评价要素			分数	分数评定
信息检索	能有效利用网络资源、工作手册查找有效信息；能用自己的语言有条理地去表述所学知识；能将查找到的信息有效转换到工作中			10	
任务认知	是否熟悉各自的工作岗位，认同工作价值；在工作中，是否获得满足感			10	
参与状态	与教师、同学之间是否相互尊重、理解、平等；与教师、同学之间是否能够保持多向、丰富、适宜的信息交流			10	
	探究学习、自主学习不流于形式，处理好合作学习和独立思考的关系，做到有效学习；能够提出有意义的问题或能发表个人见解；能按要求正确操作；能够倾听、协助并分享			10	
学习方法	工作计划、操作技能是否符合规范要求；是否获得了进一步发展的能力			10	
工作过程	遵守管理规程，操作过程符合现场管理要求；平时上课的出勤情况和每次完成学习任务情况；善于多角度思考问题，能主动发现并提出有价值的问题			15	
思维状态	是否能发现问题、提出问题、分析问题、解决问题、创新思路			10	
自评反馈	按时按质完成学习任务；较好地掌握了专业知识点；具有较强的信息分析能力和理解能力；具有较为全面严谨的思维能力，并能条理清晰地表述成文			25	
自评分数					
有益的经验和做法					
总结反思建议					

小组互评表(见表3-9)能够让小组成员从信息检索能力、任务认知程度、参与状态、学习状态和工作过程等方面对其他小组进行评价，通过互相评价环节，学习其他小组的长处，弥补自己小组的不足。

表3-9 小组互评表

<table>
<tr><td>班级</td><td></td><td>被评组名</td><td></td><td>日期</td><td></td></tr>
<tr><td>评价指标</td><td colspan="3">评价要素</td><td>分数</td><td>分数评定</td></tr>
<tr><td rowspan="3">信息检索</td><td colspan="3">该小组能否有效利用网络资源、工作手册查找有效信息</td><td>5</td><td></td></tr>
<tr><td colspan="3">该小组能否用自己的语言有条理地去表述所学知识</td><td>5</td><td></td></tr>
<tr><td colspan="3">该小组能否将查找到的信息有效转换到工作中</td><td>5</td><td></td></tr>
<tr><td rowspan="2">任务认知</td><td colspan="3">该小组能否熟悉各自的工作岗位，认同工作价值</td><td>5</td><td></td></tr>
<tr><td colspan="3">该小组成员在工作中，是否获得满足感</td><td>5</td><td></td></tr>
<tr><td rowspan="5">参与状态</td><td colspan="3">该小组与教师、同学之间是否相互尊重、理解、平等</td><td>5</td><td></td></tr>
<tr><td colspan="3">该小组与教师、同学之间能否保持多向、丰富、适宜的信息交流</td><td>5</td><td></td></tr>
<tr><td colspan="3">该小组能否处理好合作学习和独立思考的关系，做到有效学习</td><td>5</td><td></td></tr>
<tr><td colspan="3">该小组能否提出有意义的问题或能发表个人见解，按要求正确操作，能够倾听、协助并分享</td><td>5</td><td></td></tr>
<tr><td colspan="3">该小组能否积极参与学习任务，并在过程中综合运用信息技术的能力得到提高</td><td>5</td><td></td></tr>
<tr><td rowspan="2">学习方法</td><td colspan="3">该小组工作计划、操作技能是否符合规范要求</td><td>5</td><td></td></tr>
<tr><td colspan="3">该小组是否获得了进一步发展的能力</td><td>5</td><td></td></tr>
<tr><td rowspan="3">工作过程</td><td colspan="3">该小组是否遵守管理规程，操作过程是否符合现场管理要求</td><td>5</td><td></td></tr>
<tr><td colspan="3">该小组平时上课的出勤情况和每次完成学习任务情况</td><td>5</td><td></td></tr>
<tr><td colspan="3">该小组是否善于多角度思考问题，能否主动发现并提出有价值的问题</td><td>5</td><td></td></tr>
<tr><td>思维状态</td><td colspan="3">该小组是否能发现问题、提出问题、分析问题、解决问题、创新思维</td><td>5</td><td></td></tr>
<tr><td>自评反馈</td><td colspan="3">该小组能否严肃认真地对待自评，并独立完成自测试题</td><td>10</td><td></td></tr>
<tr><td colspan="4">互评分数</td><td colspan="2"></td></tr>
<tr><td>简要评述</td><td colspan="5"></td></tr>
</table>

教师评价表（见表 3–10）的内容主要包括小组出勤状况、信息收集能力、计划制订是否完善、工作过程是否规范等，能够帮助学生更好地理解学习任务，促进对任务知识点、技能点的消化和吸收。

表 3–10　教师评价表

班级		组名	姓名	
出勤情况				
评价指标	评定要素		分数	分数评定
职业素养	具备信息素养		5	
	具备探究学习、终身学习能力		5	
	在实操过程中体现劳模精神、劳动精神、工匠精神		10	
	具备良好的职业道德和环保意识		5	
道德品质	遵守实验室、实训场地等公共场所的管理规定，自觉遵守秩序		5	
	在公共场所举止文雅，文明礼貌		5	
	爱护公物，保护公共设施		5	
信息检索	能够顺利完成教师安排的任务，快速找到有效信息，并转化到工作中去		5	
任务认知	能够理解任务的内容		5	
	能够满足岗位工作要求，掌握工作流程，熟悉注意事项		5	
参与状态	与教师、同学之间相互尊重、理解		5	
	能够做到独立思考、表达自己想法		5	
	能够按照要求正确操作，能够倾听对方表达的内容并乐于分享		5	
学习方法	能够按照工作内容的紧急情况合理制订计划		5	
	能够按要求完成工作计划，且操作符合规范		5	
工作过程	操作符合安全规定		5	
	操作符合流程规范		5	
	能协助他人完成工作		5	
思维状态	工作过程思维清晰，对工作结果能够正确预判，对其他相关工作有帮助		5	
师评分数				
综合评价				

三、 任务拓展信息

发动机双喷射系统

双喷射系统动画

2018 款一汽大众迈腾 B8L 双喷和缸内直喷技术中，2.0 L TSI 发动机具有双喷射系统，如图 3-56 和图 3-57 所示。也就是说有两种油气混合方法。一种方法是使用 TSI 高压喷射系统在气缸内进行直接喷射。第二种方法是使用进气歧管燃油喷射(SRE)系统。进气歧管燃油喷射会显著减少细微碳烟颗粒的排放。

对运行时喷油模式的调节已进行了标准化，指明了在 SRE 模式中发动机是否被驱动、何时被驱动，以及在高压模式下何时被驱动。有以下运行模式：SRE 单喷射、高压单喷射、高压双喷射、高压三重喷射。

在下列情况下，燃油系统有不同工作方式。

1. 发动机起动

当发动机处于冷态且冷却液温度低于 45 ℃时，每次发动机起动时在压缩循环中通过高压喷射系统进行高压三重喷射。

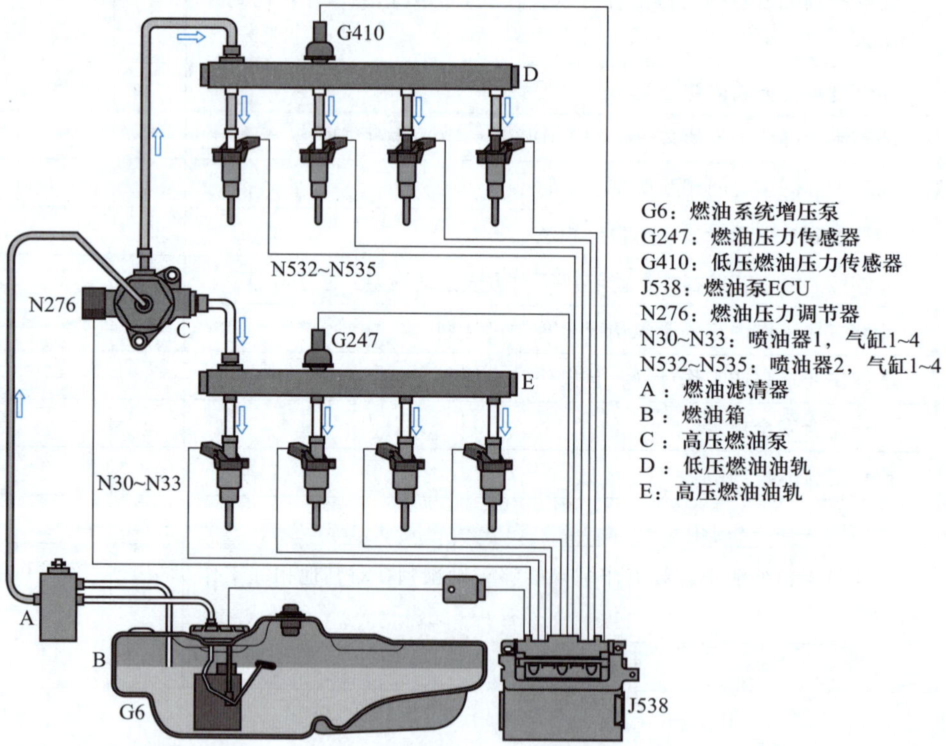

图 3-56　双喷射系统工作原理简图

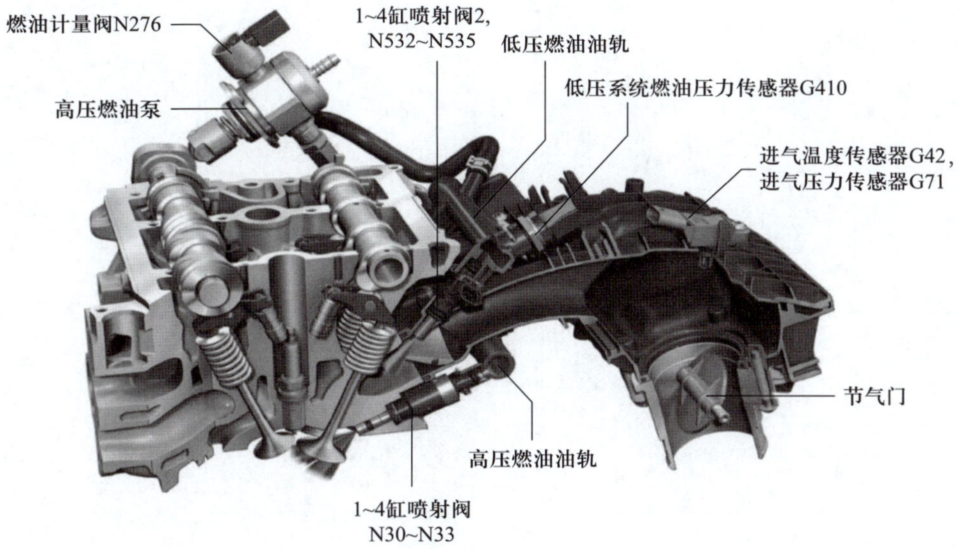

图 3-57　双喷射系统结构图

2. 发动机在部分负荷范围内运行

如果发动机温度高于 45 ℃，并且发动机在部分负荷范围内被驱动，则发动机切换到 SRE 模式。进气歧管翻板在大多数情况下保持关闭。

3. 发动机高转速全负荷运行

基于高性能需求，系统切换到高压模式。在进气和压缩循环中进行高压双喷射。

4. 暖机和催化转换器加热

在此阶段，在进气和压缩循环中进行高压双喷射。点火点有一定的延迟。进气歧管翻板关闭。

5. 发动机低转速全负荷运行

基于高性能需求，系统切换到高压单喷射模式。

6. 紧急运行功能

如果任一喷油系统发生故障，发动机使用另一系统，由发动机 ECU 驱动，从而确保车辆仍可继续行驶。仪表中的红色发动机指示灯亮起。

学习任务 4
发动机进气供给控制系统的检修

一、 任务说明

<table>
<tr><td>任务描述</td><td>一位车主向 4S 店打电话咨询，车辆在怠速运转时，发动机怠速抖动，加速无力；车型为 2018 款一汽大众迈腾(配置：380TSI、DSG 豪华型)</td></tr>
<tr><td>任务对应
工作领域</td><td>汽车动力与驱动系统 (√)
汽车转向悬架与制动安全系统 ( )
汽车电子电气与空调舒适系统 ( )
汽车全车网关控制与娱乐系统 ( )</td></tr>
<tr><td>任务所属
模块课程</td><td>动力系统检修 (√)
变速箱与传动系统检修 ( )
转向悬架系统检修 ( )
制动安全系统检修 ( )
电器与控制系统检修 ( )
空调与舒适系统检修 ( )
动力与底盘网关控制系统检修 ( )
车身与娱乐网关控制系统检修 ( )</td></tr>
<tr><td colspan="2">任务育人目标描述</td></tr>
<tr><td colspan="2">强化责任意识，弘扬担当精神</td></tr>
<tr><td colspan="2">职业技能(能力)要求描述</td></tr>
<tr><td>行为</td><td>能进行汽车动力与驱动系统工作领域中发动机进气控制系统的故障排除和相关机理分析</td></tr>
<tr><td rowspan="2">条件</td><td>车辆/设备：2018 款一汽大众迈腾(配置：380TSI、DSG 豪华型)</td></tr>
<tr><td>工具及场地要求：
维修工位 4 个。
车辆配套维修手册 4 册。
工具车(万用表、示波器、解码器、相关通用、专用工具) 4 套。
零件车 4 辆。
工作灯 4 个。</td></tr>
</table>

续表

标准与要求	树立分析问题、解决问题的信心；提高沟通协调、团队合作的能力；强化安全生产、规范操作的意识。 能掌握发动机进气控制系统的基本结构、原理和检修方法，能够正确使用维修手册、电路图等工具书，制订拆装及检测计划，能够对测量结果进行有效分析并给出维修意见。 按照维修手册的规范能正确进行空气流量计及相关电路、电源线、信号线、搭铁线检查、拆装或更换。 能正确进行节气门位置传感器及相关电路、电源线、信号线、搭铁线检查、拆装或更换。 能正确进行进气温度传感器及相关电路、电源线、信号线、搭铁线检查、拆装或更换。 能正确进行进气控制系统的检查、拆装或更换
成果	完成发动机进气控制系统的测量和故障排除

二、任务学习与实施

（一）任务引导与学习

引导问题 1：发动机进气控制系统的功能是：进气系统的功用是根据__________提供适量的空气，并根据电控单元的指令完成__________的调节。其组成包括____________、__________及__________、__________、__________等。

引导问题 2：如图 4-1 所示，进气系统包括__________和__________两类。

第一类的特点：____。

第二类的特点：____。

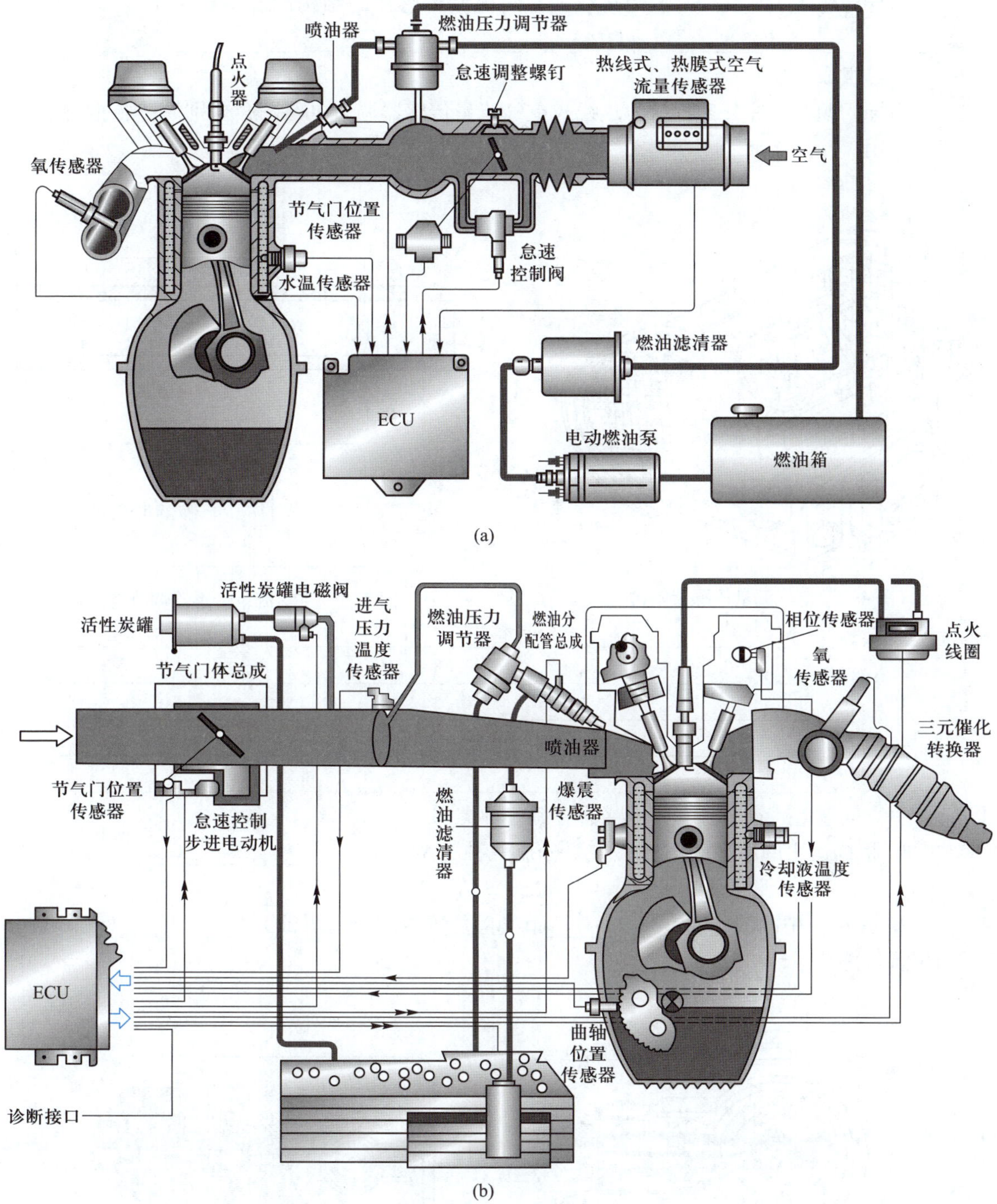

图 4-1　进气系统的类型

引导问题 3：空气流量传感器安装在节气门前的进气歧管上，如图 4-2 所示。其作用是检测发动机＿＿＿＿＿＿，并将进气量信息转换成电信号输入＿＿＿＿＿。ECU 通过计算进气量的大小，确定＿＿＿＿、喷油量以及＿＿＿＿＿。因此，进气量信号是 ECU 计算＿＿＿＿＿和＿＿＿＿＿＿的主要依据。

引导问题 4：图 4-2 所示为热线式空气流量传感器的结构图，主要由 1________、2__________、3__________、4______________、5____________、6__________等组成。

引导问题 5：图 4-3 所示为热线式空气流量传感器调节电路图，分别简述各主要电阻的作用。

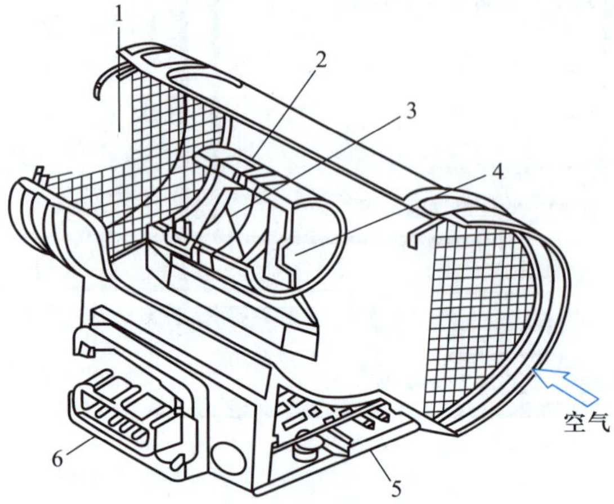

图 4-2 空气流量传感器结构

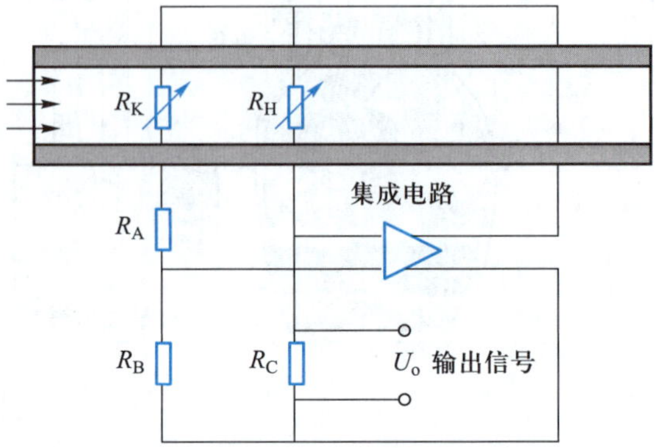

图 4-3 空气流量传感器调节电路

1. R_K：____。
2. R_H：____。
3. R_A：____。
4. R_B：____。
5. R_C：____。

引导问题 6：节气门位置传感器有哪些种类？

1. 根据运用的原理的不同，主要分成三种类型：__________、__________、__________。

2. 图 4-4 中的图(a)是__________节气门位置传感器，图(b)是__________节气门位置传感器。

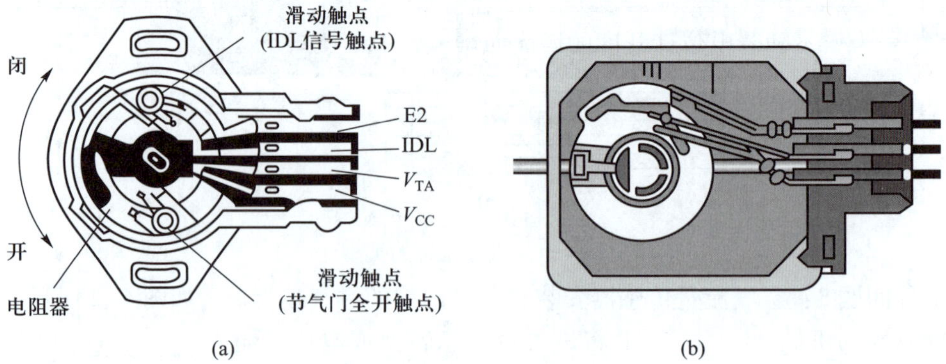

图 4-4 节气门位置传感器

3. 图 4-5 所示为电位计电路，根据图示回答问题。

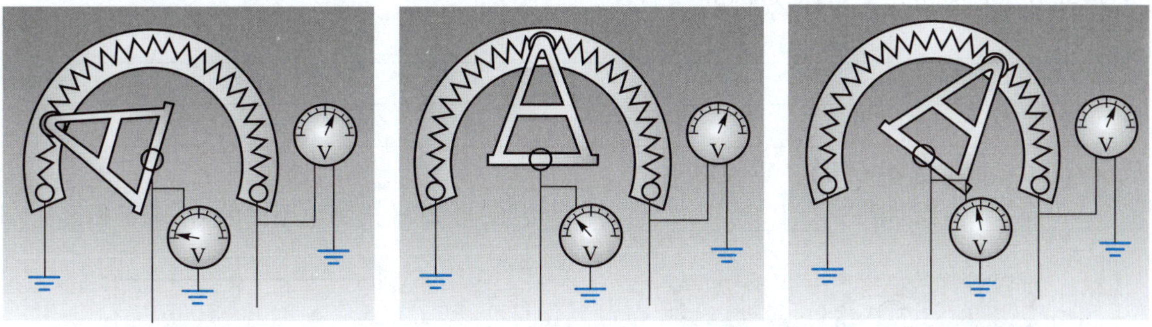

(a) 电位计1　(b) 电位计2　(c) 电位计3

图 4-5　电位计电路

（1）图(a)(b)(c)中，滑片电压最高的是________，原因是：____。

（2）如果滑片接触不良，则滑片电压、电阻容易出现什么样的变化？

____

____

____

（3）如何检测该电位计故障？

____

____

____

4. 比较节气门位置传感器电路与电位计的电路。

（1）观察图 4-6(a)(b)，分析该节气门位置传感器的工作原理。

____

____

____

____

（2）根据图 4-6(a)，如果该电位计 5V 电源突然中断，则 B 的信号电压为______V，其信号为何不随着电位计开度的增大而增大？

____

____

（3）根据图 4-6(b)，如果该电位计 A 点搭铁线中断，则 B 点的信号电压为______V，其信号为何不随着电位计开度的增大而增大？

____

____

____

（4）根据以上分析，可以得出结论：在电位计中电源线或接地线中断，将容易导致 B 点信号电压随着电位计的移动而________（变化、不变）。

（5）从以上结论中，无论是电位计本身的故障，还是连接导线的故障，都会对电位计 B 点信号电压产生什么影响？

____

____

____

（6）根据图 4-6(b)，VC 端子：____________，TPS 端子：____________。E2 端子：____________，它与 ECU 内部电路中的 E1 端子相连。

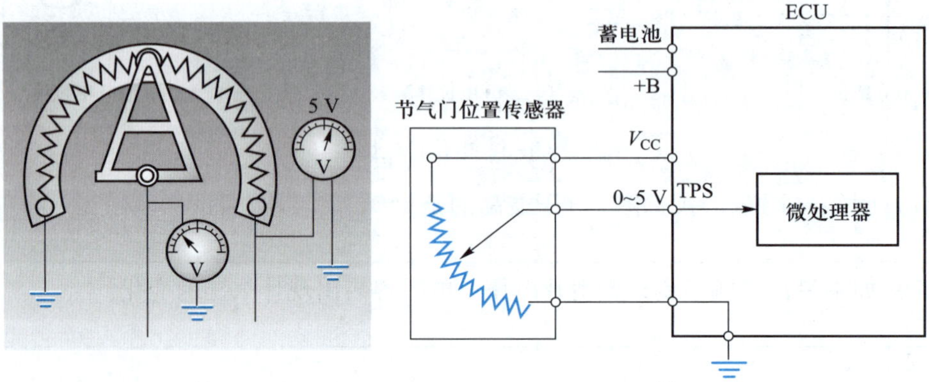

(a) (b)

图 4-6　节气门位置传感器工作原理

引导问题 7：如图 4-7 所示，写出冷却液温度传感器的结构图中组成部分。

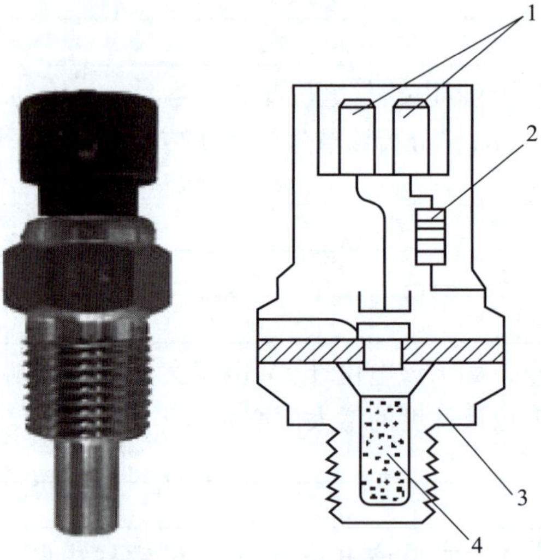

(a) 外观　(b) 结构

图 4-7　冷却液温度传感器

（1）冷却液温度传感器的英文简称为____________。

（2）填写冷却液温度传感器的结构：1____________2____________3____________4____________。

引导问题 8：如图 4-8 所示，根据温度传感器特性曲线说明其工作原理。

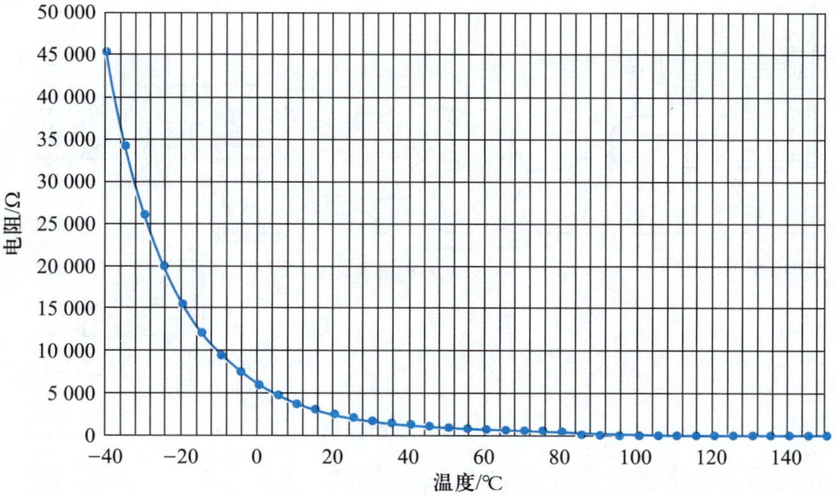

图 4-8 温度传感器特性曲线

（1）NTC 特性：电阻值与温度冷热的变化成__________________关系；即当温度升高时，热敏电阻的输出阻值________________________；当温度降低时，热敏电阻的输出阻值________________。

（2）ECU 通过自身电路为发动机水温传感器提供大约_____的直流信号，并测量其电压降，依此判定发动机实际工作状态。

引导问题 9：怠速控制系统结构如图 4-9 所示，写出其工作原理。

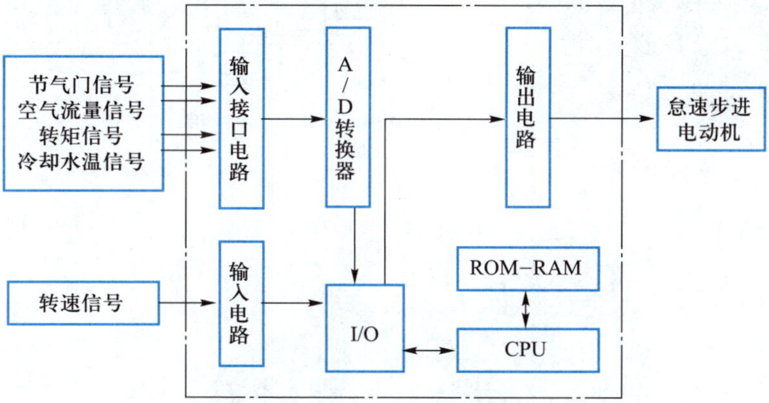

图 4-9 怠速控制系统结构

（1）____
____。

（2）怠速控制系统的作用是______________________________________
____。

（3）控制怠速进气量主要有图 4-10(a)(b)所示两种方法。

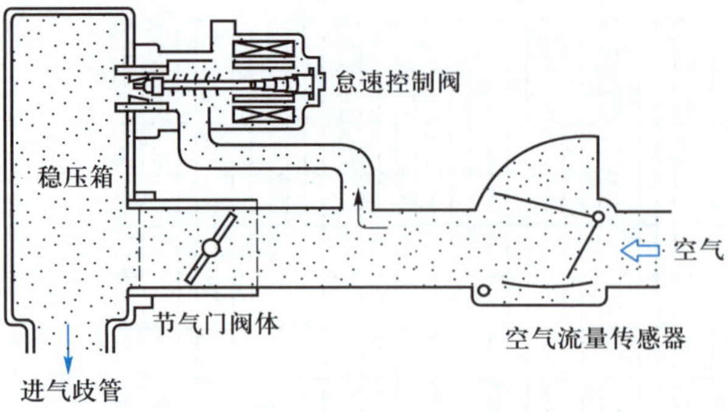

(a) ______ 式怠速控制法

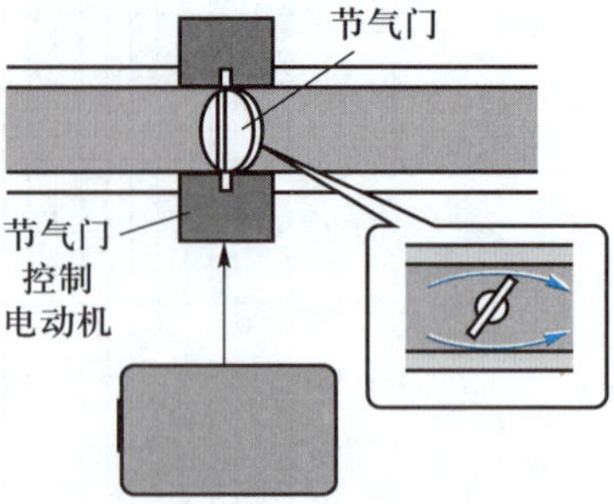

(b) ______ 式怠速控制法

图 4-10　怠速控制

（4）常见的怠速控制阀有图 4-11 所示类型。

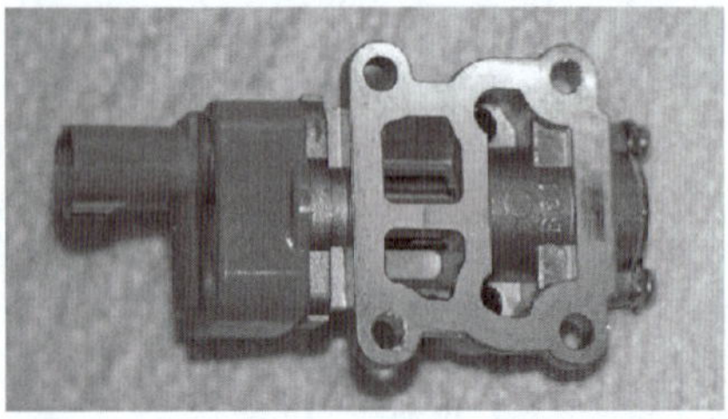

(a) ______ 式怠速控制阀

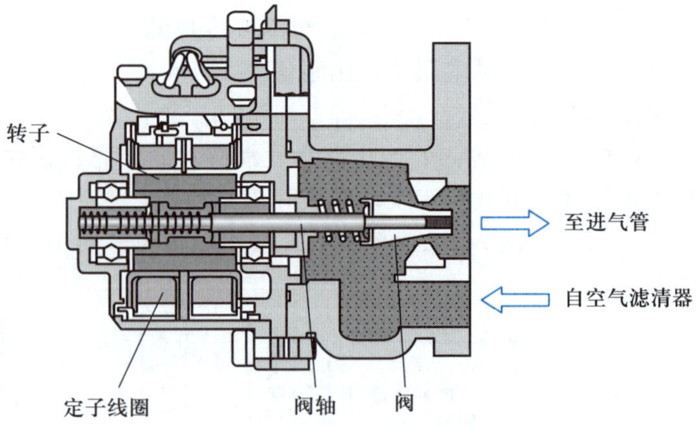

(b) ______ 式怠速控制阀

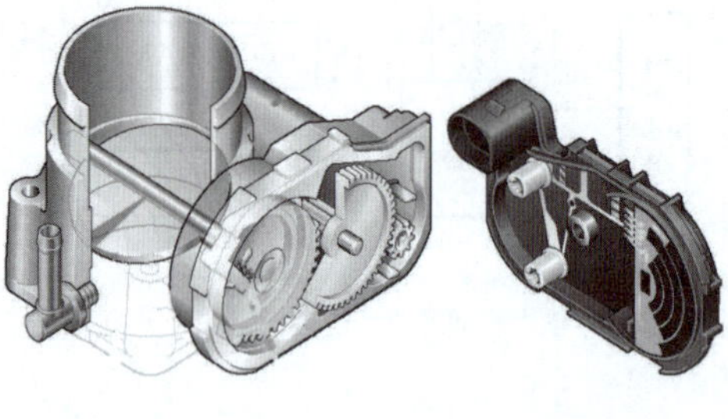

(c) ______ 式怠速控制阀

图 4-11　怠速控制阀类型

引导问题 10：图 4-12 所示为 2018 款迈腾 B8L 发动机进气歧管结构，写出其结构名称。

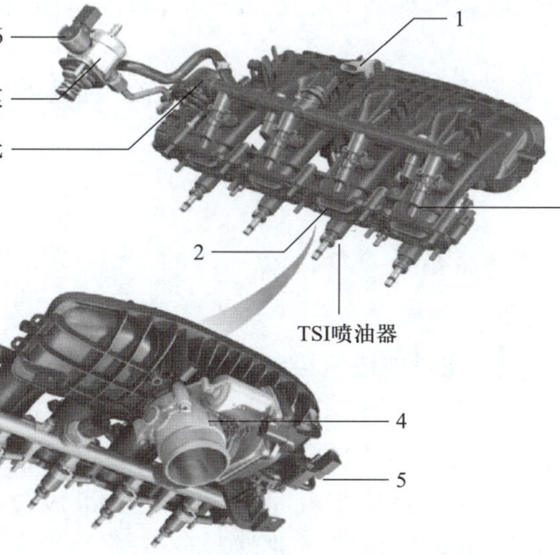

图 4-12　迈腾 B8L 发动机进气歧管结构

1：________________；2：________________；3：________________；
4：________________；5：________________；

引导问题 11：图 4-13 所示为 2018 款迈腾 B8L 发动机进气控制系统的结构简图，写出其工作原理。

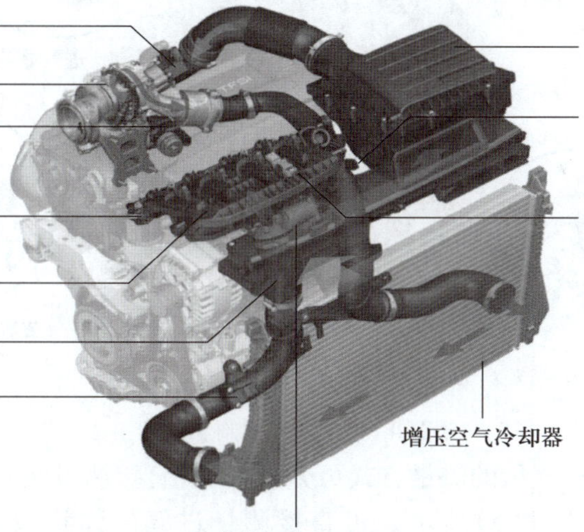

图 4-13　迈腾 B8L 发动机进气控制系统的结构简图

____
____
____
____
____
____

引导问题 12：一汽红旗旗舰车型 H9，已经上市，其发动机采用的进气控制技术有（　　）。

A. 电子节气门　　B. L 型空气流量计　　C. D 型空气流量计　　D. 增压技术

知识链接

1. 发动机进气控制系统简介

发动机进气控制系统的结构及其工作过程动画

发动机进气控制系统的功能是：进气系统的功用是根据发动机的工况提供适量的空气，并根据电控单元的指令完成空气量的调节。其组成包括空气滤清器、进气测量装置、进气节流及怠速调节装置、进气歧管、进气增压装置等，如图 4-14 所示。

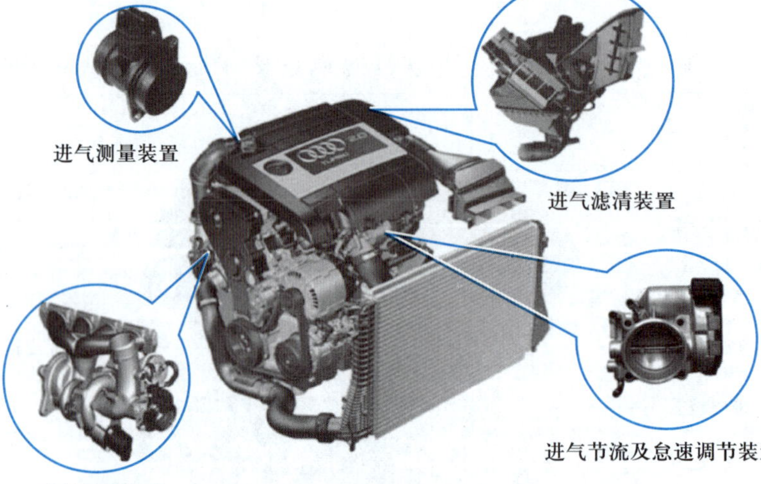

图 4-14　进气控制系统的组成

进气系统根据进气量的测量方式可分为 L 型（直接测量法）和 D 型（间接测量法）。

（1）L 型如图 4-1（a）所示，可直接测量进气的体积或者质量，常采用热膜式空气流量计和热线式空气流量计。发动机工作时，空气首先经空气滤清器滤去空气中的尘埃和杂质，并经过空气流量计进行计量，然后沿节气门通道进入进气总管，再分配到各缸进气歧管。汽车行驶时，其空气流量由驾驶员操纵节气门进行控制。

（2）D 型如图 4-1（b）所示，通过检测进气歧管压力（真空度）和发动机转速，推算出吸入的空气量。常采用进气压力传感器（现多数集成进气温度传感器）。

2. 发动机进气系统传感器

发动机进气系统传感器作用及信号特点视频

现代汽车发动机进气控制系统具有很多种类的传感器，有发动机空气流量计、进气压力传感器、节气门位置传感器、进气温度传感器等，它们为发动机进气控制提供信号，决定了发动机动力性能、经济性能和排放性能的质量。

（1）空气流量传感器的作用

空气流量传感器安装在节气门前的进气管上，如图 4-15 所示。其作用是检测发动机进气量大小，并将进气量信息转换成电信号输入 ECU。ECU 通过计算进气量的大小，确定喷油正时、喷油量以及点火正时。因此，进气量信号是 ECU 计算基本喷油量和最佳点火提前角的主要依据。

图 4-15　空气流量传感器安装位置

（2）空气流量传感器的类型

在一部分车型上，测量空气流量只用滞止压力测量原理，这种传感器具有机械运动和补充不同气体密度的功能。但能真正测量空气流量的一种热力学方法，如热线式空气流量传感器和热膜式空气流量传感器，广泛应用于电控发动机上。空气流量传感器按照测量原理可以分为四种类型（图 4-16）：叶片式空气流量传感器、热式空气流量传感器、卡门旋涡式空气流量传感器、量芯式空气流量传感器。以下分别介绍各种空气流量传感器的结构以及工作原理。

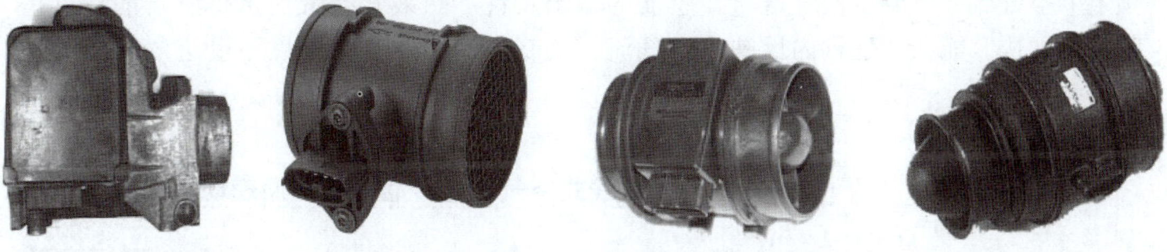

(a) 叶片式空气流量传感器　(b) 热式空气流量传感器　(c) 卡门旋涡式空气流量传感器　(d) 量芯式空气流量传感器

图 4-16　各种空气流量传感器实物图

（3）热线式空气流量传感器结构与原理

1）类型

热线式有两种结构：一种是把热线、热敏电阻和进气温度传感器都放在进气主通路中，称为主流测量式，其结构如图 4-17(a)所示；另一种是把热线缠在绕线管上，与进气温度传感器一起都放在旁通气路内，称为旁通测量式，其结构如图 4-17(b)所示。

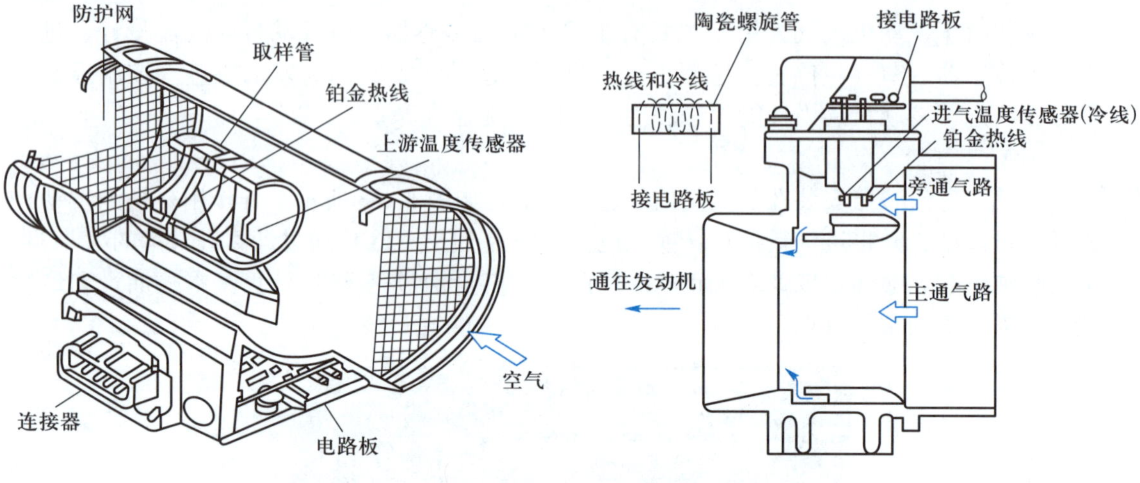

(a) 主流测量热线式　　(b) 旁通测量热线式

图 4-17　热线式空气流量传感器

2）结构

热线式空气流量传感器结构动画

热线式空气流量传感器主要由铂金热线、进气温度补偿电阻、控制线路和金属防护网等组成。铂金热线是发热元件，采用线径为 70 μm 的铂金丝，布置在取样管的热线支承环内。热线的阻值随温度变化，是惠斯顿电桥电路的一个臂 R_H。取样管置于主空气通道中央，两端有金属防护网，防护网用卡箍固定在壳体上。取样管由两个塑料护套和一个热线支承环构成。热线支承环前端的塑料护套内安装一个铂金薄膜电阻器，其电阻值随进气温度变化，称为温度补偿电阻，是惠斯顿电桥电路的另一个臂 R_K（如图 4-3 所示）。热线支承环后端的塑料护套上有一个精密电阻，并设计成能用激光修整，也是惠斯顿电桥的一个臂 R_A，该电阻上的电压即输出电压信号。惠斯顿电桥还有一个臂 R_B 的电阻器装在控制线路板上面，该电阻器在最后调试试验中用激光修整，以便在预定的空气流量下调定空气流量传感器的输出特性。热线式空气流量传感器的特点是响应速度快，能在几毫秒内反映出空气流量的变化，因此测量精度不受进气气流脉动的影响。

3）工作原理

热线式空气流量传感器工作原理动画

发动机工作时，热线通电加热，其温度由集成电路保持，热线 RH 温度比吸入空气的温度高出 100 ℃～200 ℃。当空气流过时，热线的部分热量被带走，因进气的散热使热线电阻减小，导致惠斯顿电桥失去平衡。调节电路调节热线的电流以保持电桥平衡，即保持热线电阻与感应进气温度的温度补偿电阻之间的温度差不变。电子控制回路所增加的电流大小取决于热线被冷却的程度，即空气质量流量。进气量越多，电路增加的电流越大，使精密电阻的电位增加。ECU 根据该电压信号便可测定空气的质量流量。

当热丝温度 T_H 和空气流的温度 TK 差值一定时，供给热丝的电能就是空气质量流量的衡量尺度。通过热丝 R_H 的电流是空气质量流量的单一函数(式 4-1)，加热电流 I_H 就是空气质量流量的衡量尺度，即热线电流随空气流量增大而增大，随其减少而减少，一般在 50～120 mA 之间变化。传感器信号以精密电阻 RM 的端电压 U_M 作为输出信号输入 ECU。

$$[(A+B)(\rho v)^n](T_H-T_K)=R_H I_H^2 \tag{4-1}$$

式中，ρ 为空气密度；v 为空气流速。

4）自清洁功能

热线式空气流量传感器长期使用后，会在热线上积累污物进而影响测量精度。为此，传感器电路设计了自清洁功能：发动机熄火后的 4s 内，ECU 自动接通传感器内部电路给热线通电流，使热线温度升高到 1000℃左右并保持 1s 以烧毁污物，达到自清洁的目的。自清洁任务完成后，ECU 自动切断电源。

（4）热膜式空气流量传感器结构与原理

热膜式空气流量传感器(见图 4-18)是热线式空气流量传感器的改进产品，其结构、工作原理与热线式基本相同，只是其发热元件采用的是由铂金属薄膜制成的膜片电阻，故称为热膜电阻。发动机工作时，进气气流流过热膜电阻并带着热量。调节电路调节加热铂膜电阻的电流，使铂膜的温度始终高于进气空气温度的一个固定值。热膜的加热电流或在热膜上的电压就是空气质量流量的一个尺度。这种结构可使发热体不直接承受空气流动所产生的作用力，增加了发热体的强度，提高了空气流量计的可靠性。与热线式空气流量传感器相比，提高了其可靠性，使用寿命较长。绝缘保护膜存在辐射热传导作用，因此响应特性稍差。

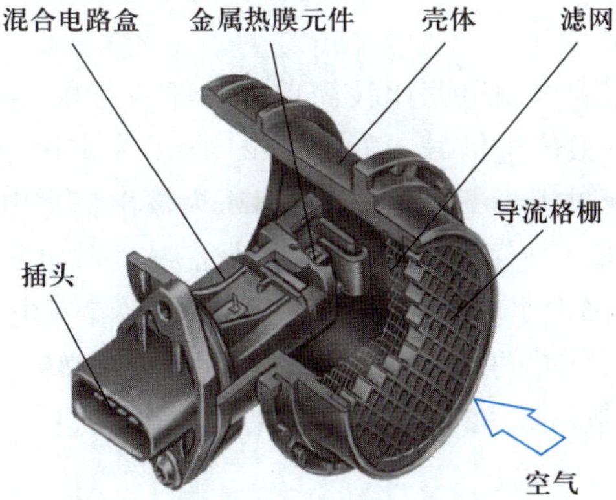

图 4-18　热膜式空气流量传感器结构

注意：热模式空气流量传感器要求传感器和发动机燃烧室之间不能出现漏气现象，否则将导致发动机怠速不稳，甚至出现熄火现象。当空气流量计信号出现偏差时，ECU 将按错误信号进行控制喷油，使混合气偏浓或者偏稀，导致发动机出现怠速不稳、动力不足和油耗偏高等故障现象。由于热膜试空气流量计不设自洁功能，常常被脏物影响，同时造成信号不准确。信号不准确的传感器比损坏的传感器危害更大。

（5）进气歧管压力传感器结构与原理

进气压力传感器结构与工作原理动画

进气歧管绝对压力传感器（MAP）通常用于 D 型燃油喷射系统中，安装在节气门后面的进气总管上，如图 4-19 所示。其主要作用是依据发动机的负荷状态测出进气歧管内绝对压力的变化，并转换成电压信号与发动机转速信号一起输送到 ECU，ECU 换算出吸入发动机的空气量，它是决定喷油器基本喷油量和点火时刻的依据。

进气歧管绝对压力传感器通常可以分为压敏电阻式、膜盒式和应变仪式三种类型。压敏电阻式进气压力传感器具有响应时间快、检测精度高、尺寸小且安装灵活等优点，被广泛使用。

图 4-19　MAP 安装位置

压敏电阻式进气歧管压力传感器利用压阻效应，即单晶硅材料在受到应力作用后，其电阻率发生明显变化的现象。如图 4-20 所示，硅膜片的一侧是真空室，另一侧是导入进气管真空度。进气管内的绝对压力越高，硅膜片变形越大，附着在硅膜片上的 4 个压敏电阻的阻值随之变化。利用单臂电桥或差动电桥将硅膜片的变形转化成电信号，再由电路进行放大后向外输出电压信号。信号电压具有随进气歧管绝对压力的增大呈线性增大的特性，即从怠速工况下节气门全闭时的 1~1.5 V 变化至节气门全开时的 4.5~5 V。

进气歧管压力传感器的控制电路比较简单，一般有三根导线与 ECM 相连接，其中一根供电，一根搭铁，一根传送信号，如图 4-21 所示为丰田皇冠的进气压力传感器控制电路。其中，V_{CC}为 5 V 电压，E_2 为搭铁，PIM 为输出信号电压。

科鲁兹 LDE 发动机进气歧管压力传感器也为三线压敏电阻式传感器，控制电路如图 4-22 所示。ECU 提供高电平参考电压（5 V）和低电平参考电压（搭铁），MAP 向 ECU 提供电压信号，且随进气压力的增大而增大。发动机未运转，进气歧管绝对压力等于大气压力 100 kPa，输出电压 3.92 V，发动机怠速运转，进气歧管绝对压力约30 kPa，输出电压 1.20 V。

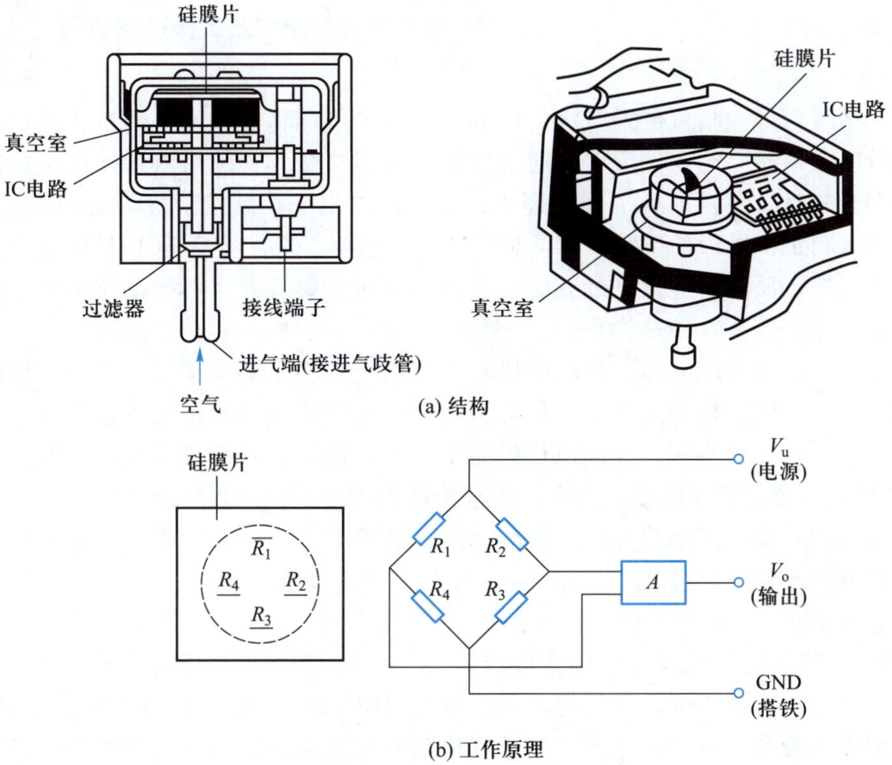

图 4-20　MAP 结构和工作原理

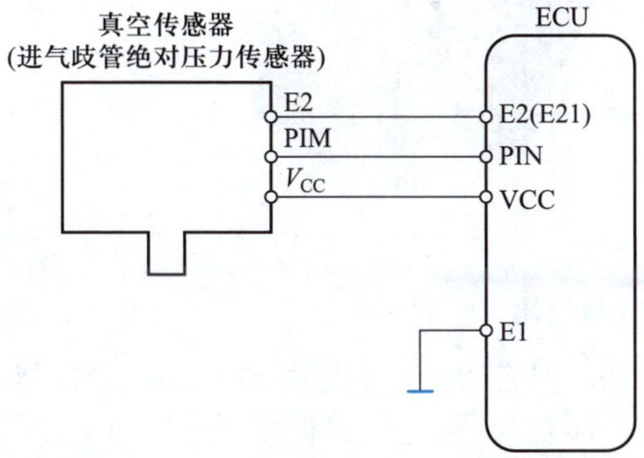

图 4-21　三线进气歧管压力传感器电路

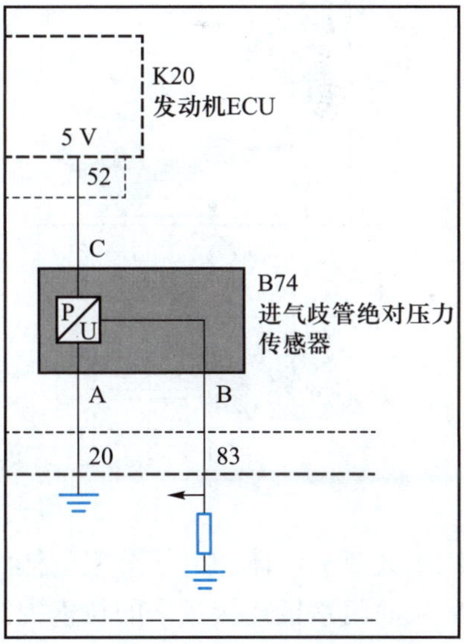

图 4-22　科鲁兹 LDE 发动机
进气歧管压力传感器电路

3. 电子式节气门体

电子节气门结构及工作过程动画

常见节气门体包括机械式节气门体和电子式节气门体。汽油机的工作是将燃油和空气充分有效地按一定比例混合，通过定时点火燃烧爆炸，然后将爆炸产生的能量通过曲轴向外输送。在发动机工作过程中，节气门体用于控制发动机负荷（即进气量）。首先根据来自油门踏板的位置提出了对发动机的扭矩需求，然后 ECU 根据这个需求计算出不同工况下所需进气量；最后配之以为达到最佳燃烧效果的燃油供油量，已获得最佳的动力性、经济性和排放性。

电子节气门由节气门体、驱动电机和节气门位置传感器等构成。节气门位置传感器检测节气门开度变化并提供电压信号，与电子油门踏板位置传感器信号一起，输入发动机 ECU，经计算后输出驱动电机控制信号，从而控制发动机节气门开度。来自发动机 ECU 的指令使驱动电动机动作，通过传动机构使节气门板转动，保证发动机工作所需的节气门开度。同发动机控制系统一起，电子节气门配合工作，可以实现：发动机怠速控制、车辆巡航控制、limp home 控制、自动变速箱控制、车身电子稳定控制（ESP）等功能。

如图 4-23 所示，电子节气门体包括节气门阀片、节气门位置传感器、节气门控制电机。首先油门踏板的位置信号传递给发动机 ECU，然后 ECU 综合当前发动机状态、冷却液温度等参考信息，计算出空气进气量的要求，通过控制节气门控制电机使节气门阀片打开合适的角度；同时控制喷油量和点火角度，使发动机工作得到最佳的动力性、经济性和排放性能。

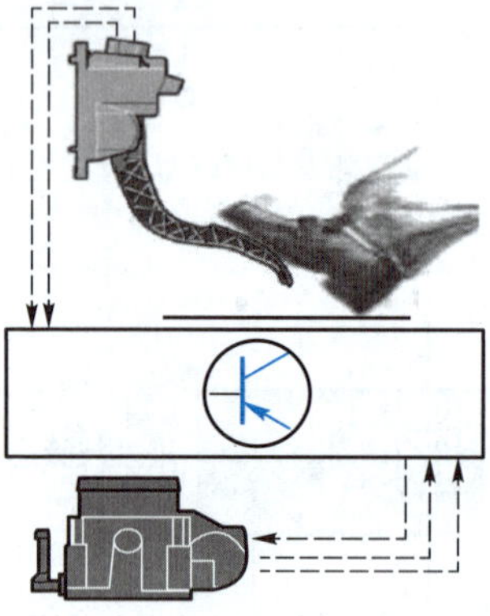
(a)

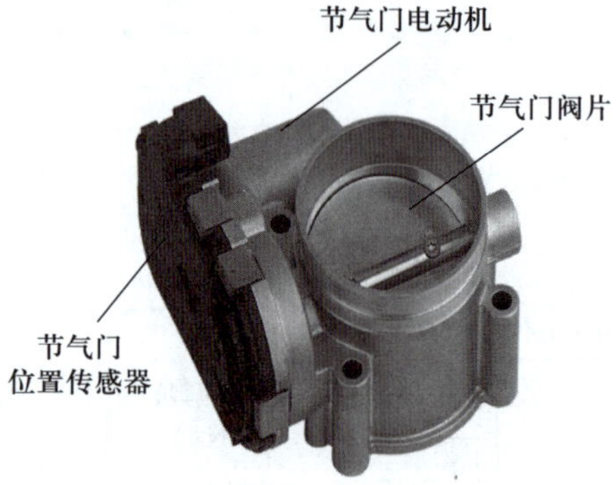

(b)

图 4-23 电子节气门体

机械式节气门体和电子节气门体的功能相同，但它的开度不是由 ECU 的信号控制，而是由从油门踏板连接过来的拉索控制（见图 4-24）。踏板的位置直接和节气门上的门板转轴相关。转轴的位置通过装配在节气门体上的位置传感器传输到 ECU，ECU 根据转轴位置的进气量来配比燃油供应量，达到最佳的经济性、动力性和排放。

和电子节气门体相比，机械式节气门体的控制精度低，无法实现车辆巡航控制、自动变速箱控制、ESP 等功能。对于怠速控制也只能辅之以步进电动机。但它具有成本低的优势，因此在排放标准要求不高的条件下，还是有着较大的需求。

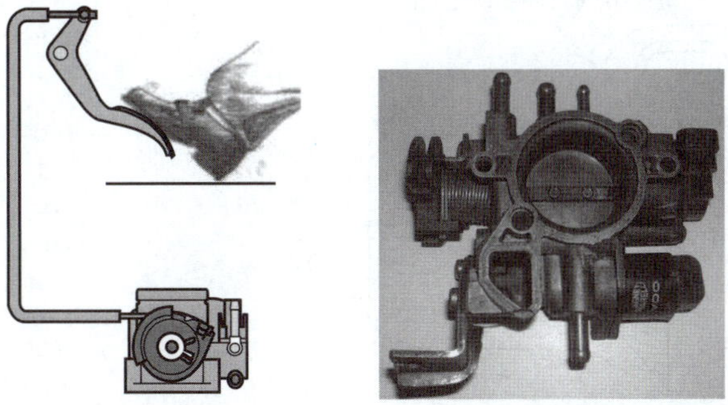

(a)　(b)

图 4-24　机械式节气门体结构示意图

（1）节气门位置传感器的作用

节气门位置传感器(TPS)安装在节气门体上，由节气门轴驱动，如图 4-25 所示。其作用是：检测节气门开度，并将此信息转变为电信号提供给 ECU。ECU 根据节气门位置信号判别发动机的工况(如怠速工况、部分负荷工况、大负荷工况等)，并驱动节气门电机，通过传动机构使节气门阀片转动，可以满足节气门不同开度状态的喷射量控制。

图 4-25　节气门位置传感器位置

（2）节气门位置传感器类型

节气门位置传感器按结构分为触点开关式、综合式、霍尔元件式三种，按输出信号分为线性量输出型和开关量输出型两种。

1）综合式节气门位置传感器

这种类型的节气门位置传感器主要由滑线电阻、滑动触点、节气门轴、怠速触点及传感器壳体等组成，其结构如图 4-26(a)所示。滑线电阻制作在传感器底板上，一端由 ECU 提供5V 工作电源(V_{CC}脚)，另一端通过 ECU 搭铁。滑线电阻的滑臂与信号输出端子 VTA 相连，并随节气门轴一同转动，当节气门开度变化时，电位计的动触点 2 在其电阻上滑动，于是在 VTA 端子上就会有与节气门开度成正比的电压信号输出，如图 4-26(b)所示。怠速触点(IDL 端子)的一端由 ECU 提供 5 V(或 12 V)的信号参考电压，另一端也通过 ECU 搭铁。怠速工况下，IDL 送给 ECU 一个 0V 电压信号，ECU 据此判断发动机处于怠速状态。

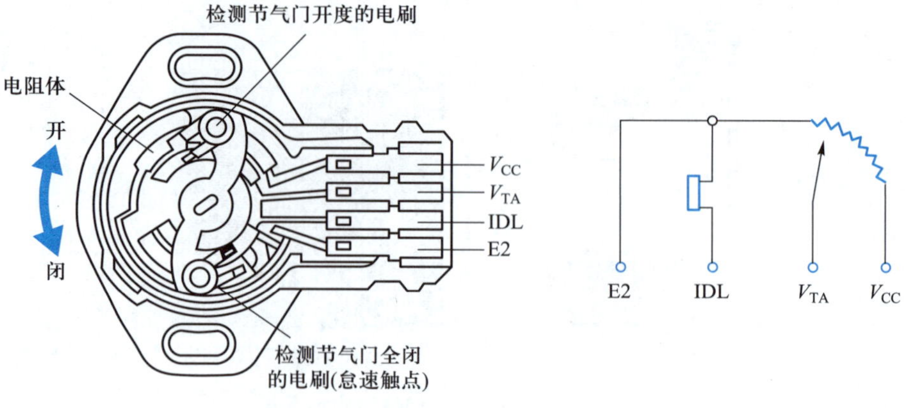

(a) 结构　　(b) 电路

图 4-26　综合式节气门位置传感器

节气门开度变化时，滑臂上的触点在滑线电阻上滑动，从而从滑线电阻上获得分压电压，并作为节气门开度信号输送给 ECU。

该传感器可以检测到节气门开度的连续变化情况，因而 ECU 可以实现更多的控制功能，例如加速加浓控制、空气流量信号替代控制(即空气流量传感器发生故障时,利用节气门位置和发动机转速计算进气量)等。

传感器中的怠速触点专门用于判断发动机的怠速状态，部分汽车则取消了怠速触点，通过滑线电阻式传感器信号的阈值来判断怠速状态，从而简化了节气门位置传感器的结构。

如图 4-27(a)所示当节气门关闭或开度小于 1.2°时，怠速触点闭合，其输出端 IDL 输出低电平(0 V)；当节气门开度大于 1.2°时，怠速触点断开，输出端 IDL 输出高电平(5 V)。

如图 4-27(b)所示，当节气门开度变化时，可变电阻的滑臂便随节气门轴转动，滑臂上的触点便在镀膜电阻上滑动，传感器的输出端子 V_{TA} 与 E2 之间的信号电压随之发生变化，节气门开度越大，输出电压越高。传感器输出的线性信号经过 A/D 转换器转换成数字信号后再输入 ECU。

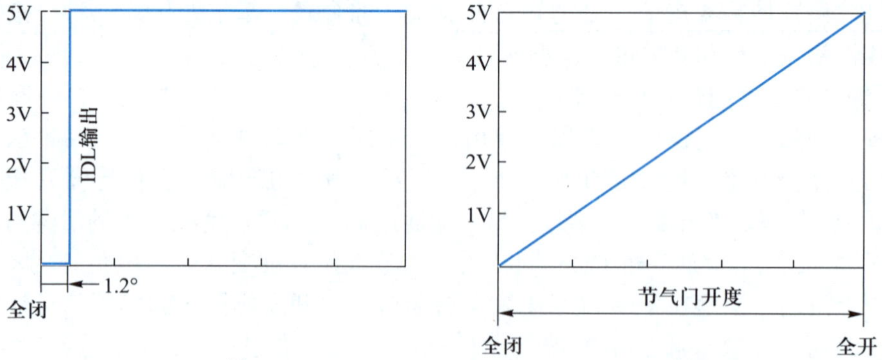

(a)　　(b)

图 4-27　线性节气门位置传感器输出特性

2）触点开关式节气门位置传感器

触点开关式节气门位置传感器主要由节气门轴、怠速触点（IDL）、大负荷触点（又称功率触点 PSW）及随节气门轴转动的凸轮等组成，其结构如图 4-28 所示。其工作过程如下：凸轮随节气门轴转动，节气门轴随油门开度大小而转动。节气门全关闭时，可动触点 4 与怠速触点 5 接触，检测节气门的全关闭状态。当节气门开度达到 50% 以上时，可动触点 4 与功率触点 6 接触，检测节气门的开度状态。在中间开度时，可动触点与任一触点都不接触，无检测信号。

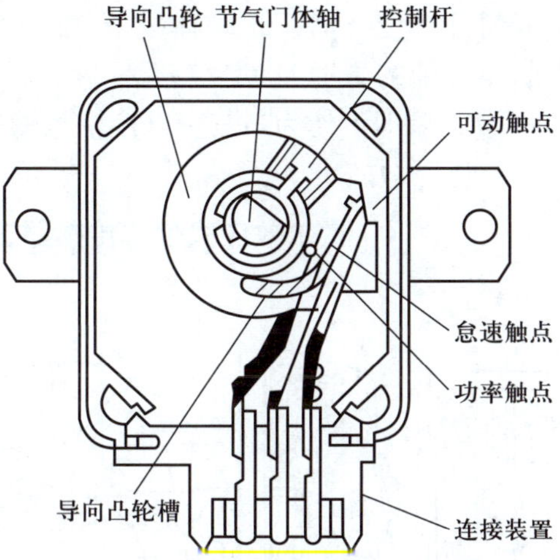

图 4-28　触点开关式节气门位置传感器结构

触点开关式节气门位置传感器输出特性如图 4-29 所示。

ECU 通过线路分别向这两个触点输出 5 V 的信号参考电压，触点闭合时，该线路被搭铁，信号参考电压变为 0 V，ECU 接收到低电平信号“0”；触点张开时，线路没有被搭铁，信号参考电压维持为 5 V，ECU 接收到高电平信号“1”。当节气门关闭时，怠速触点闭合、功率触点（PSW）断开，怠速触点输出端子输出的信号为低电平“0”，功率触点（PSW）输出端子输出的信号为高电平“1”。

当 IDL 信号和 PSW 信号分别为“1”“0”时，ECU 判定节气门处于怠速位置，因而对发动机进行怠速方面的控制，包括正常水温低怠速、低水温高怠速、开空调高怠速、强制怠速断油等。

当 IDL 信号和 PSW 信号分别为“0”“1”时，ECU 判定发动机处于大负荷状态，因而对发动机进行大负荷加浓控制，即适当增大喷油量，以提高发动机的功率。

当 IDL 信号和 PSW 信号分别为“0”“0”时，ECU 判定发动机处于部分负荷状态，因而根据其他传感器信号确定喷油量和点火正时，以确保发动机的经济性和排放性能。

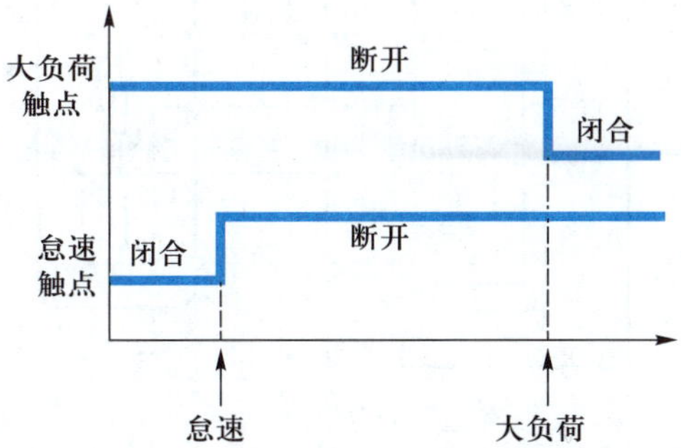

图 4-29　触点开关式节气门位置传感器输出特性

3）霍尔效应式节气门位置传感器

霍尔效应式节气门位置传感器主要由霍尔元件、IC 放大电路以及永磁体组成。其中，磁铁安装在节气门轴上，并随着节气门轴的转动绕霍尔元件转动，如图 4-30 所示。

霍尔效应式位置传感器结构动画

工作原理如下：当节气门开度变化时，永磁体受节气门轴驱动而与霍尔元件的相对位置发生变化，导致霍尔元件中的磁通量发生变化。变化的磁通量引起霍尔电压发生变化，IC 电路将霍尔电压放大后即可作为节气门开度信号输送给 ECU。

霍尔效应式位置传感器工作原理动画

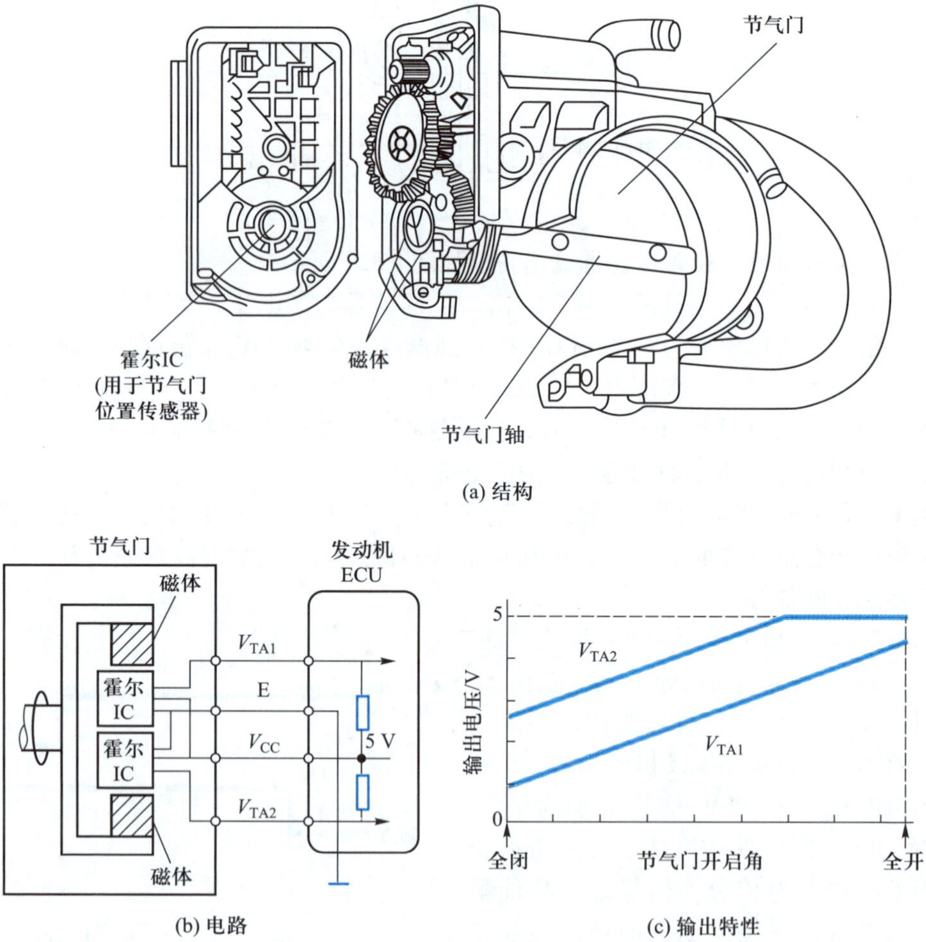

(a) 结构

(b) 电路

(c) 输出特性

图 4-30　霍尔效应式节气门位置传感器

霍尔效应式节气门位置传感器的优点是测量精度高，并且采用了无接触的方式，减少了由于机械磨损而引起的故障。在设计上，为确保工作可靠性，一般会采用两套信号输出的方式：V_{TA1} 和 V_{TA2}。其中，V_{TA1} 用于检测节气门开度，V_{TA2} 用于检测 V_{TA1} 的故障。

4. 加速踏板位置传感器结构及工作原理

油门踏板位置传感器结构和工作原理动画

对于采用电子节气门的发动机，由于节气门体由 ECU 通过电动机控制，在油门的下方需要另外设置一个加速踏板位置传感器检测油门位置，控制单元 ECU 利用该信号控制电子节气门的开度。

加速踏板位置传感器通常有以下两种类型：电位计式和霍尔效应式。为了确保其工作的可靠性，此传感器往往有两个不同特性的输出信号，并且采用各自独立的电路。

电位计式加速踏板位置传感器如图 4-31 所示，其结构与工作原理与电位计式节气门位置传感器相同。

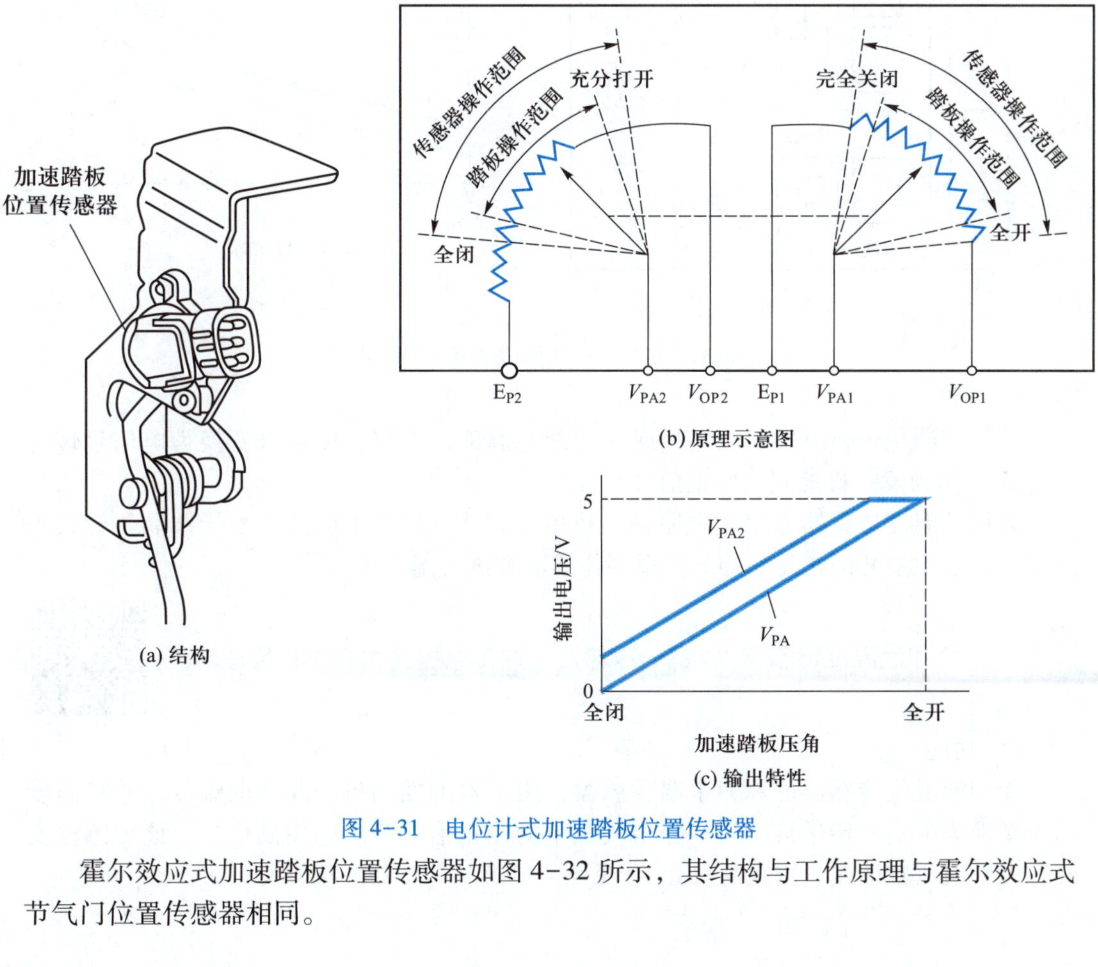

(a) 结构

(b) 原理示意图

(c) 输出特性

图 4-31　电位计式加速踏板位置传感器

霍尔效应式加速踏板位置传感器如图 4-32 所示，其结构与工作原理与霍尔效应式节气门位置传感器相同。

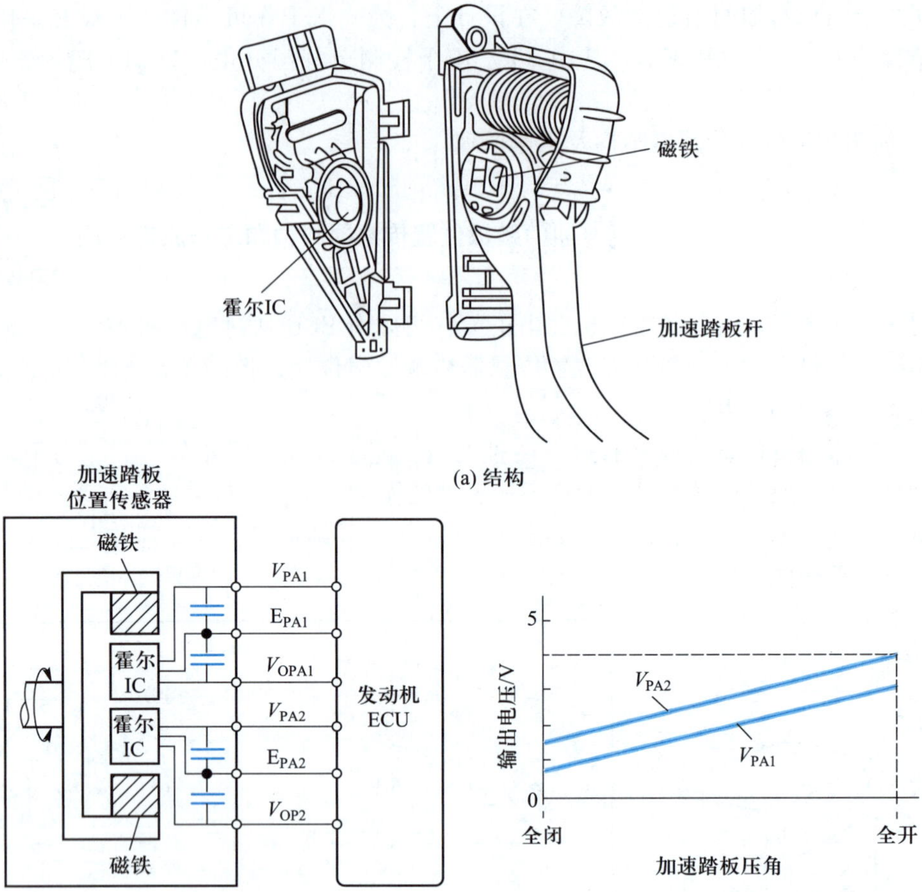

(a) 结构 (b) 电路 (c) 输出特性

图 4-32 霍尔效应式加速踏板位置传感器

5. 温度传感器

该传感器用于检测发动机进气或冷却液的温度，并将温度信号变换为电信号传送给 ECU，作为发动机控制的修正信号。

常用的温度传感器有绕线电阻式、热敏电阻式、扩散电阻式、半导体晶体管式等形式。以下主要介绍常见的冷却液温度传感器和进气温度传感器。

（1）冷却液温度传感器

冷却液温度传感器结构和工作原理动画

1）功能

冷却液温度传感器也称为水温传感器，用于检测发动机冷却液的温度，并将温度信号变换为电信号传送给 ECU，作为喷油量的修正信号和怠速控制信号。该传感器安装在发动机汽缸体或汽缸盖的水套上（见图 4-33），与冷却液接触。

2）结构与特性

冷却液温度传感器主要由热敏电阻、金属引线接线插座和壳体等组成（见图 4-38（a））。热敏电阻采用陶瓷半导体材料制成，具有灵敏度高、响应特性好、结构简单、成本低廉等优点。

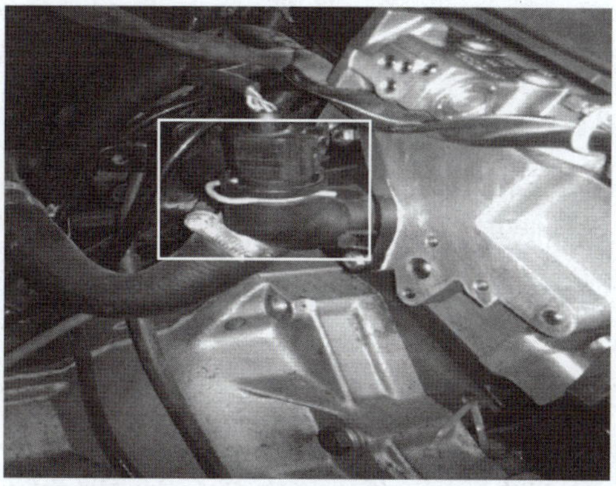

图 4-33 冷却液温度传感器位置

冷却液温度传感器是一个负温度系数（NTC）的热敏电阻，其电阻值随着温度上升而减少，但不是线性关系（见图 4-34（b））。当发动机水温升高时，电阻值减小，分压值降低；反之，当发动机水温降低时，电阻值增大，分压值升高。ECU 将接收到的信号电压值换算成对应的温度值，从而进行实时控制。

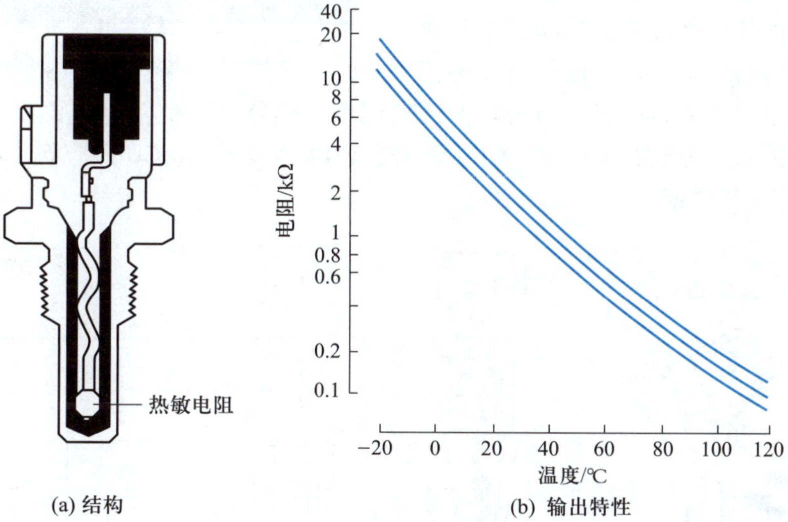

图 4-34 负温度系数热敏电阻

3）电路

ECU 向冷却液温度传感器的 THW 端子提供 5 V 电压，水温传感器与电阻器 R 串联（见图 4-35）。当冷却液温度改变导致传感器电阻值变化时，冷却液温度传感器的分压产生相应变化，THW 端子的电位也变化，ECU 将此信号换算成对应的冷却液温度。

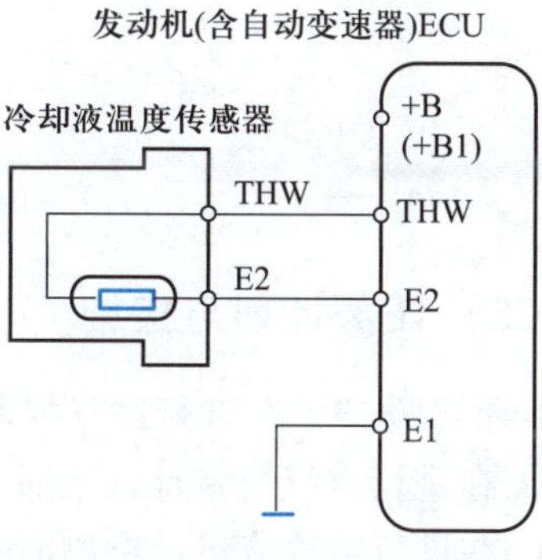

图 4-35 冷却液温度传感器电路

（2）进气温度传感器

进气温度传感器结构和工作原理动画

进气温度传感器的作用是检测进入进气管中的空气温度，ECU 根据进气温度信号对燃油喷射和点火正时控制进行修正。

进气温度传感器(IAT)的安装位置通常有三种：① 在 D 形 EFI 系统中，安装在空气滤清器之后的进气软管上；② 在 L 形 EFI 系统中，它安装在空气流量传感器上，如图 4-36 所示；③ 有的进气温度传感器安装在进气压力传感器内。进气温度传感器内部，也是一个具有负温度电阻系数的热敏电阻，外部用环氧树脂密封。进气温度传感器的工作原理与冷却液温度传感器类似。

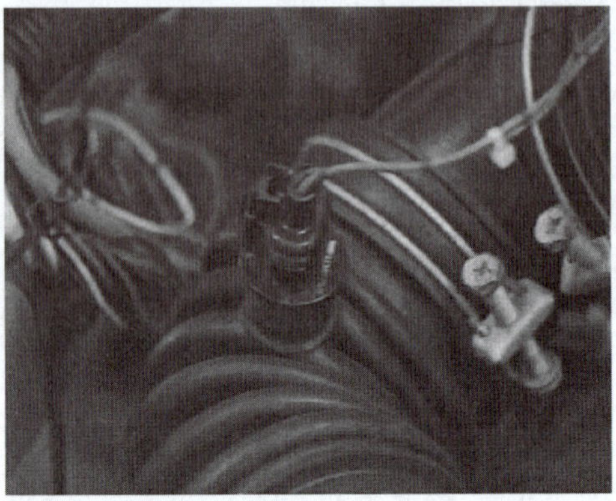

图 4-36　进气温度传感器位置

进气温度传感器位置，结构和电路如图 4-37 所示。内部是一个具有负温度电阻系数的热敏电阻，外部为环氧树脂密封。进气温度传感器电阻值随空气温度的升高而降低，呈指数关系。进气温度传感器的一个端子 THA 由发动机 ECU 供应 5 V 电压，另一个端子 E2 作为搭铁线。

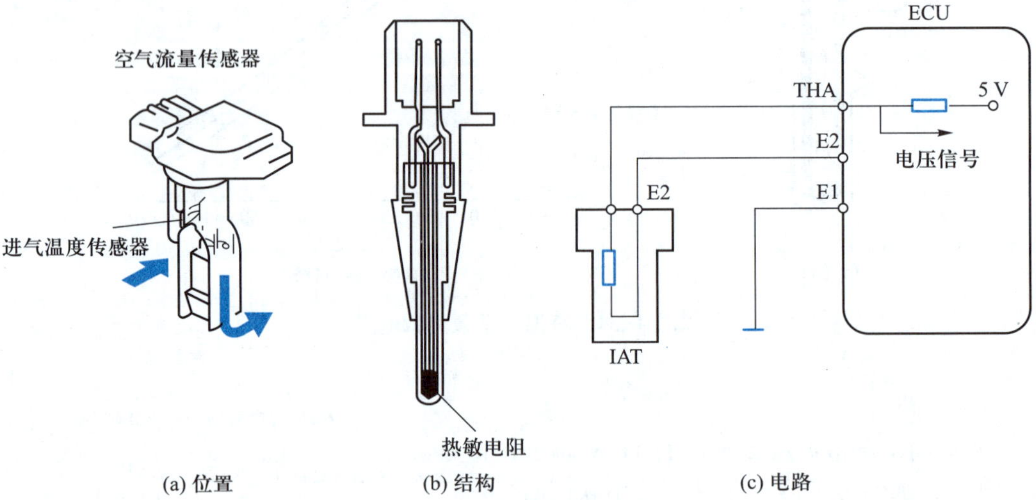

图 4-37　进气温度传感器

（二）任务计划与实施

引导问题 13：在进行进气控制系统检测时，下列哪些说法中正确的是(　　)。

A. 在进行空气流量计检测时，万用表可以完成所有检测项目

B. 在进行空气流量计检测时，需要使用万用表、示波器、诊断仪等设备

C. 在进行节气门位置传感器检测时，不需要使用专业的维修手册

D. 在进行节气门位置传感器检测时，要做好实车和电路图的匹配

E. 在读取车辆进气系统故障码时，诊断仪不需要清除故障码操作

F. 在读取车辆进气系统故障码时，诊断仪需要进行读码-清码-再读码操作

G. 当进行进气系统检测时，应当全程进行 6S 作业：整理、整顿、清扫、清洁、素养、安全

H. 在完成车辆进气系统检测后，一定要进行车辆终检，合格才可以交付车辆

引导问题 14：热线式空气流量计检测。

（1）供电电压的检测(见表 4-1)

表 4-1　供电电压的检测

检测端子	点火钥匙转到 ON 挡，万用表转到直流电压挡	
	标准值	测量值
电源端子与搭铁	不低于 11 V	
结论		

（2）搭铁的检测(见表 4-2)

表 4-2　搭铁的检测

检测端子	点火钥匙转到 OFF 挡，万用表转到欧姆挡	
	标准值	测量值
接地端子与车身搭铁	低于 1 Ω	
结论		

（3）信号电压的测量。

测量传感器连接器信号端子 VG 与接地之间的信号电压值，见表 4-3。

表 4-3　信号电压值

发动机状态	数据	
	标准值	测量值
点火开关 ON		
怠速		
转速为 2500 r/min		
结论		

（4）用故障诊断仪检测。

1）故障码的读取与清除。

① 连接诊断仪，打开____，读取故障码。

② ____

____。

③ 排除故障。

④ ____

____。

⑤ 关闭点火开关，拆下诊断仪。

2）数据流的读取。

将诊断仪连接到车辆诊断座上，起动发动机，按照检测仪上的操作指示，进入发动机系统，读取空气流量传感器数据，见表 4-4。

表 4-4　空气流量传感器数据

发动机状态	怠速	慢加速	急加速
标准值/($g \cdot s^{-1}$)	2~5	14	40
实际值			
结论			

引导问题 15：节气门位置传感器检测。

（1）根据学生手册或维修手册的电路图，结合实训车辆，再次确认节气门位置传感器和加速踏板位置传感器各端子的作用以及导线的颜色，记录在表 4-5 和表 4-6 中。

表 4-5　节气门位置传感器

接线端子	作用	导线颜色
1		
2		
3		
4		
5		
6		

表 4-6　加速踏板位置传感器

接线端子	作用	导线颜色
1		
2		
3		
4		
5		
6		

（2）节气门位置/加速踏板位置传感器的检测。

1）供电电压的检测（见表 4-7 和表 4-8）

表 4-7　节气门位置传感器

检测端子	点火钥匙转到 ON 挡，万用表转到直流电压挡	
	标准值	实际值
参考电源端子与搭铁	5 V	
结论		

表 4-8　加速踏板位置传感器

检测端子	点火钥匙转到 ON 挡，万用表转到直流电压挡	
	标准值	实际值
参考电源端子与搭铁	5 V	
结论		

2）搭铁端的检测（见表 4-9 和表 4-10）

表 4-9　节气门位置传感器

检测端子	点火钥匙转到 OFF 挡，万用表转到欧姆挡	
	标准值	实际值
接地端子与车身搭铁	低于 1 Ω	
结论		

表 4-10　加速踏板位置传感器

检测端子	点火钥匙转到 OFF 挡，万用表转到欧姆挡	
	标准值	实际值
接地端子与车身搭铁	低于 1 Ω	
结论		

3）传感器数据流的检测

将诊断仪连接到车辆诊断座上，起动发动机，按照检测仪上的操作指示，进入发动机系统，读取传感器的数据见表 4-11 和表 4-12。

表 4-11　节气门位置传感器数据

检测仪器显示数据流项目	节气门全关	节气门全开
V_{TA1}		
V_{TA2}		

表 4-12　加速踏板位置传感器数据

检测仪器显示数据流项目	加速踏板松开	加速踏板踩下
V_{PA1}		
V_{PA2}		

引导问题 16：温度传感器检测。

检测冷却液温度传感器并完成以下数据填写。

（1）根据维修手册的电路图，结合实训车辆，再次确认冷却液温度传感器、进气温度传感器连接器各端子的作用，以及导线的颜色，记录在表 4-13 中。

表 4-13　连接器各端子作用

接线端子	作用	导线颜色
1		
2		
3		
4		

（2）检查线路的通断情况。

用万用表的欧姆挡，分别测量＿＿＿＿＿＿端子与＿＿＿＿＿＿＿＿端子、＿＿＿＿＿＿端子与＿＿＿＿＿＿＿＿端子之间的电阻值，来判断外线路是否存在短路及开路故障。

（3）传感器供电电压的检测。

点火开关＿＿＿＿＿＿＿，拔下水温传感器插头，＿＿＿＿＿＿点火开关，测量线束侧＿＿＿、＿＿＿＿端子之间的电压应为＿＿＿＿＿＿。填写表 4-14。

表 4-14　参考电源端子与搭铁检测

检测端子	点火钥匙转到 ON 挡，万用表转到直流电压挡	
	标准值	实际值
参考电源端子与搭铁	5 V	
结论		

（4）测量传感器与 ECU 之间的线路是否有虚接或搭铁的现象。填写表 4-15。

表 4-15　测量线路

检测端子	点火钥匙转到 OFF 挡，万用表转到欧姆挡	
	标准值	实际值
接地端子与车身搭铁	低于 1 Ω	
结论		

（5）传感器电阻值测量。

测量水温传感器在不同的工作温度下的电阻值，测量两端子之间的电阻值______符合规定值，随着发动机工作温度的升高而发生相应的变化，否则应更换传感器。

将实际测量的数据填写在表 4-16 中。

表 4-16　传感器电阻值随发动机温度变化测量

发动机的工作温度/℃			
电阻值/Ω			

（6）传感器输出信号（见表 4-17）。

表 4-17　测量传感器连接器信号端子与接地之间的信号电压值

发动机状态	数据	
	标准值	实际值
点火开关 ON	信号数据根据当前温度变化而变化	
发动机冷车运转		
发动机热车运转		
结论		

（7）数据流检测。

用故障诊断仪解码器读取发动机系统________，涉及水温的数据流有 2 个：______________、____________。起动发动机，接入诊断仪仪，读取发动机系统数据流，此时踩下油门，使发动机温度上升，观察发动机冷却水温数值应逐渐______，水温传感器输出的电压值应逐渐______，如无变化应检查线束连接情况和传感器。

将诊断仪连接到车辆诊断座上，起动发动机，按照检测仪上的操作指示，进入发动机系统，读取冷却液温度传感器的数据，填入表 4-18。

表 4-18　数据流检测

发动机状态	数据	
	信号电压/V	温度/℃
点火开关 ON		
发动机冷车运转		
发动机热车运转		
结论		

（8）故障排除

根据实训车型的维修手册资料查找标准值，将测量结果与标准值进行对比。如果测量值不符合标准值要求，分析并查找故障原因，在教师指导下排除故障。

失效模式及失效产生的原因：

① 水温无信号输出，原因：__________________________________；

② 输出水温信号与实际水温相差较大，原因：____________________；

引导问题 17：图 4-38 所示为迈腾 B8L 发动机电子节气门体电路图，完成 2018 款迈腾 B8 发动机电子节气门体的检修。

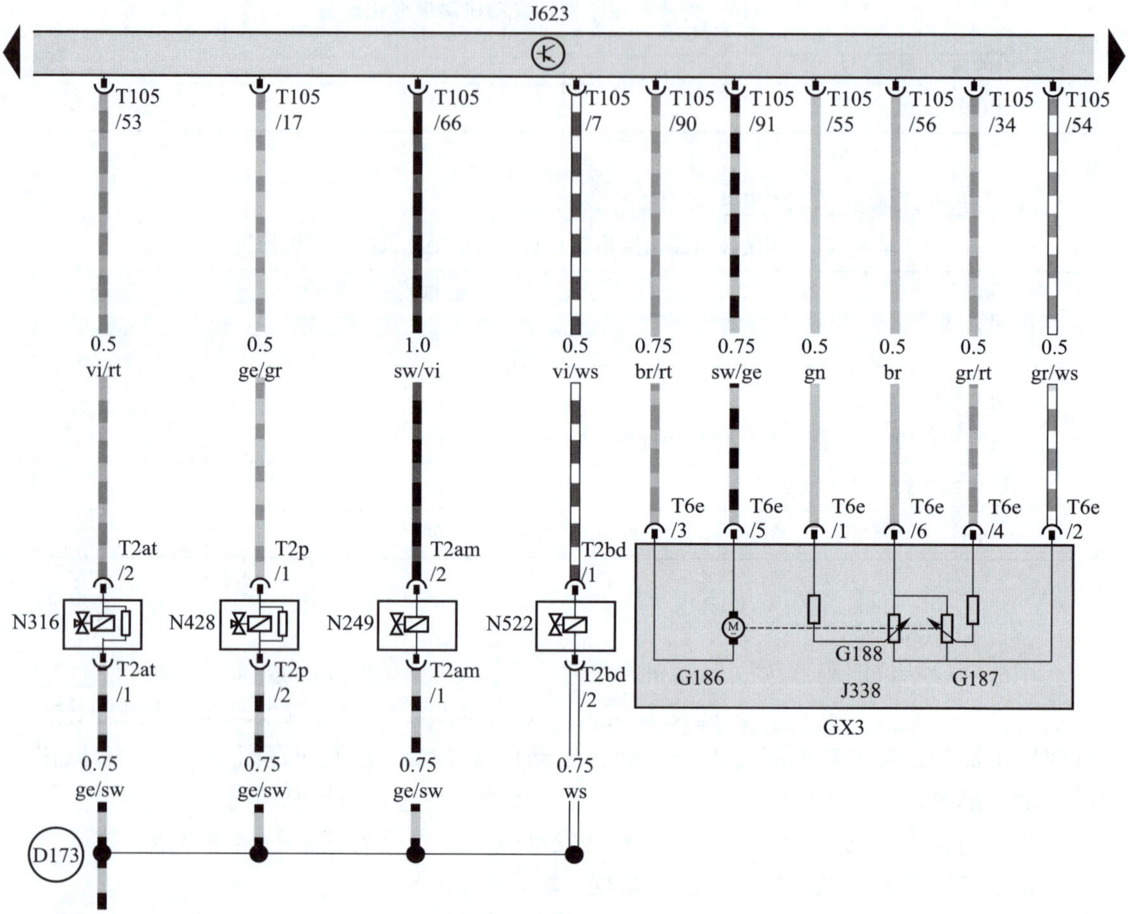

图 4-38 迈腾 B8L 发动机电子节气门体电路图

（1）该车的节气门控制系统由________________和______________线组成。

（2）各线分别代表含义：T6e/1 为__________________；T6e/2 为__________________；T6e/3 为__________________；T6e/4 为__________________；T6e/5 为__________________；

（3）节气门 Gx3 传感器的信号线 2 T6e/4 到发动机电脑端 T105/55 之间线路的诊断步骤：

① ____；

② ____；

③ ____。

（4）节气门 Gx3 传感器的公共供电 T6e/2 脚电压测量步骤：

① ____；

② ____;

知识链接

发动机进气系统传感器检测　　　进气系统传感器的元件检测视频

发动机进气控制系统的检测主要包括对进气系统传感器、进气系统执行器、ECU和线束。下面进行进气系统传感器的检测。

任务技能点 1：空气流量传感器故障诊断与维修

1. 收集资料

学生按小组工作，通过多种途径查询资料，经分析讨论后形成决策，并填写《空气流量传感器资料收集单》。根据制订的计划实施，完成以下任务并记录。

2. 检测训练

教师在车上设置空气流量传感器、空气流量传感器电源线、搭铁线、信号线等故障，然后学生通过小组分工合作实施排故作业。

以日产汽车热线式空气流量传感器作为检测对象。图 4-39 所示为日产汽车热线式空气流量传感器电路图。

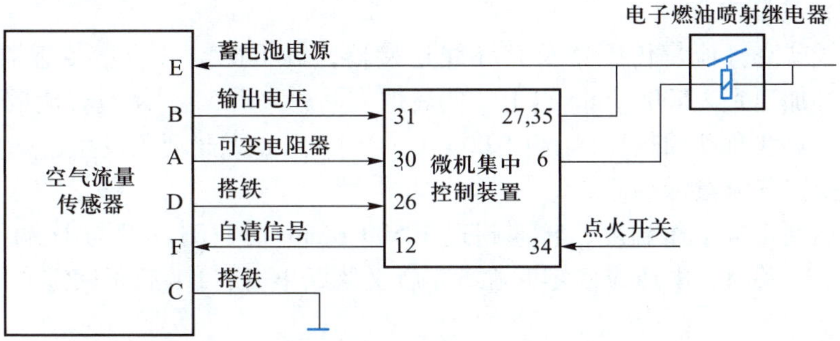

图 4-39　日产汽车热线式空气流量传感器电路图

(1) 供电电压检查

接通点火开关，先不起动发动机，分别测量端子 E 与 D、E 与 C 之间的电压，应为电源电压标准值 12 V，否则说明电源线路或者搭铁线路有故障。如果空气流量传感器供电电压正常，应测试信号线路。如果不正常，需更换 ECU。

(2) 信号电压检查

测量 B 与 C 端子之间的信号电压，发动机不工作时应为 2~4 V，发动机工作时应为 1.0~1.5 V。测量下列工况下 D 与 B 端子电压：接通点火开关，B 与 D 端子电压小于 0.5 V；怠速时，B 与 D 端子电压为 1.0~1.3 V；热机高速运转(3000 r/min)时，B 与 D 端子电压为 1.8~2.0 V。

如上述检查不正常，拆下传感器检查如图 4-40(a)所示，拔下导线连接器，拆下传感器，传感器的端子 D、E 分别接蓄电池正负极，然后测量端子 B 与 D 之间的电压，其标准电压值为 1. 6±0. 5 V。如其电压值不符合标准值，则需更换空气流量传感器。如图 4-40(b)所示，给空气流量传感器的进气口吹风，同时测量端子 B 与 D 之间的电压，应上升至 2~4 V。如其电压值不符合标准值，则需更换空气流量传感器。

测试空气流量传感器端子上触点与发动机 ECU 上相关端子间的线路，其电阻值应小于 1 Ω。如果线路有开路或短路，应修复；如果线路没有故障，更换空气流量传感器。

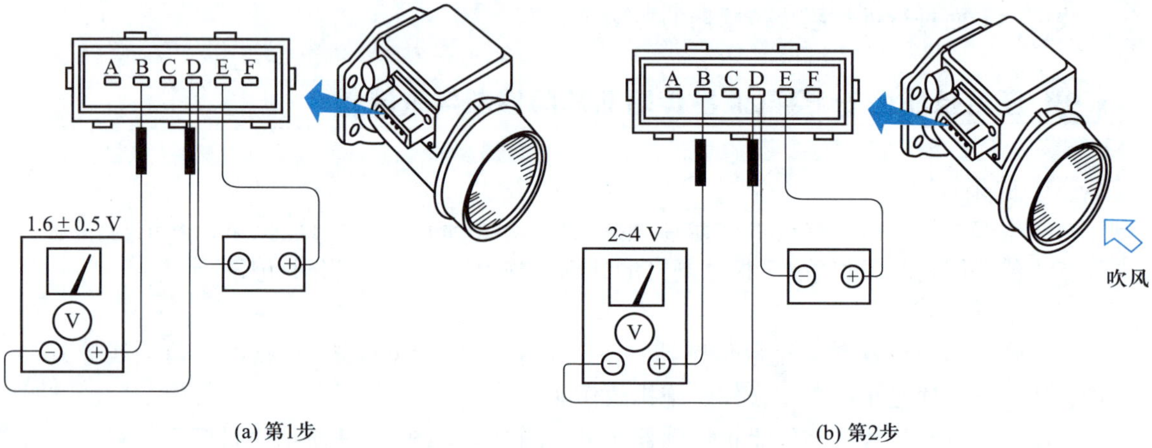

图 4-40　热线式空气流量传感器的拆检

(3) 自洁功能检查

装好热线式空气流量传感器及其导线连接器，拆下此空气流量传感器的防尘网，起动发动机并加速到 2 500 r/min 以上，然后熄火。熄火后 5 s，从空气流量传感器进气口处可以看到热线自动加热烧红(约 1 000 ℃)约 1 s。如无此现象发生，则需要检查自清信号或更换空气流量传感器。

发动机达到正常工作温度，转速超过 1 500 r/min 时，测量 F 与 D 端子之间的电压。关闭点火开关时，电压应回零并在 5 s 后又跳跃上升，1 s 后再回零，否则说明自洁信号不良。

(4) 读取空气流量传感器的数据流

连接故障诊断仪。进入功能选择界面，选择“读取数据流”功能，读取空气流量传感器的数据流。空气流量传感器数据流参考值见表 4-19。当冷却液温度高于 80 ℃，发动机怠速运转时，空气流量的标准值为 2. 0~4. 0 g/s。如果不在标准范围内或者查询到空气流量传感器有故障，应检查空气流量传感器的供电电压。

表 4-19　空气流量传感器数据流

发动机转速/($r \cdot min^{-1}$)	800	1 500	3 000	4 000
进气速率/($g \cdot s^{-1}$)	3. 33	4. 65	9. 16	15. 13

3. 热线式空气流量计的波形检测

测试方法：将汽车专用示波器电缆接到 CH1，电缆针口接入可变电阻 VG。另将接地电缆接到 CH5。将示波器的正极接到空气流量传感器的信号端子上，而负极接到搭铁位置。关闭所有附属电气设备，起动发动机，并使其怠速运转。怠速稳定后，检查怠速输出信号电压，做加速和减速试验，应有类似图 4-41 的波形出现。

① 将发动机转速从怠速增加到油门全开，持续 2 s，不宜超速。

② 再减速回到怠速状况，持续 2 s。

③ 再急加速至油门全开，然后再回到怠速。

④ 定住波形，仔细观察空气流量传感器输出波形。

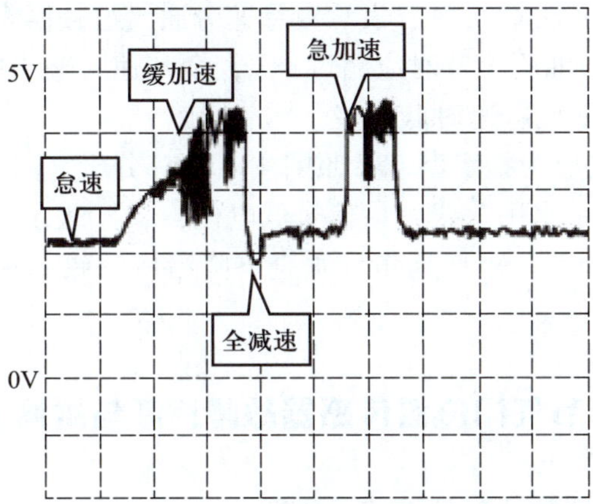

图 4-41　热线式空气流量传感器的波形图

波形分析：波形幅值(即电压)随着汽车转速和负荷的增加而增加。控制油门动作，按“全闭→全开→全闭”过程，测得空气流量传感器波形。

从维修手册中找出输出电压参考值。热线式空气流量传感器输出电压范围：0. 2 V(怠速时)至 4 V(油门全开时)，全减速时输出电压略低于怠速时的电压。

发动机运转时，热线式空气流量传感器波形出现波动属于正常现象。原因如下：热线式空气流量传感器是利用调节电路调整热线电流并换算成进气速率，其结构不包含运动部件，因此没有惯性。在加速时的波形所看到的杂波实际上是在低真空度之下各缸气口上的空气气流脉动，控制计算机中的处理电路读入后会清除这些信号。

4. 故障分析

① 如果在加速或减速时，输出波形的幅值(频率)没有变化，或者变化微弱，则要检查空气流量传感器及其相关电路。

② 起动发动机并稳定在某一转速，在示波器的屏幕上应显示一个稳定的电压信号，若出现突变或不稳定的电压信号，则该空气流量传感器有故障。

5. 空气流量传感器波形分析

空气流量传感器输出波形信号类型模拟型(热线式空气流量传感器)和频率型(卡门旋涡式空气流量传感器)两种，标准波形如图 4-42 所示。

空气流量传感器波形分析方法如下：

① 若测试的信号波形为模拟型，参照图 4-42(a)分析。图中“1”表示节气门开

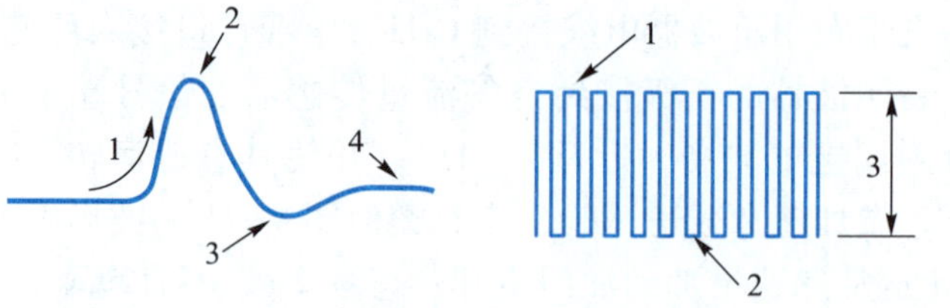

图 4-42　空气流量传感器波形

度变大，进气速率逐渐增加；“2”表示节气门全开，发动机负荷最大；“3”表示由测量叶片运动而造成的阻尼现象；“4”表示由怠速旁通气道补偿来的空气进入了进气管。怠速输出电压约为 1 V，油门全开时应超过 4 V，全减速时输出的电压并不是从全加速电压回到怠速电压，而是比怠速时低一些。

② 若测试的信号波形为频率型，参照图 4-42(b)分析。图中“1”表示水平上线，指信号高电位；“2”表示水平下线，指信号低电位；“3”表示峰值电压，为信号电压。幅值应为 5 V，形状要一致，矩形拐角和垂直下降沿应一致。水平下线几乎为地电位，水平上线应为参考电压。

任务技能点 2：节气门位置传感器故障诊断与维修

1. 线性式节气门位置传感器的万用表检测

（1）开路检测

① 电阻检测。节气门位置传感器与 ECU 连接如图 4-43 所示。拆下导线插接器，在节气门摇臂与止动螺钉间插进合适的塞尺，检测 V_{CC}-E2、V_{TA}-E2、IDL-E2 间电阻。

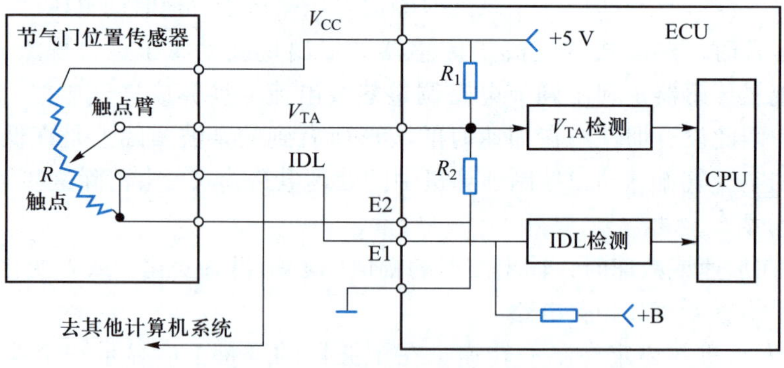

图 4-43　节气门位置传感器电路连接图

用万用表 $R\times100\ \Omega$ 挡分别测量线束插件与传感器相连各端子之间的电阻值，应符合表 4-20 中的电阻值(不同车型可能有一些差异，但变化规律是相同的)。如果电阻值相差较大，则可能是节气门位置传感器已损坏。

表 4-20　各端子与搭铁之间的标准电阻值

节气门摇臂与止动螺钉间的间隙/mm	测量端子	电阻值/kΩ
0	V_{TA}、E2	0.28~6.4
0.35	IDL、E2	0.5 或更低
0.70	IDL、E2	∞
节气门全开	V_{TA}、E2	2.0~11.6
—	V_{CC}、E2	2.7~7.7

② 测搭铁线的搭铁情况。用万用表测线束侧连接器中搭铁端子(E2)与车身搭铁之间的电阻，阻值应小于 1 Ω。

如果电阻值过大，则说明搭铁不良，应该检查该端子与 ECU 之间的线路；线路正常时，查 ECU 搭铁线；如果 ECU 搭铁线也正常，则需更换 ECU。

③ 测量传感器中 IDL 触点情况。在节气门限位螺钉和限位杆之间插入适当厚度的厚薄规，用万用表测传感器连接器中 IDL 端子与搭铁端子(E2)之间的电阻：节气门关闭时(限位螺钉和限位杆之间间隙小于 0.45 mm)应小于 0.5 Ω；节气门打开时(限位螺钉和限位杆之间间隙大于 0.55 mm)应为∞；如不符合要求，否则维修或更换该传感器。

(2) 在线检测

① 供电电压检测。拆下节气门位置传感器的连接器，接通点火开关，用万用表测线束连接器中 V_{CC} 端子、IDL 端子与车身搭铁之间的电压，都应为 4.5~5.5 V。如果电压为 0 V，则检查该连接器与 ECU 之间的线路；线路正常时，查 ECU 供电电源电路；如果 ECU 供电电源电路也正常，则需要更换 ECU。

② 信号电压检测。连接传感器，点火开关转到 ON 挡。检测 V_{CC} 和 E2 之间(5 V)、IDL 和 E2 之间电压(12 V)，具体数值按原厂标准；检测 V_{TA} 和 E2 之间电压，应随节气门开度增大而线性增大(图 4-44)。

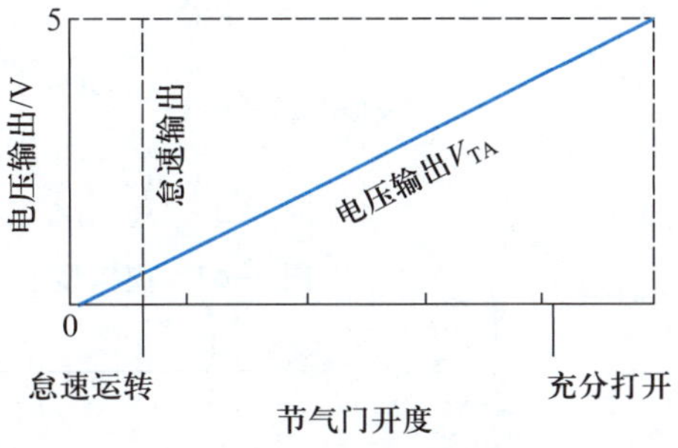

图 4-44　电压检测结果

(3) 工作波形检测

节气门位置传感器波形测试方法：打开点火钥匙，不起动发动机，缓慢地让节气门从全关到全开，再从全开到全关，反复几次。利用汽车专用示波器观测节气门开度传感器输出信号的变化情况。其幅值在 1~5 V 之间变化。

波形分析要点：一般情况下，节气门位置传感器输出信号电压如图 4-45 所示，其变化范围是 1~5 V。怠速运转时，信号电压一般低于 1 V，节气门全开时信号电压一般在 4~5 V 之间，且波形连续。要特别注意信号电压达到 2.8 V 左右时的波形，此处是节气门开度传感器滑动触点最易损坏或断裂之处。

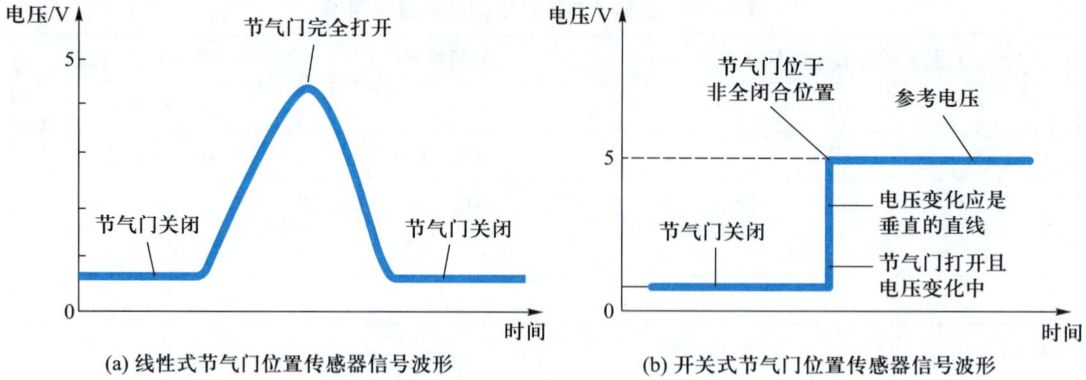

图 4-45　节气门位置传感器输出波形

线性式节气门开度传感器在发动机怠速运转时输出信号的波形通常为直流电压波形，如图 4-46 所示；在节气门从全闭到全开再到全闭的动作过程中，输出信号电压的正常变化情况如图 4-47 所示，故障波形(波形出现跌落)如图 4-48 所示。从图 4-48 中可以看出，随着节气门逐渐开大，传感器输出信号电压是逐渐增大的。如果发动机在加、减速时信号电压无变化、变化微小或出现异常波形，说明节气门开度传感器或其相关电路有故障。

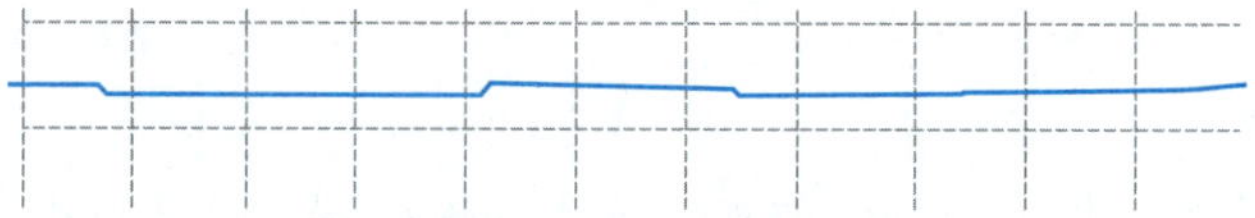

图 4-46　模拟型节气门位置传感器怠速时波形

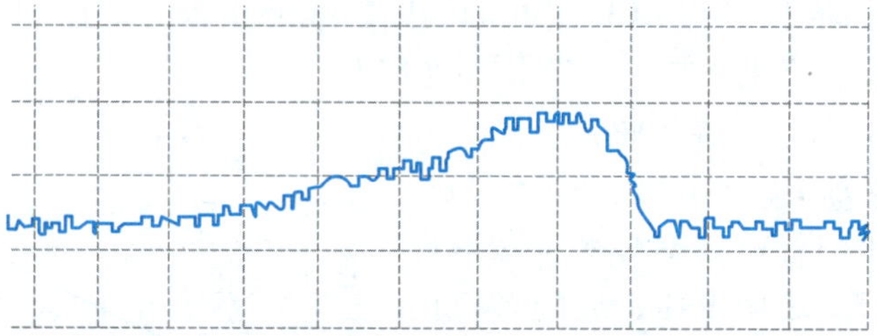

图 4-47　模拟型节气门位置传感器输出信号波形

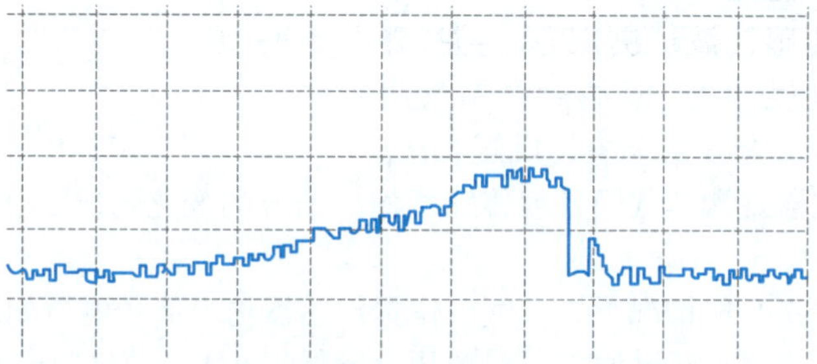

图 4-48　模拟型节气门位置传感器故障波形

如图 4-48 所示，传感器的电压应从怠速时的低于 1 V 变化为油门全开时的低于 5 V，波形上不应有任何断裂、对地尖峰或大跌落。特别注意电压达到 2.8 V 时的波形，这是传感器的碳膜容易损坏或断裂的部分。

2. 触点开关式节气门位置传感器检查

（1）一般检查

触点开关式节气门位置传感器的结构较简单。检查它时只需测量怠速触点和功率触点的通断情况，即可判断其好坏。

① 怠速触点：在节气门全闭时，怠速触点应闭合；节气门略微打开，怠速触点即断开。

② 功率触点：在节气门开度小于 500 时，功率触点应断开，节气门开度超过 500 时应闭合。

（2）开路检测

用万用表测量触点开关式节气门位置传感器触点的通断情况。

测量传感器连接器的 IDL、PSW 与搭铁（E）端子之间的电阻，测量结果应符合表 4-21，否则需要维修或更换传感器。（不同车型的触点开关式节气门位置传感器中，各触点的通断情况可能有所不同。）

表 4-21　触点开关式节气门位置传感器各端子之间的电阻值

测量条件	测量端子	测量结果/Ω
节气门关闭	IDL、E	∞
	PSW、E	<1
节气门中等开度	IDL、E	<1
	PSW、E	<1
节气门全开	IDL、E	<1
	PSW、E	∞

（3）测量搭铁线的搭铁情况

用万用表测线束侧连接器中搭铁端子与车身搭铁之间的电阻，应小于 1 Ω。

如果电阻值过大，说明搭铁不良，应该检查该端子与 ECU 之间的线路；线路正常时，检查 ECU 搭铁线；如果 ECU 搭铁线也正常，则需更换 ECU。

（4）供电电压检测

拆下节气门位置传感器的连接器，接通点火开关，用万用表测线束侧连接器中 IDL 端子、PSW 端子与车身搭铁之间的电压，都应为 4.5~5.5 V（也有少数汽车为 12 V）。

如果电压为 0 V，检查该连接器与 ECU 之间的线路；线路正常时，检查 ECU 供电电源电路；如果 ECU 供电电源电路也正常，则需更换 ECU。

电子节气门的学习和清洗方法视频

任务技能点 3：温度传感器的故障诊断与维修

1. 冷却液温度传感器的检修

检修冷却液温度传感器时，可用高阻抗数字式万用表测量车检测传感器的电源电压和信号电压。

（1）就车检查

断开传感器导线连接器，用万用表欧姆挡测量传感器两端子（THW 和 E2）之间的电阻值。热机状态下电阻值应小于 1kΩ。

（2）开路检查

关闭点火开关，断开冷却液温度传感器线束连接器，拆下传感器。按以下方法检查：将冷却液温度传感器置于烧杯水中，加热杯中的水并记录水温，同时用万用表欧姆挡测量在不同水温条件下水温传感器两接线端子间的电阻值（见图 4-49）。

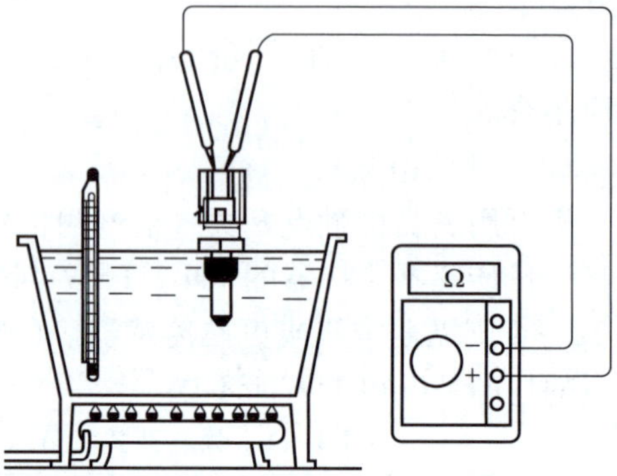

图 4-49　冷却液温度传感器电阻值测量

用万用表电阻挡测量传感器两端子间的电阻，其电阻值随温度变化而变化的规律应符合表 4-22。

表 4-22　冷却液温度传感器电阻标准值

温度/℃	电阻值/kΩ
0	6
20	2. 2
40	1. 1
60	0. 6
80	0. 25

（3）输出信号电压的检测

首先，检查供电电压。接通点火开关，检测传感器线束插头上供电电压，标准值应为 5 V 左右。

然后，检测信号电压。接上传感器线束插头，闭合点火开关。发动机工作时，输出电压应在 1~5 V 之间变化。电压随温度的变化规律：温度高时电压低；温度低时电压高。参照标准值，如偏差值过大，则需更换传感器。

将传感器的导线连接器插好，点火开关置于 ON 位置时，从水温传感器导线连接器 THW 端子（丰田车）或从 ECU 连接器 THW 端子与 E2 间测试传感器输出电压信号。丰田车 THW 与 E2 端子间电压在 80℃时应为 0. 25~1. 0 V。测得的电压值应和冷却水温成反比。

2. 进气温度传感器检测

进气温度传感器故障将导致发动机出现以下故障现象：起动困难、怠速不稳、废气排放量增加。进气温度传感器的检测方法与冷却液温度传感器基本相同。

(1) 开路检测(见图4-50(a))

首先,关闭点火开关,拔下传感器线束连接器,并将传感器拆下。然后,可以用电热吹风器或者红外线灯对进气温度传感器进行加热,记录温度,同时用万用表欧姆挡测量不同温度下传感器的电阻值,将测量结果与标准数值进行比较。如果与标准值不符,则应更换传感器。

(2) 进气温度传感器的输出信号电压值检测(见图4-50(b))

连接ECU与进气温度传感器的线束插接器。闭合点火开关,测量THA端子与E2端子间的电压值,在20 ℃时标准值为0.5~3.4 V。

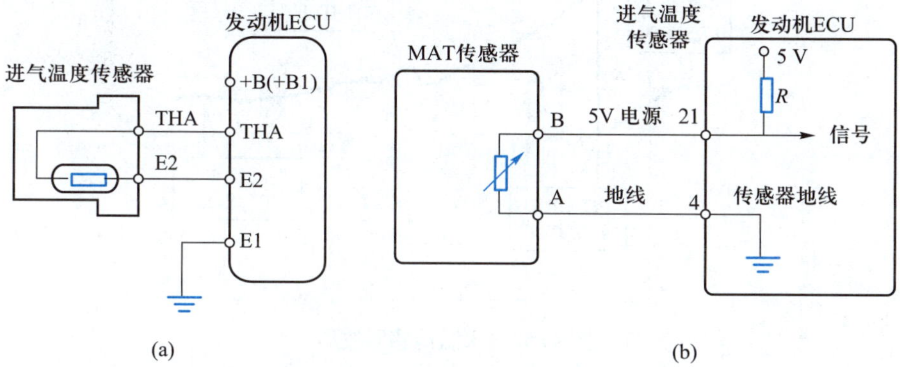

图4-50 进气温度传感器电路连接

(3) 温度传感器的波形检测(见图4-51)

测试方法:

① 将点火钥匙打开,不启动发动机,输出是一个3~5 V的稳定直流信号。

② 启动发动机,在怠速下运行一段时间,发现输出波形的幅值逐步降低到1~2 V。

如果输出波形是一个0 V或5 V的直流信号,或者波形不随着冷却液温度的变化而变化,则要检查冷却液温度传感器及其相关电路。

当温度传感器开路或短路时,ECU将检测到低于-50 ℃或高于139 ℃的温度信号,这将引起空燃比过小或过大(混合气过浓或过稀)。

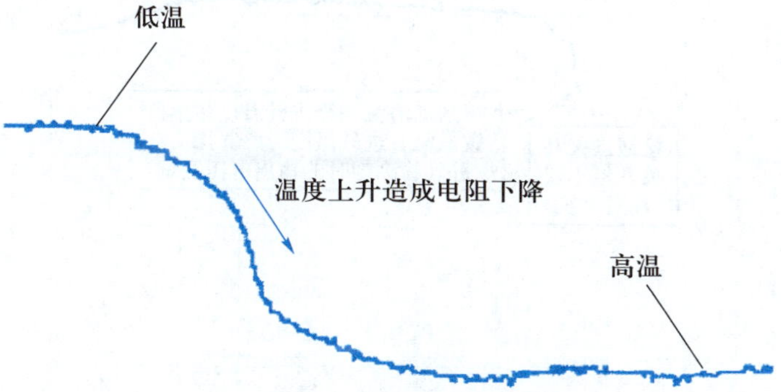

图4-51 温度传感器波形

水温传感器：通常进气温度传感器的电压应在 3~5 V 之间，在全部运行温度范围内电压降大约在 1~2 V 左右，这个直流信号的判定关键是电压幅度，且在各种不同温度下传感器应给出对应的输出电压信号，如图 4-52 所示。

当进气温度传感器电路断路时将出现电压向上直到参考电压值的峰尖(5 V)，而当电路对地短路时将出现电压向下直到接地电压值的峰尖(0 V)。

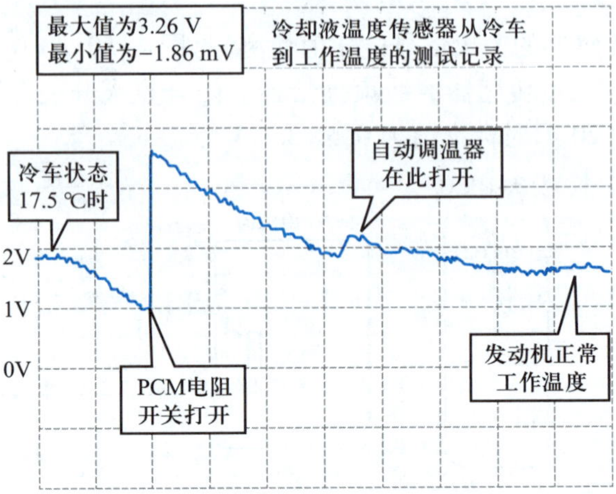

图 4-52　水温传感器波形

进气温度传感器：检查车型的规范手册以得到精确的电压范围，通常冷车时传感器的电压应在 3~5 V(全冷态)之间，然后随着发动机运转减少至运行正常温度时的 1 V 左右。

发动机冷却液温度传感器电路的开路将使电压波形出现向上的尖峰(到参考电压值)，短路将产生向下尖峰(到接地值)。如果波形检测出现任何异常，则应增加更换冷却液温度传感器，如图 4-53 所示。

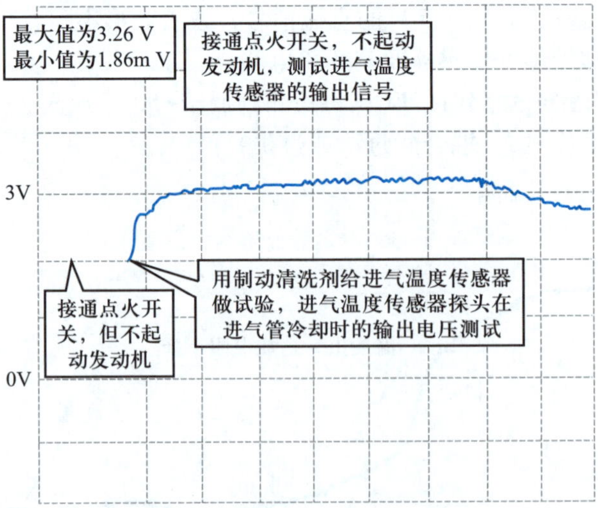

图 4-53　进气温度传感器波形

（三）任务企业案例引入

1. 案例

发动机进气控制系统的故障案例

一位车主向 4S 店打电话咨询，车辆在怠速运转时，发动机怠速抖动，加速无力；车型为 2018 款一汽大众迈腾（配置：380TSI、DSG 豪华型）。

2. 准备工作（见图 4-54）

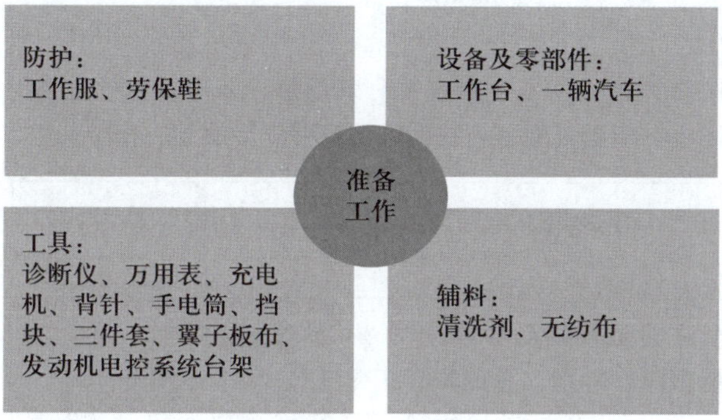

图 4-54　准备工作

3. 检修步骤说明

进气控制系统故障检修

① 打开机舱盖，铺设翼子板布。

② 检查机油量、冷却液量和制动液量。

③ 检查蓄电池电压。

④ 关闭点火开关，连接故障诊断仪器读取故障代码。

⑤ 将点火开关置于 ON 挡，连接充电机。

⑥ 使用万用表电压挡测量节气门 Gx3 传感器的公共供电 T6e/2 脚和搭铁 T6e/6 脚，同时使车辆处于怠速运转状态测量节气门 Gx3 传感器的信号线 T6e/1 脚、T6e/4。

⑦ 起动车辆，观察空调开关状态和灯光开关状态，用万用表电压挡测量发动机 ECU 端 T105/34 脚。

⑧ 查找断点并修复。

⑨ 使车辆怠速运转，连接诊断仪，进行故障码清除再次读取故障码。

⑩ 整理车内四件套。

⑪ 收起翼子板布。

⑫ 收起挡块和尾排。

⑬ 擦拭设备工具。

（四）任务评价反馈

小组自评表(见表4-23)能够让小组成员对各自的信息检索能力、任务认知程度、参与状态、学习状态和工作过程等方面进行评价，从记忆、领会、应用、分析、反馈等方面全方位评估自己对知识的学习及掌握情况。

表 4-23　小组自评表

<table>
<tr><td>班级</td><td></td><td>组名</td><td></td><td>日期</td><td></td></tr>
<tr><td>评价指标</td><td colspan="3">评价要素</td><td>分数</td><td>分数评定</td></tr>
<tr><td>信息检索</td><td colspan="3">能有效利用网络资源、工作手册查找有效信息；能用自己的语言有条理地去表述所学知识；能将查找到的信息有效转换到工作中</td><td>10</td><td></td></tr>
<tr><td>任务认知</td><td colspan="3">是否熟悉各自的工作岗位，认同工作价值；在工作中，是否获得满足感</td><td>10</td><td></td></tr>
<tr><td rowspan="2">参与状态</td><td colspan="3">与教师、同学之间是否相互尊重、理解、平等；与教师、同学之间是否能够保持多向、丰富、适宜的信息交流</td><td>10</td><td></td></tr>
<tr><td colspan="3">探究学习、自主学习不流于形式，处理好合作学习和独立思考的关系，做到有效学习；能够提出有意义的问题或能发表个人见解；能按要求正确操作；能够倾听、协助并分享</td><td>10</td><td></td></tr>
<tr><td>学习方法</td><td colspan="3">工作计划、操作技能是否符合规范要求；是否获得了进一步发展的能力</td><td>10</td><td></td></tr>
<tr><td>工作过程</td><td colspan="3">遵守管理规程，操作过程符合现场管理要求；平时上课的出勤情况和每次完成学习任务情况；善于多角度思考问题，能主动发现并提出有价值的问题</td><td>15</td><td></td></tr>
<tr><td>思维状态</td><td colspan="3">是否能发现问题、提出问题、分析问题、解决问题、创新思路</td><td>10</td><td></td></tr>
<tr><td>自评反馈</td><td colspan="3">按时按质完成学习任务；较好地掌握了专业知识点；具有较强的信息分析能力和理解能力；具有较为全面严谨的思维能力，并能条理清晰地表述成文</td><td>25</td><td></td></tr>
<tr><td colspan="4">自评分数</td><td colspan="2"></td></tr>
<tr><td>有益的经验和做法</td><td colspan="5"></td></tr>
<tr><td>总结反思建议</td><td colspan="5"></td></tr>
</table>

小组互评表(见表 4-24)能够让小组成员从信息检索能力、任务认知程度、参与状态、学习状态和工作过程等方面对其他小组进行评价，通过互相评价环节，学习其他小组的长处，弥补自己小组的不足。

表 4-24　小组互评表

班级		被评组名		日期	
评价指标	评价要素			分数	分数评定
信息检索	该小组能否有效利用网络资源、工作手册查找有效信息			5	
	该小组能否用自己的语言有条理地去表述所学知识			5	
	该小组能否将查找到的信息有效转换到工作中			5	
任务认知	该小组能否熟悉各自的工作岗位，认同工作价值			5	
	该小组成员在工作中，是否获得满足感			5	
参与状态	该小组与教师、同学之间是否相互尊重、理解、平等			5	
	该小组与教师、同学之间能否保持多向、丰富、适宜的信息交流			5	
	该小组能否处理好合作学习和独立思考的关系，做到有效学习			5	
	该小组能否提出有意义的问题或能发表个人见解，按要求正确操作，能够倾听、协助并分享			5	
	该小组能否积极参与学习任务，并在过程中综合运用信息技术的能力得到提高			5	
学习方法	该小组工作计划、操作技能是否符合规范要求			5	
	该小组是否获得了进一步发展的能力			5	
工作过程	该小组是否遵守管理规程，操作过程是否符合现场管理要求			5	
	该小组平时上课的出勤情况和每次完成学习任务情况			5	
	该小组是否善于多角度思考问题，能否主动发现并提出有价值的问题			5	
思维状态	该小组是否能发现问题、提出问题、分析问题、解决问题、创新思维			5	
自评反馈	该小组能否严肃认真地对待自评，并独立完成自测试题			10	
互评分数					
简要评述					

教师评价表(见表4-25)的内容主要包括小组出勤状况、信息收集能力、计划制订是否完善、工作过程是否规范等，能够帮助学生更好地理解学习任务，促进对任务知识点、技能点的消化和吸收。

表4-25 教师评价表

班级		组名	姓名	
出勤情况				
评价指标	评定要素		分数	分数评定
职业素养	具备信息素养		5	
	具备探究学习、终身学习能力		5	
	在实操过程中体现劳模精神、劳动精神、工匠精神		10	
	具备良好的职业道德和环保意识		5	
道德品质	遵守实验室、实训场地等公共场所的管理规定，自觉遵守秩序		5	
	在公共场所举止文雅，文明礼貌		5	
	爱护公物，保护公共设施		5	
信息检索	能够顺利完成教师安排的任务，快速找到有效信息，并转化到工作中去		5	
任务认知	能够理解任务的内容		5	
	能够满足岗位工作要求，掌握工作流程，熟悉注意事项		5	
参与状态	与教师、同学之间相互尊重、理解		5	
	能够做到独立思考、表达自己想法		5	
	能够按照要求正确操作，能够倾听对方表达的内容并乐于分享		5	
学习方法	能够按照工作内容的紧急情况合理制订计划		5	
	能够按要求完成工作计划，且操作符合规范		5	
工作过程	操作符合安全规定		5	
	操作符合流程规范		5	
	能协助他人完成工作		5	
思维状态	工作过程思维清晰，对工作结果能够正确预判，对其他相关工作有帮助		5	
师评分数				
综合评价				

三、 任务拓展信息

发动机可变气门正时控制系统动画

发动机可变气门升程控制系统动画

1. 迈腾 B8L 凸轮轴相位调节及电子气门升程切换技术简介

通过排气凸轮轴上的电子气门升程切换以及进气和排气凸轮轴上的可变气门正时，实现了对每个气缸气体交换的优化控制，如图 4-55 所示。较小的凸轮轮廓仅用于低转速。何时使用凸轮轮廓以及使用哪个凸轮轮廓，均存储在图谱中。

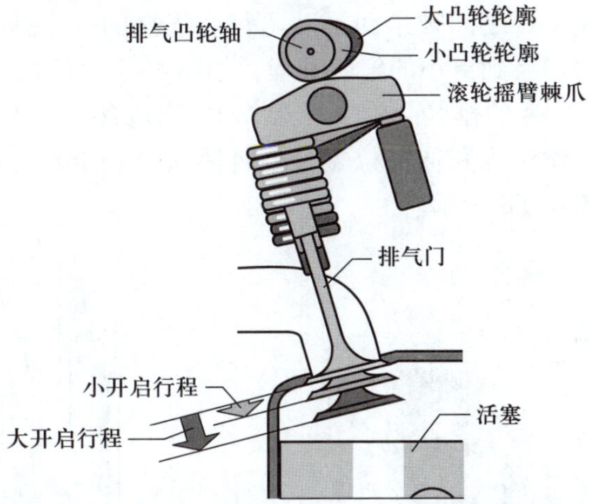

图 4-55 迈腾 B8L 凸轮轴相位调节及电子气门升程结构简图

此功能有以下优点：

- 优化气体交换；
- 防止废气回流到之前的 180°排气缸；
- 入口打开时间更早，填充程度更佳；
- 通过燃烧室内的正压差减少余气；
- 提升涡轮增压器的响应性；
- 在较低转速获得较高的扭矩，获得较高的增压压力。

2. 电子气门升程切换

为了在排气凸轮轴上两个不同的气门升程之间相互切换，如图 4-56 所示，此凸轮轴有 4 个可移动的凸轮件(带有内花键)。每个凸轮件上都装有两对凸轮，其凸轮升程是不同的，通过电子执行器对两种升程进行切换。电子执行器接合每个凸轮件上的滑动槽，并移动凸轮轴上的凸轮件。

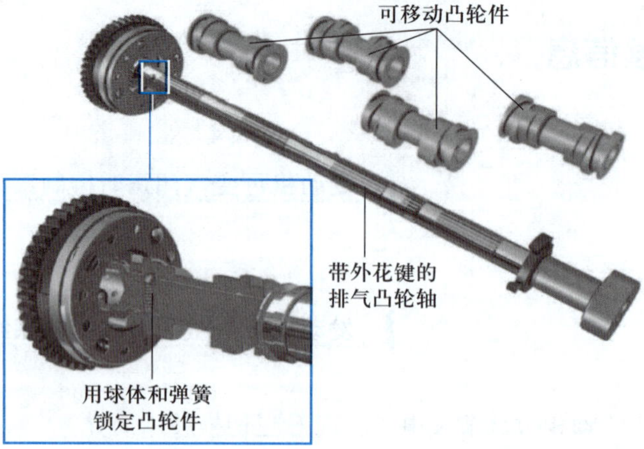

图 4-56　迈腾 B8L 排气凸轮轴结构

3. 用于气门升程切换的执行器

在两个电子执行器(气缸 1~4 的排气凸轮执行器 A/B)的辅助下，每个凸轮件在排气凸轮轴上在两个切换位置之间被来回推动。每个气缸的一个执行器切换到更大的气门升程，另一个执行器切换到更小的气门升程，如图 4-57 所示。

每个执行器(气缸 1~4 的排气凸轮执行器 A/B)都包含一个电磁线圈。金属销通过导管被向下移动。在收缩位置和伸展位置，金属销通过一个永磁铁被固定在执行器壳体中的相应位置，如图 4-58 所示。

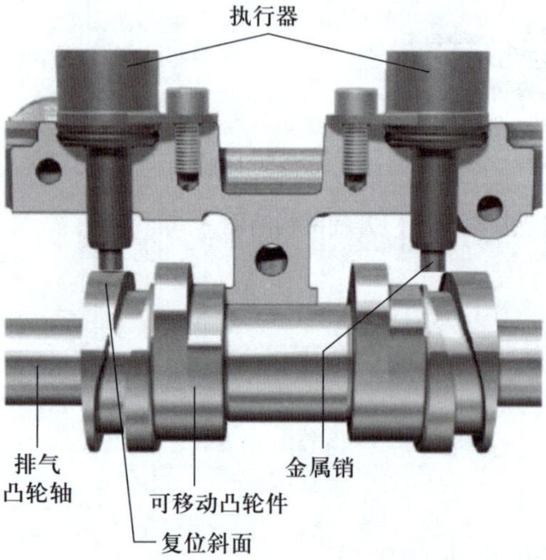

图 4-57　迈腾 B8L 气门升程切换执行器结构

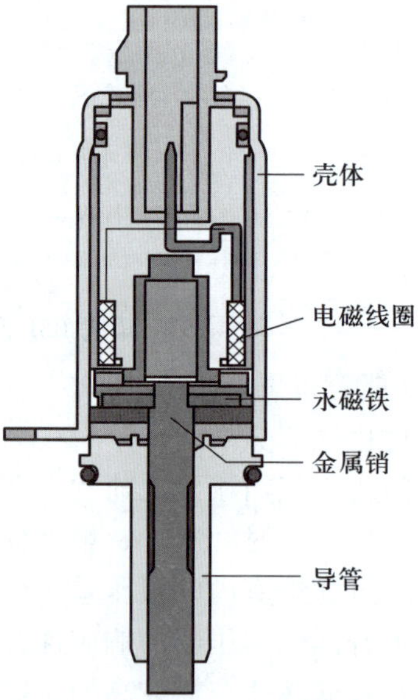

图 4-58　迈腾 B8L 气门升程切换执行器工作过程

(1) 在较低发动机转速范围下的凸轮轴位置

为了使这个负载范围内的气体交换性能更佳，发动机管理系统通过凸轮轴调节器将进气凸轮轴提前，将排气凸轮轴延迟。气门升程切换至更小的排气凸轮轮廓，而且右侧执行器金属销伸出。它接合滑动槽，并将凸轮轴向左移至小凸轮轮廓，如图 4-59 所示。

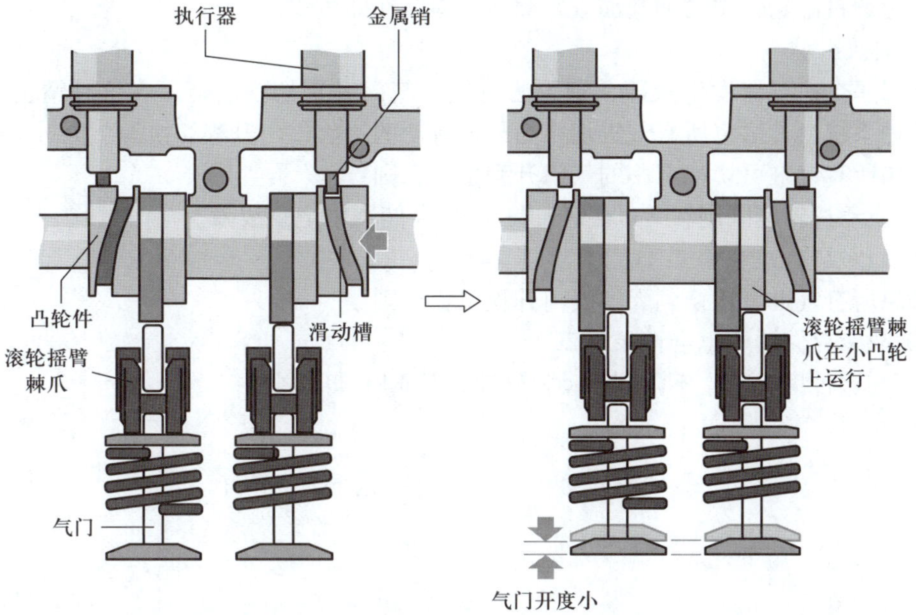

图 4-59　迈腾 B8L 发动机低转速范围下的凸轮轴位置调节过程

气门现在沿着较小的气门轮廓上下移动，从而可在低转速范围内达到较高的增压压力。

（2）部分负载和全负载下的凸轮轴位置

驾驶员加速并从部分负载改变为全负载。气缸内的气体交换必须适应更高的性能需求。发动机管理系统通过凸轮轴调节器将进气凸轮轴提前，将排气凸轮轴延迟。为达到最佳的气缸填充性能，排气门需要最大的气门升程。为了实现此目的，左执行器被启动，凸轮件被向右移动，切换至大凸轮轮廓，如图 4-60 所示。

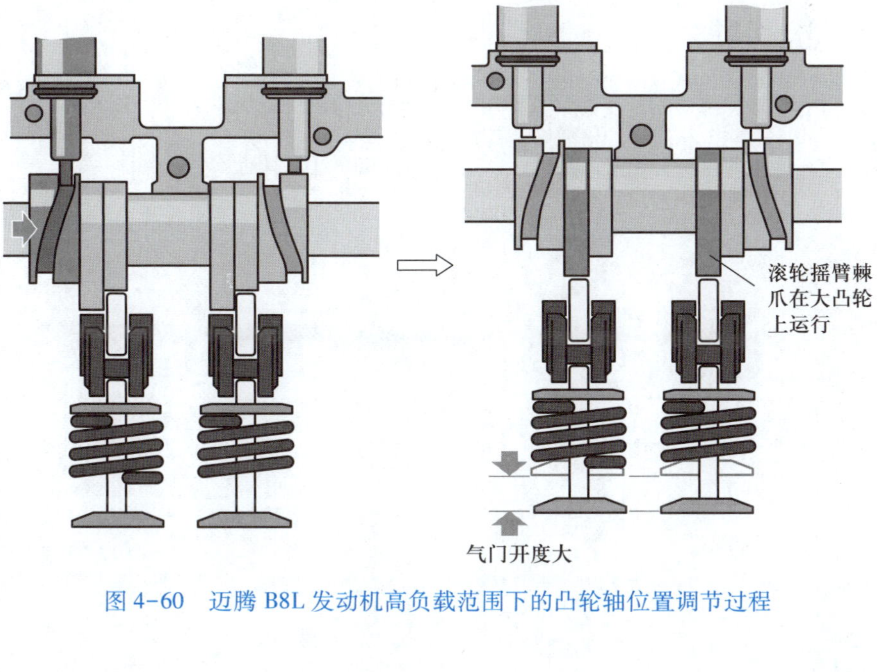

图 4-60　迈腾 B8L 发动机高负载范围下的凸轮轴位置调节过程

金属销通过滑动槽将凸轮件移向大凸轮。排气门现在以最大的升程打开或关闭，凸轮件也通过凸轮轴中的弹簧加载式球体被固定在此位置。

4. 失效影响

如果一个执行器发生故障，则无法再执行气门升程切换功能。在这种情况下，发动机管理系统会尝试将所有气缸切换为最近成功的一次气门升程切换。

如果所有气缸可切换至小的气门升程位置，则：

① 发动机转速限制在 4 000 r/min，故障存储器中记录故障。

② EPC 警告灯亮起。

如果所有气缸可切换到大的气门升程位置，则：

① 故障存储器中也会记录故障。

② 在这种情况下，不限制发动机转速，且 EPC 灯不亮。

学习任务 5
发动机点火控制系统的检修

一、 任务说明

<table>
<tr><td>任务描述</td><td>一位车主向 4S 店打电话咨询：车辆在怠速运转时，怠速不稳，EPC 灯点亮；车型为 2018 款一汽大众迈腾(配置:380TSI、DSG 豪华型)</td></tr>
<tr><td>任务对应工作领域</td><td>汽车动力与驱动系统 (√)
汽车转向悬架与制动安全系统 (　)
汽车电子电气与空调舒适系统 (　)
汽车全车网关控制与娱乐系统 (　)</td></tr>
<tr><td>任务所属模块课程</td><td>动力系统检修 (√)
变速箱与传动系统检修 (　)
转向悬架系统检修 (　)
制动安全系统检修 (　)
电器与控制系统检修 (　)
空调与舒适系统检修 (　)
动力与底盘网关控制系统检修 (　)
车身与娱乐网关控制系统检修 (　)</td></tr>
<tr><td colspan="2">任务育人目标描述</td></tr>
<tr><td colspan="2">1. 增强自立自强意识
2. 弘扬创新发展理念</td></tr>
<tr><td colspan="2">职业技能(能力)要求描述</td></tr>
<tr><td>行为</td><td>能进行汽车动力与驱动系统工作领域中发动机点火控制系统的故障排除和相关机理分析</td></tr>
<tr><td rowspan="2">条件</td><td>车辆/设备：2018 款一汽大众迈腾(配置:380TSI、DSG 豪华型)</td></tr>
<tr><td>工具及场地要求：
维修工位 4 个。
车辆配套维修手册 4 册。
工具车(万用表、示波器、解码器、缸压表、塞尺、火花塞清洁器、14mm 火花塞扳手及相关通用、专用工具)4 辆。
零件车 4 辆。
工作灯 4 个</td></tr>
</table>

续表

标准与要求	树立分析问题、解决问题的信心；提高沟通协调、团队合作的能力；强化安全生产、规范操作的意识。 能掌握发动机点火控制系统的基本结构、原理和检修方法，能够正确使用维修手册、电路图等工具书，制订拆装及检测计划，能够对测量结果进行有效分析并给出维修意见。 按照维修手册的规范能正确进行曲轴位置、凸轮轴位置、爆震传感器等的检查和测量。 能正确进行点火线圈的端子及线束电压、电阻、频率或波形的测量。 能正确进行火花塞的外观检查、换缸试验和跳火试验等。 能正确进行发动机点火系统的故障诊断与排除。 能正确进行发动机的汽缸压力检测。 能正确进行点火系统部件、连接器和线束的拆卸、维修和更换
成果	完成发动机点火控制系统的测量和故障排除

二、 任务学习与实施

（一）任务引导与学习

引导问题 1：发动机点火系统根据________不同，可以分为传统点火系统、普通电子点火系统和微机控制点火系统，如图 5-1 所示。

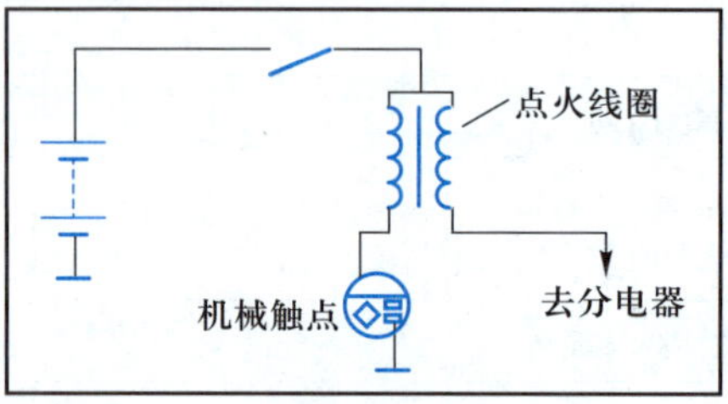

(a) 传统点火系统

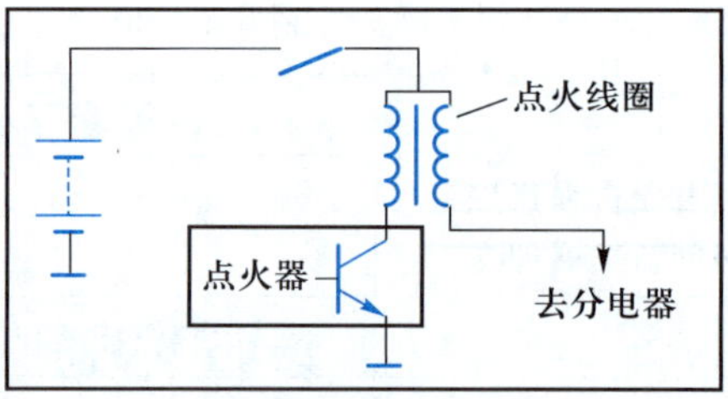

(b) 普通电子点火系统

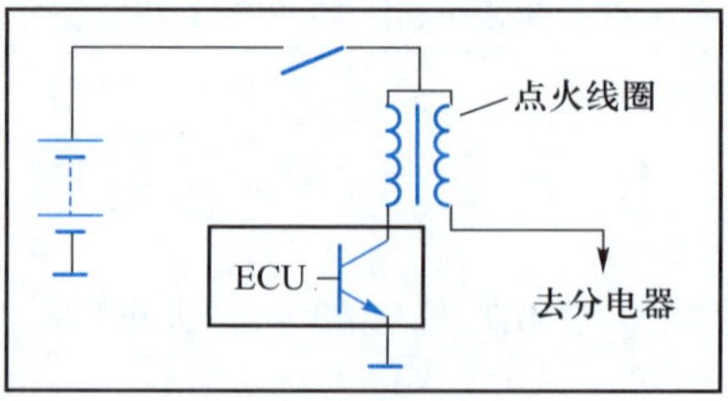

(c) 微机控制点火系统

图 5-1　发动机点火系统

引导问题 2：图 5-2 所示为无触点电子点火系统的结构，指出各组成部分的名称。

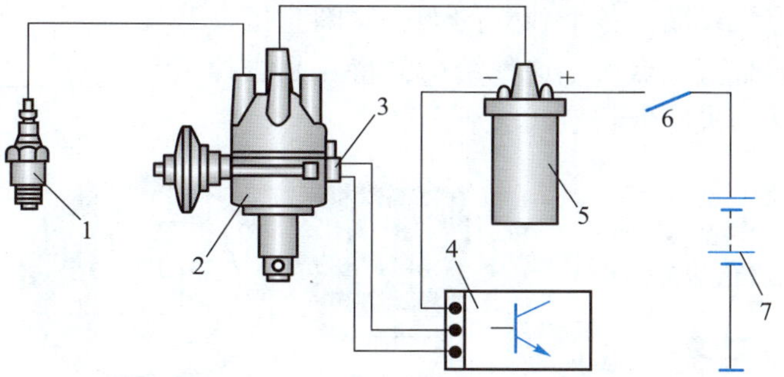

图 5-2　无触点电子点火系统的结构

1：＿＿＿＿＿＿＿；2：＿＿＿＿＿＿＿；3：＿＿＿＿＿＿＿；

4：＿＿＿＿＿＿＿；5：＿＿＿＿＿＿＿；6：＿＿＿＿＿＿＿；7：＿＿＿＿＿＿＿；

引导问题 3：图 5-3 所示为＿＿＿＿＿类型点火系统，是目前最新型的点火系统，已广泛应用于各种中、高级汽车中，按是否配有分电器分为＿＿＿＿＿＿＿＿系统和＿＿＿＿＿＿＿＿系统两种。

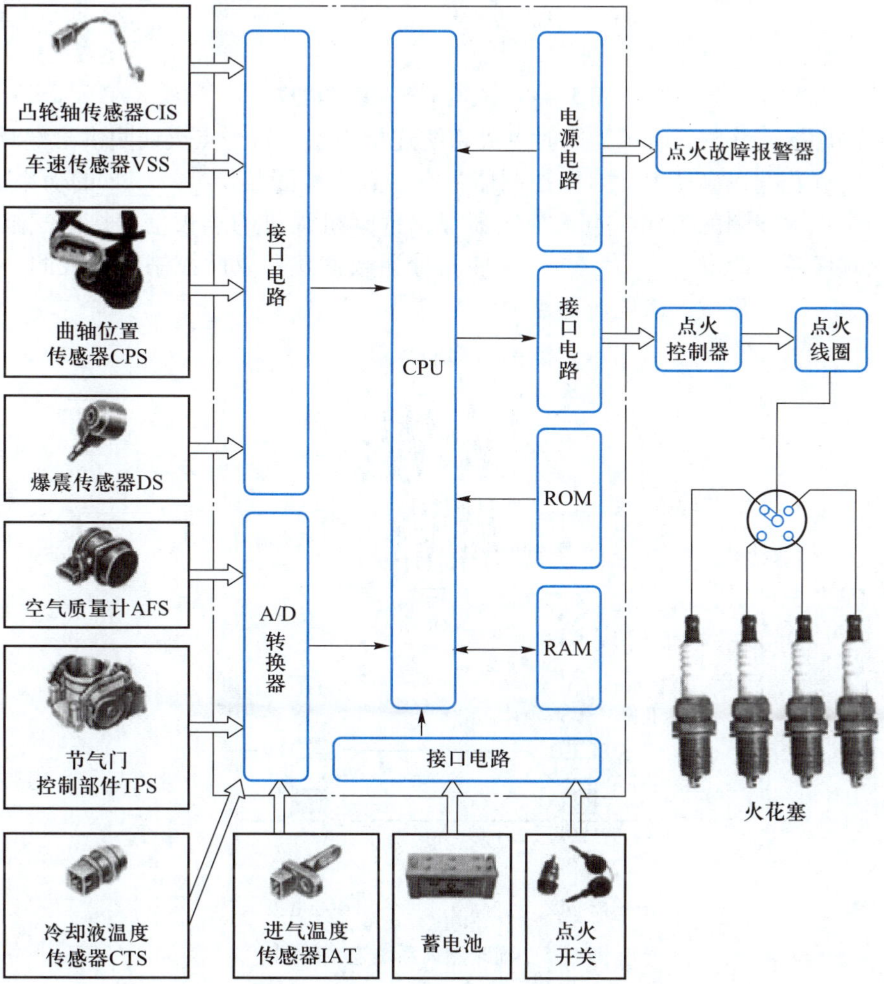

图 5-3　某类点火系统

引导问题4：图5-4所示为独立电子点火系统的组成，独立点火方式是一个缸的火花塞配______个点火线圈，各个独立的点火线圈直接安装在________上，独立向火花塞提供高压电，各缸直接点火。这种结构的特点是去掉了__________线，因此可以使高压电能量的传递损失降低到最低水平。

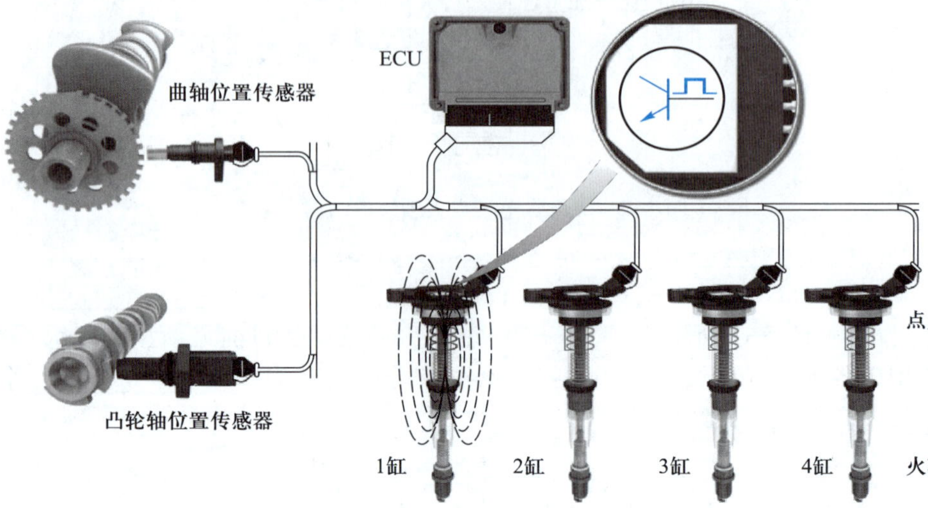

图5-4　独立电子点火系的组成

引导问题5：图5-5所示为同时点火系统连接简图，每个点火线圈供给配对的________个缸的火花塞以高压电。点火控制器中有与点火线圈数量________的功率晶体管，各控制一个点火线圈的工作。点火控制器根据计算机提供的点火信号，由气缸判断电路按点火顺序轮流激发____________，使其导通或截止，以此控制点火线圈一次绕组的____________，产生二次电压而点火。

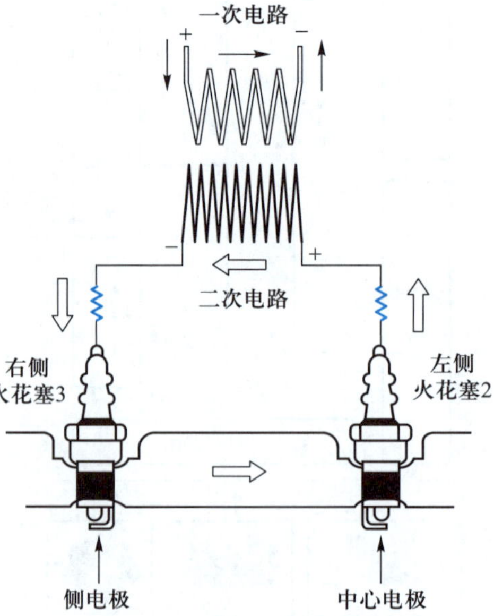

图5-5　同时点火系统连接简图

引导问题 6：图 5-6 所示为汽车电源系统结构件，蓄电池和发电机的作用是为发动机点火系统提供________。发动机起动时，由__________提供点火能量；发动机起动后，发电机就开始发电，由________提供点火能量。

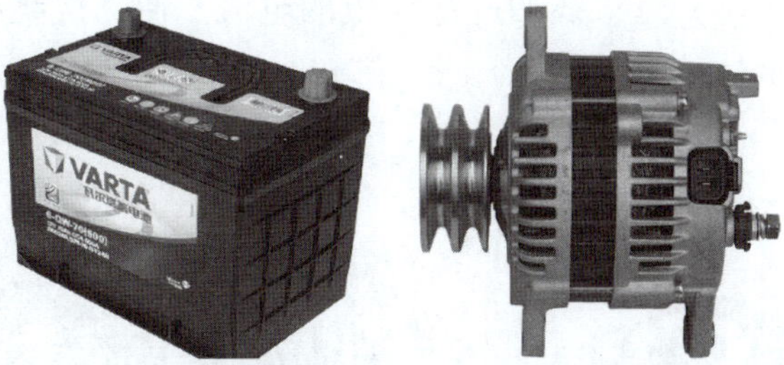

(a) 蓄电池　　(b) 发电机

图 5-6　汽车电源系统结构件

引导问题 7：图 5-7 所示为点火开关有四个挡位：关闭挡、附件挡、________挡、起动挡。它的作用是控制____________________。

图 5-7　点火开关

引导问题 8：图 5-8 所示为汽车点火系统执行元件，点火线圈的作用是将汽车电源的___________通过电磁感应变为______________；火花塞的作用是将点火线圈产生的高压电引入发动机的________并在其电极间形成____________，点燃可燃混合气。

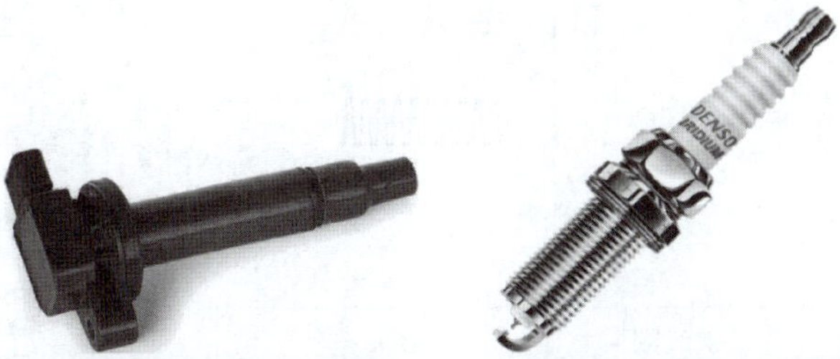

(a) 点火线圈　　(b) 火花塞

图 5-8　汽车点火系统执行元件

引导问题 9：图 5-9 所示为爆震传感器，当发生爆震时，传感器就会将__________传给发动机 ECU，于是发动机 ECU 就控制减小____________角，同时加浓混合气，降低燃烧温度；当爆震消失后，发动机 ECU 又将点火提前角逐渐______，这样不断循环，使发动机尽量工作在______最大的曲线附近。

引导问题10：图5-10所示为发动机(ECU)，它根据＿＿＿＿＿传感器、＿＿＿＿＿传感器、水温传感器、节气门位置传感器、爆震传感器等信号，控制点火线圈一次绕组电流的＿＿＿＿和＿＿＿＿，确定＿＿＿＿点火提前角和＿＿＿＿＿点火提前角，在最佳点火时刻，＿＿＿＿点火线圈一次绕组的电流，使二次绕组产生足以击穿火花塞间隙的高电压。

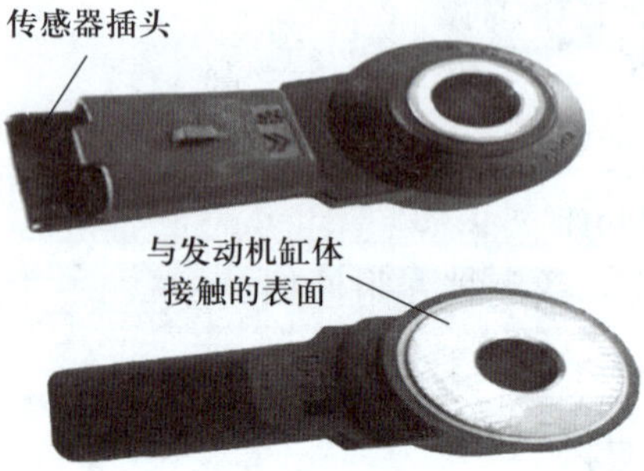

图5-9　爆震传感器

图5-10　发动机(ECU)

引导问题11：图5-11所示为发动机点火系统工作原理简图，写出一次线圈电流的走向：＿＿。

二次线圈的电流走向：＿＿。

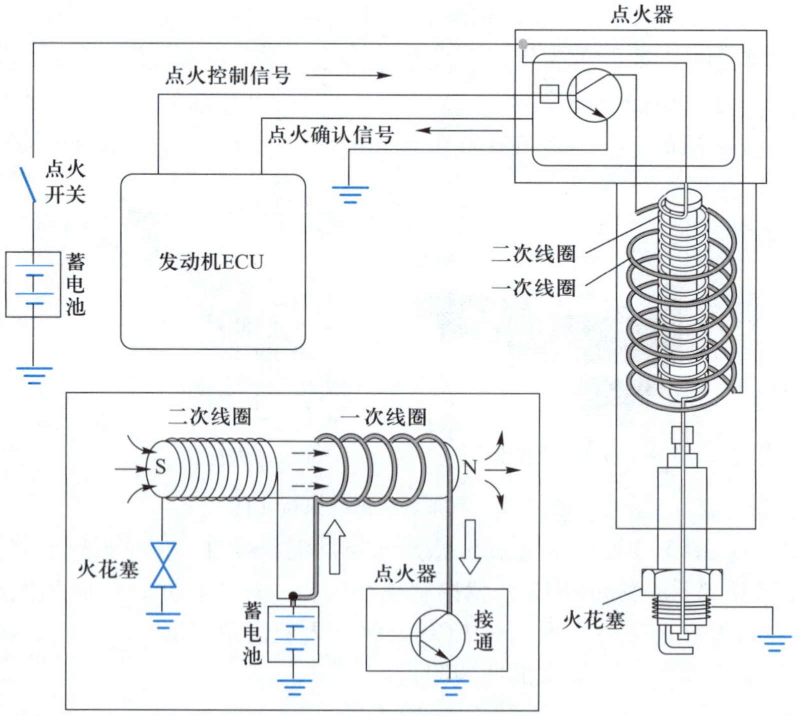

图5-11　发动机点火系统工作原理简图

引导问题 12：图 5-12 所示为 2018 款一汽大众迈腾 B8L 自动豪华版发动机点火线圈控制电路简图，写出该车发动机点火控制系统的特点：

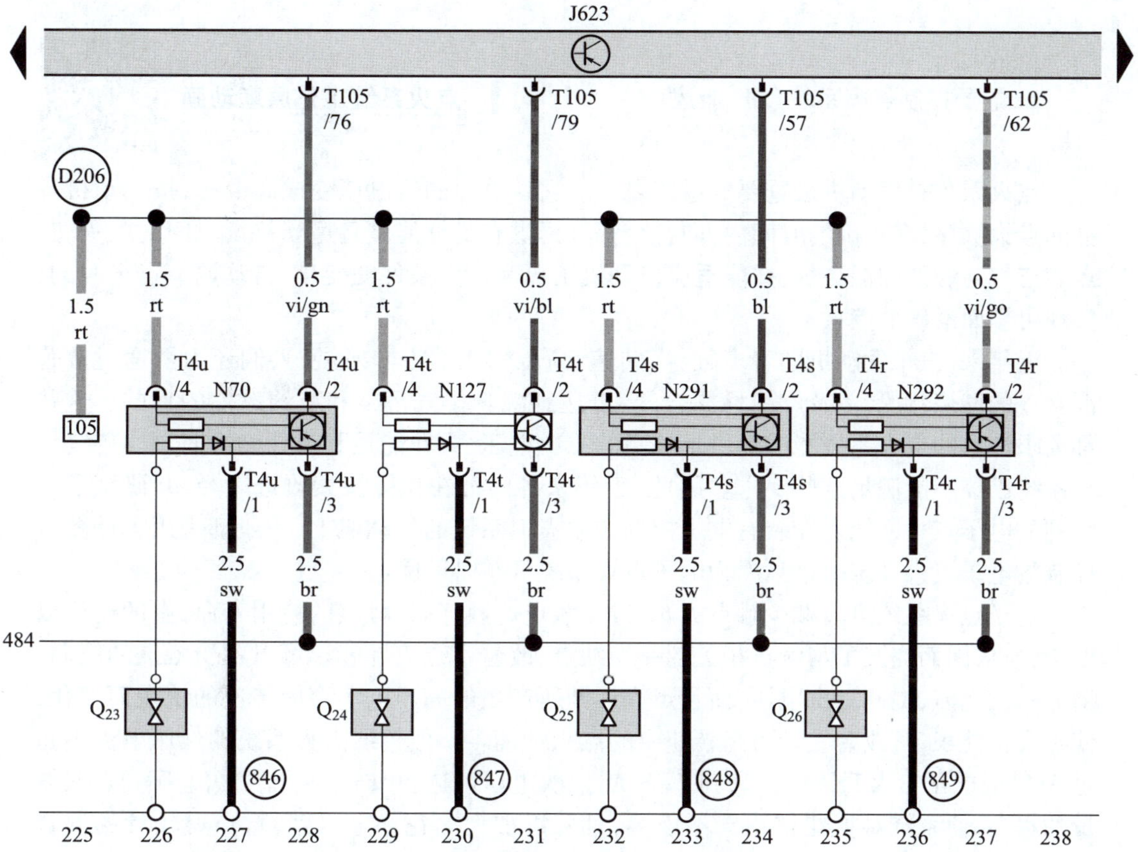

图 5-12　2018 款一汽大众迈腾 B8L 自动豪华版发动机点火线圈控制电路简图

引导问题 13：自主品牌 2021 款比亚迪唐汽车采用的点火控制技术的特点有(　　)。

A. 自主研发　　B. 独立点火　　C. 计算机控制点火　　D. 电子点火

知识链接

1. 电子控制点火系统(EI)概述

点火系统工作原理动画

点火系统是发动机最重要的系统之一。它将电源的低电压变成高电压,按发动机各缸的点火顺序,在正确的时间内,向各个气缸提供有足够能量且适当持续时间的电火花,点燃空气与燃油的混合气,并能适应发动机工况和使用条件的变化,自动调节点火时刻,实现可靠而准确的点火。

近年来,汽车发动机向着多缸、高转速、高压缩比的方向发展,人们还力图通过改善混合气的燃烧状况,以及燃用稀混合气,以达到减少排气污染和节约燃油的目的。这些都要求汽车的点火系统能够提供足够高的二次电压、火花能量和最佳点火时刻。传统点火系统已经不能满足这些要求。因此,近年来各国都在积极探索改进途径,并研制了一系列的电子点火系统。在装有电子控制燃油喷射系统的发动机上,一般都采用了计算机控制的电子点火系统。这是因为电子点火系统具有以下优点:

电子点火系统可以减少触点火花,避免触点烧蚀,延长触点的使用寿命;有的还可以取消触点,因而克服了与触点相关的一切缺点,改善了点火性能。可以不受触点的限制,增大一次电流,提高二次电压,而且点火线圈所产生的高压电不会因转速的快慢而变化,使点火性能稳定,改善发动机高转速时的点火性能。一般传统点火系统的低压电流不超过 5 A,而电子点火系统可提高到 7~8 A,二次电压可达 30 kV。由于二次电压和点火能量的提高,使系统对火花塞积碳不敏感,且可以加大火花塞电极间隙,点燃较稀的混合气,从而有利于改善发动机的动力性、经济性和排气净化性能。系统结构简单,质量轻,体积小,使用和维修方便。

目前国内外汽车上使用的电子点火系统主要分为有触点的电子点火系统和无触点的电子点火系统两大类。无论是哪一类电子点火系统,都是利用电子元件(晶体管)作为开关来接通或断开点火系统的一次电路,通过点火线圈来产生高压电。

有触点电子点火系统：有触点电子点火系统用减小触点电流的方法，减小触点火花，改善点火性能，它是一种半导体辅助点火装置。除了与传统点火系统一样具有电源、点火开关、分电器、点火线圈、火花塞之外，它的点火线圈一次绕组的电路中，增加了由晶体管 VT 和电阻、电容等组成的点火控制电路，如图 5-13 所示，断电器的触点串联在晶体管的基极电路中，控制晶体管的导通与截止。接通点火开关 SW，当断电器触点闭合时，晶体管的基极电路被接通，使晶体管饱和导通，接通了点火线圈的一次电路。发动机工作时，断电器触点不断地闭合、分开，控制晶体管的导通与截止和一次电路的通断，控制点火系统的工作。

触点式断电器结构动画

触点式分电器结构动画

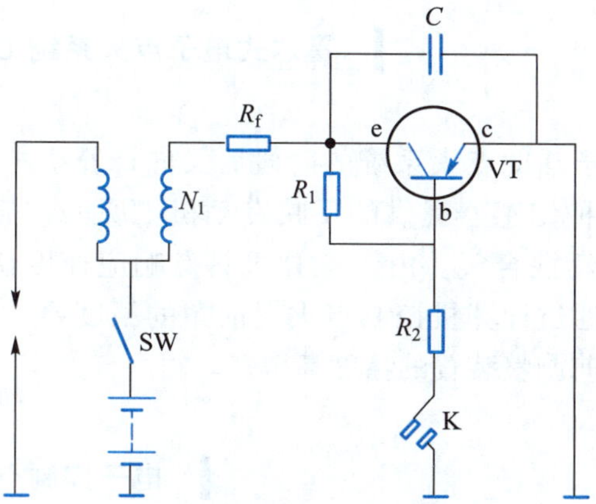

图 5-13　有触点电子点火系的结构

无触点电子点火系统：无触点电子点火系统利用传感器检测发动机工况，电子控制模块根据传感器信号确定点火时刻并产生点火信号，控制点火线圈的通断，产生高压电，这种方式可以克服与触点相关的一切缺点，在国内外汽车上应用十分广泛。无触点电子点火系统主要由传感器、点火控制器、点火线圈、分电器、火花塞等组成，如图 5-14 所示。其中，分电器主要包括配电器和离心提前装置、真空提前装置，它们的作用、结构和工作原理与传统点火系统对应部分完全相同。

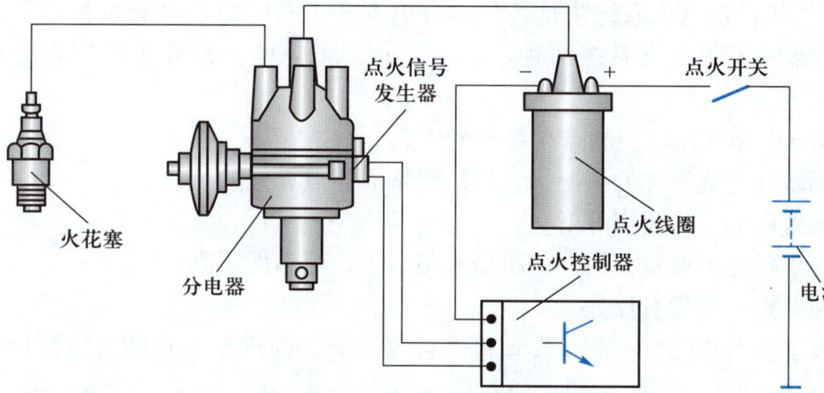

图 5-14　有触点电子点火系的结构

电子点火系统对点火时刻的调节，与传统点火系统一样，基本上仍采用离心提前和真空提前两套机械式点火提前调整装置，而它们只能根据发动机转速和负荷的变化来调节点火提前角，且调节特性为线性(或不同线性的组合)规律。而发动机的最佳点火提前角除了随转速和负荷变化外，还受诸多因素的影响，如环境状况、车辆的技术状况、使用状况等，而且最佳点火提前角随发动机转速和负荷变化的规律也不是线性的。因此，各种普通电子点火系统都存在着考虑的控制因素不全面、点火提前角控制不精确的缺陷，影响了发动机性能的充分发挥。此外，离心点火提前调整装置和真空点火提前调整装置中，机械运动部件的磨损、老化和脏污等，都会引起点火提前角调节特性的改变，使发动机性能下降。

霍尔式电子点火系统工作原理动画

点火系统经历了电子辅助点火系统的阶段后又向计算机控制点火系统发展。计算机控制点火系统根据各种传感器提供的反映发动机工况的信息，发出点火控制信号，控制点火时刻，点燃可燃混合气。由于计算机具有响应速度快、运算和控制精度高、抗干扰能力强等优点，通过计算机控制点火提前角的精度要比机械式的离心点火提前调整装置和真空点火提前调整装置的精度高得多。

电子控制点火系统动画

计算机控制点火系统还可以取消分电器，由微机控制系统直接将高压电分配给各缸。计算机控制点火系统可以通过各种传感器感知多种因素对点火提前角的影响，使发动机在各种工况和使用条件下的点火提前角都与相应的最佳点火提前角比较接近，并且不存在机械磨损等问题，克服了离心点火提前调整装置和真空点火提前调整装置的缺陷，使点火系统的发展更趋完善，发动机的性能得到进一步改善和更充分发挥。因此，计算机控制点火系统是继无触点的普通电子点火系统之后，点火系统发展的又一次飞跃。计算机控制点火系统是目前最新的点火系统，已广泛应用于各种中、高级汽车中。计算机控制点火系统按是否配有分电器分为有分电器计算机控制点火系统和无分电器计算机控制点火系统两种。现主要介绍无分电器计算机控制点火系统，如图5-15 所示。

（1）无分电器计算机控制点火系统的优点

- 在不增加电能消耗的情况下，进一步增大了点火能量。
- 对无线电的干扰大幅降低。
- 避免了与分电器有关的一些机械故障，工作可靠性提高。
- 高速时点火能量有保证。
- 节省了安装空间，有利于发动机的合理布置，为汽车车身的流线型设计提供了有利条件。
- 不用进行点火正时方面的调整，使用、维护方便。

（2）无分电器计算机控制点火系统的结构

无分电器计算机控制点火系统由低压电源、点火开关、ECU、点火控制器、点火线圈、火花塞、高压线和各种传感器等组成。有的还将点火线圈直接安装在火花塞上方，取消了高压线。

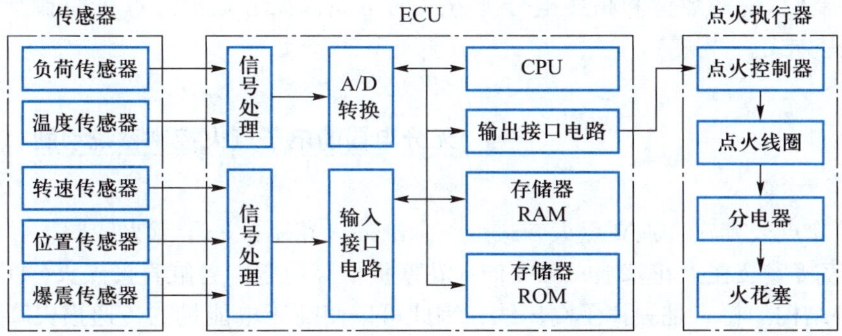

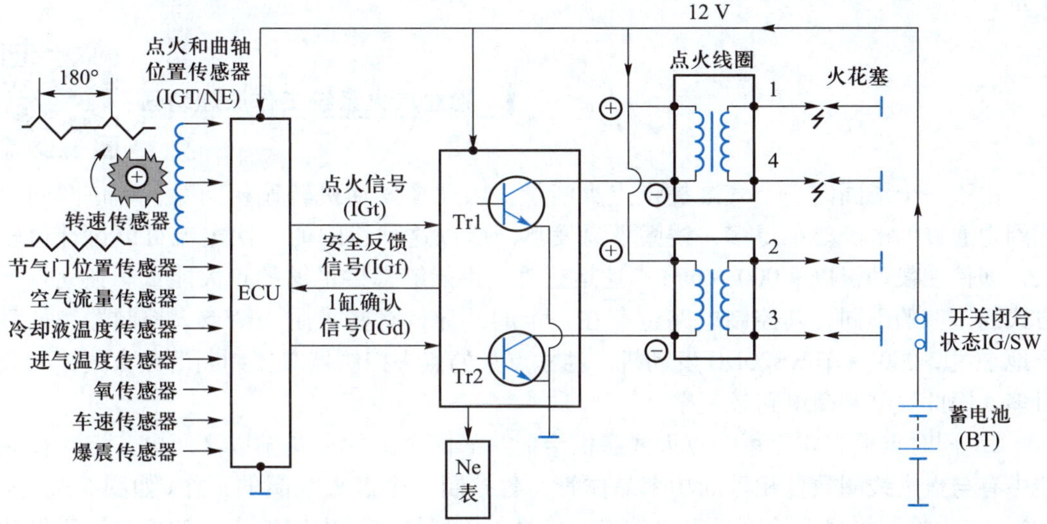

图 5-15　无分电器计算机控制点火系统

实际上在现代发动机中，燃油喷射与点火这两个子系统都受同一个 ECU 控制（如图 5-16 所示），合用一组传感器。

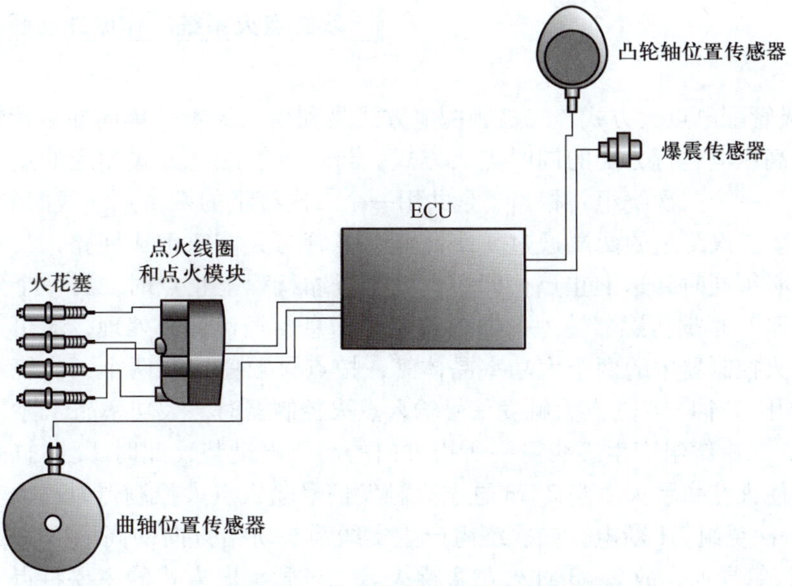

图 5-16　电子控制点火控制原理

根据点火线圈的数量和高压电分配方式的不同，无分电器计算机控制点火系统有不同的点火方式。

无分电器的电子点火控制系统动画

① 独立点火方式：独立点火方式是一个缸的火花塞配一个点火线圈，各个独立的点火线圈直接安装在火花塞上，独立向火花塞提供高压电，各缸直接点火（如图 5-4 所示）。这种结构的特点是去掉了高压线，因此可以使高压电能量的传递损失降低到最低水平。

独立点火系统工作原理动画

由于一个线圈向一个气缸提供点火能量，因此在发动机转速相同时，单位时间内线圈中通过的电流要小得多，线圈不易发热，所以这种线圈的一次电流可以设计得较大，即使在发动机以 9 000 r/min 高速运行时，也能够提供足够的点火能量。独立点火方式因车型的不同，其控制电路也存在一定的差异，有些采用一个点火控制器，如日产地平线 2 000 汽车 RB20DC 发动机。独立点火的点火控制器需要判断的点火气缸的数目多，因此气缸判断电路较复杂。

② 同时点火方式：每个点火线圈供给配对的两个缸的火花塞以高压电。点火控制器中有与点火线圈数量相等的功率晶体管，各控制一个点火线圈的工作（如图 5-17 所示）。点火控制器根据计算机提供的点火信号，由气缸判断电路按点火顺序轮流激发功率晶体管，使其导通或截止，以此控制点火线圈一次绕组的通断，产生二次电压而点火。

双缸点火系统工作原理动画

③ 二极管配电点火方式：二极管配电方式是利用二极管的单向导通特性，对点火线圈产生的高压电进行分配的同时点火方式。与二极管配电方式相配的点火线圈有两个一次绕组、一个二次绕组，相当于是共用一个二次绕组的两个点火线圈的组件（如图 5-18 所示）。二次绕组的两端通过 4 个高压二极管与火花塞组成回路，其中配对点火的两个活塞必须同时到达上止点，即一个处于压缩行程上止点时，另一个处于排气行程上止点。ECU 根据传感器输入的曲轴位置等信息，经计算、处理，输出点火控制信号，通过点火控制器中的两个大功率晶体管，按点火顺序控制两个一次绕组的电路交替接通和断开。当 1、4 缸点火触发信号输入点火控制器时，大功率晶体管 V1、一次绕组 N1 断电，二次绕组产生虚线箭头所指方向的高压电动势，此时 1、4 缸高压二极管正向导通而使火花塞跳火。当 2、3 缸点火触发信号输入点火控制器时，大功率晶体管 V2 截止，一次绕组 N1 断电，二次绕组产生实线箭头所指方向的高压电动势，此时 2、3 缸高压二极管导通，故 2、3 缸火花塞跳火。二极管配电方式的主要特点是一个点火

线圈组件为 4 个火花塞提供高压电，因此特别适宜于四缸或八缸发动机。

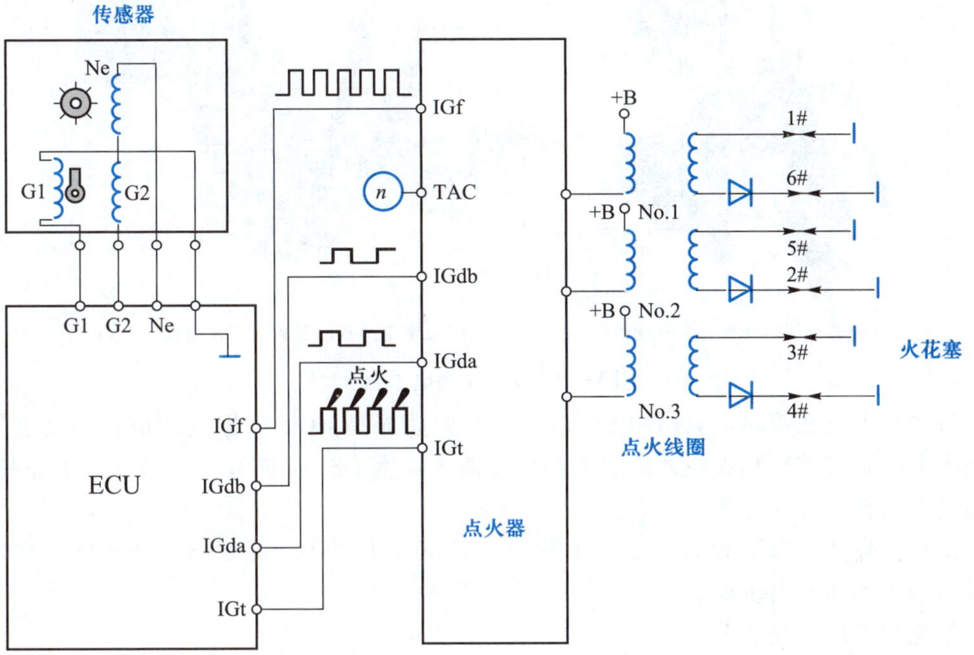

图 5-17　同时点火电子点火系统

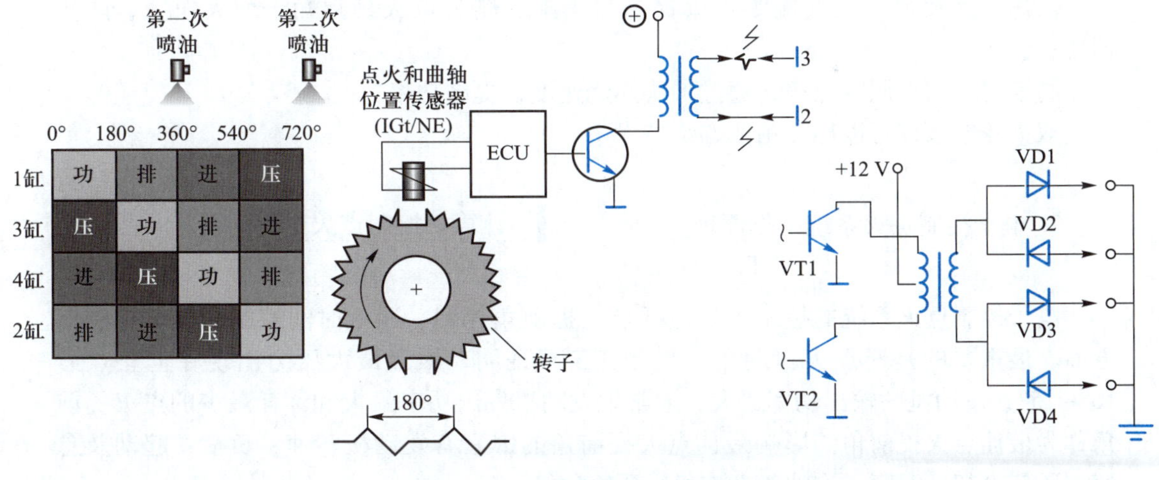

图 5-18　二极管配电点火系统

④ 双火花塞电子点火系统：在有些汽车上，如本田飞度、奔驰 275(S600)汽车，每个气缸使用两个火花塞来点火，主要目的是缩短燃烧室内火焰传播的时间，实现全域范围内的急速燃烧，同时降低燃爆的倾向，使得大幅度提高压缩比成为可能，实现高输出功率、高输出扭矩及低油耗的统一，如图 5-19 所示。火花塞被安置在气缸的两侧，其中一个火花塞位于燃烧室的进气侧，另一个位于排气门一侧。使用两个点火线圈包，分别位于气缸两侧。

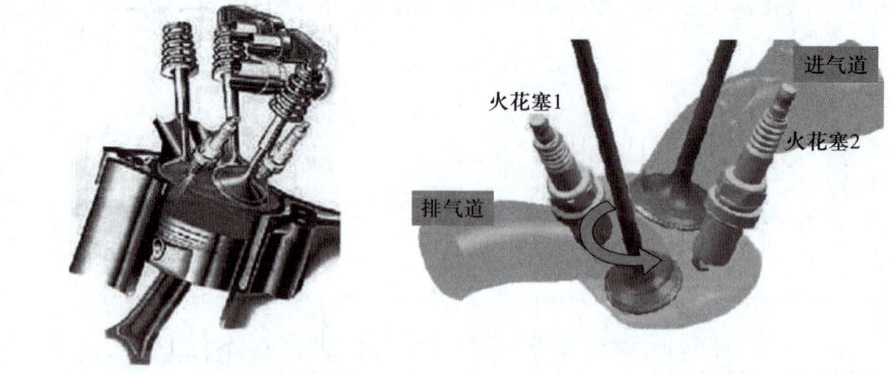

(a) 奔驰三气门双火花塞发动机　　(b) 本田两气门双火花塞发动机

图 5-19　双火花塞电子点火

智能双火花塞顺序点火(I-DSI)系统的主要功能是 ECU 根据发动机转速及进气歧管压力来控制进排气侧火花塞的点火相位。双火花塞 DSI 系统引用了相位差燃烧概念，从易发生爆震的方向开始逐个点火。

特点：降低了爆震倾向，提高压缩比；实现快速燃烧，提高燃油经济性；实现高的输出功率和高输出扭矩。

系统的工作情况如下。

启动时：双火花塞工作模式被禁止，只有进气侧的火花塞工作；

怠速时：两点同时点火，通过加快燃烧速度降低油耗；

低速、低负荷：燃烧室内温度较低的进气侧先点火，以促进燃烧，降低油耗；

低速、大负荷：进气侧为点火提前角、排气侧为点火延迟角，增大扭力，防止爆燃；

高速时：两点同时点火，通过加快燃烧速度，提高功率；

双火花塞系统可以用在稀薄燃烧技术中。

2. 电子控制点火系统工作原理

计算机控制点火过程动画

电子控制点火系统的控制主要包括点火提前角控制、通电时间控制和爆燃控制三方面。最重要的是对点火提前角的控制，实践证明，燃烧最大压力出现在上止点后 10°～15°，发动机的输出功率最大，通常把发动机发出功率最大和油耗最少的点火提前角称为最佳点火提前角。影响最佳点火提前角的因素有发动机转速、负荷、起动及怠速，还有冷却液温度、汽油的辛烷值、压缩比等。

一般点火装置是无法达到最优控制的，只有应用计算机及自动控制技术才能将点火提前角控制为最佳。要进行优化控制就要建立发动机点火状态下的数学模型，从而求出最佳点火提前角。由于发动机本身的结构复杂，影响点火的因素较多，理论推导发动机运行状态下的数学模型比较困难，且很难真实描述其运行状态，因此国内外多采用实验的方法，通过最佳状态下的试验数据来建立此模型。

首先建立转速与最佳点火提前角的特性。试验时保持节气门全开，在每一转速下，都将点火提前角逐渐增加，直至得到最大功率，此时对应的点火提前角为该转速下的最佳点火提前角。用同样方法测出在各个转速下的最佳点火提前角，即得到一个不同转速下的最佳点火时间数据表。然后建立负荷(节气门开度)与最佳点火提前角的特性。先固定在某一转速 N 时，调节节气门开度，相应真空度的数值也改变，在每一节气门开度下都将点火提前角逐渐增加，同上所述，直到测得最大功率为止，将测得的数据记录下来。变换另一转速，同样可测得另一组数据。重复多次，又可得到一个数据表。将在各个转速、各种负荷下的最佳点火提前角曲线合并即形成点火提前角图谱(如图5-20所示)。将此图谱储存在发动机 ECU 内，ECU 再根据各有关传感器传来的发动机工作状况信息，到数据表中查取最佳点火提前角数据，发出指令给点火执行元件，适时对发动机点火。所以，判断发动机的工作状况即传感器向 ECU 提供反映状态的信号，是保证实现最佳点火控制的前提条件。传感器用来不断地检测与点火有关的发动机工作状况，并将检测结果输入发动机 ECU，作为运算和控制点火时刻的依据。

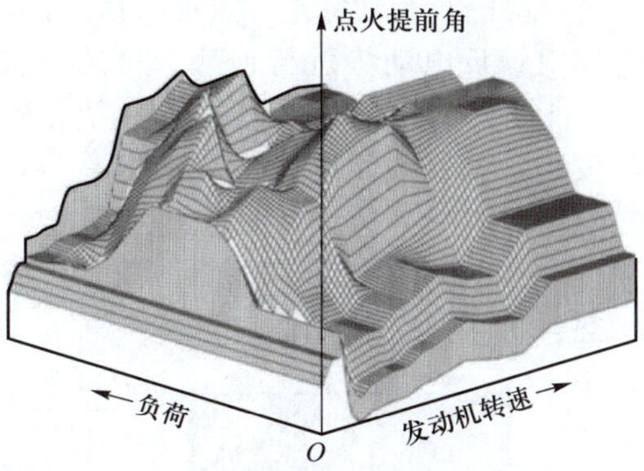

图 5-20　点火提前角图谱

ECU 内存储着大量发动机运转工况的最佳点火数据，它依靠发动机传感器发来的各种发动机运转工况信息(包括转速、进气量、发动机温度)以及车辆行驶状况(怠速、换挡、减速等)，计算点火正时。点火正时一经确定，计算机就在点火正时之前预先留出点火线圈的充电时间，并送出一个信号 IGt 给点火器(如图 5-21 所示)。点火器内的晶体管被这个信号导通，一次电流从蓄电池经过点火开关至点火线圈，让点火线圈有充足的时间贮存点火电能。当曲轴位置传感器到达点火正时(此时刻为最佳点火时刻)，计算机停止 IGt 信号。点火器的晶体管截止，点火一次电流被切断，点火线圈产生高压电，依次按点火顺序被分配到各缸的火花塞使之在电极之间产生火花，用它来点燃被压缩的混合气。

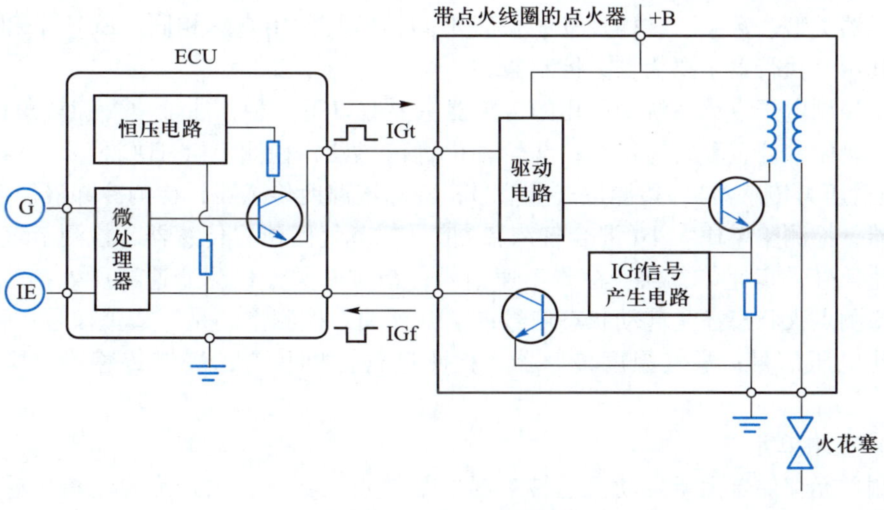

图 5-21　点火控制过程

当一次电流被切断时．点火一次线圈会产生一个反电动势，通过设置相应的检测电路对该反电动势进行检测，可用于监督点火系统中至二次线圈一段工作是否正常（如图 5-22 所示）。该信号称为点火确认信号（IGf）。IGf 告诉计算机点火信号已经发生，二次线圈可以正常产生高压电（但火花塞是否能正常点火则不一定）。若在这个过程中点火失效，大约八到十一个 IGt（点火时刻控制）信号发送到点火器后而没有接收到 IGf 信号时，计算机将会进入故障防护模式，关闭喷油器以防止催化剂热。

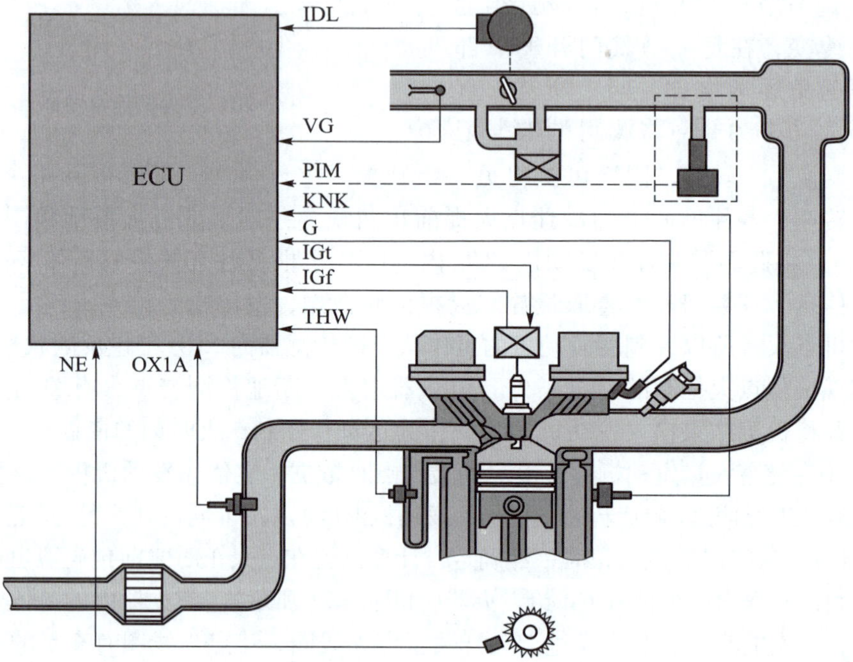

图 5-22　点火反馈控制

3. 电子控制点火系统主要结构元件

电子控制点火系统主要由传感器、ECU、执行器组成（如图 5-23 所示）。各车型使用的传感器类型、数量、结构及安装位置不同，但其作用基本相同。ECU 常和燃油喷射系统共用。执行器主要为点火控制器。

微机控制电子点火系统中所用的传感器主要有以下几种：曲轴位置和转角传感器，检测发动机曲轴位置和转速信号；凸轮轴位置传感器，检测 1 缸 TDC 信号；空气流量计（或绝对压力传感器），检测进气量信号；冷却液温度传感器，检测冷却液温度信号；氧传感器，检测空燃比大小（混合气浓稀）信号；节气门位置传感器，检测节气门的开度和加速信号；车速传感器，检测车速信号；挡位开关，检测变速器所处挡位；点火开关，检测点火状态还是起动状态信号；空调开关，检测空调是开或关信号；蓄电池，检测电池电压信号；进气温度传感器，检测进气温度信号；爆燃传感器，检测爆燃信号。

（1）控制单元

控制单元存储着大量发动机运转工况的最佳点火数据，它依靠发动机传感器输入

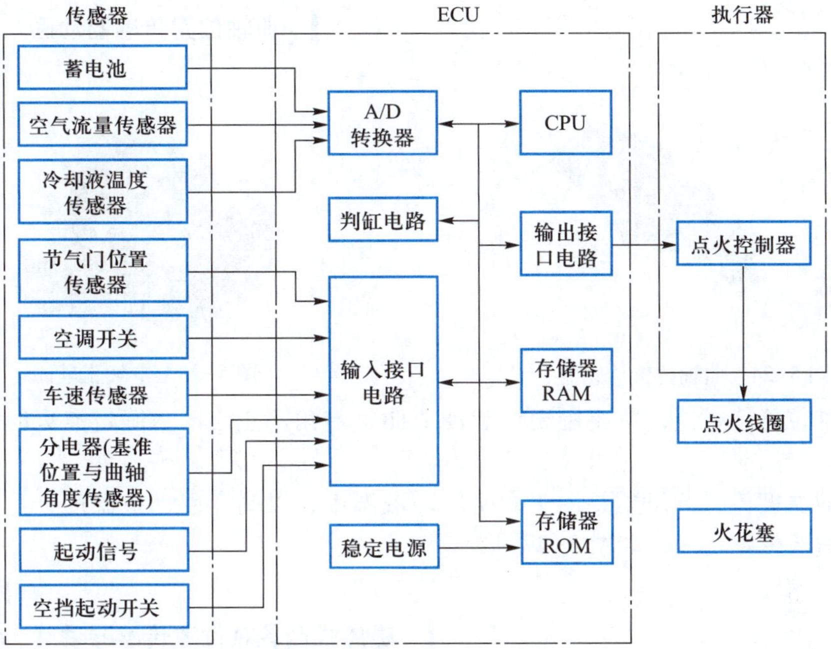

图 5-23　电子点火系统的结构

的各种发动机运转工况信息（包括转速、进气量、发动机温度）以及车辆行驶状况（怠速、换挡、减速等）计算点火正时。点火正时一经确定，控制单元就在点火正时之前预先留出点火线圈的充电时间，并送出一个信号 IGT 给点火器。点火器内的晶体管被这个信号导通，一次电流从蓄电池经过点火开关至点火线圈，让点火线圈有充足的时间贮存点火电能。当曲轴位置传感器到达点火正时（此时刻为控制单元计算的最佳点火时刻），控制单元停止 IGT 信号。点火器的晶体管截止，点火一次电流被切断，点火线圈产生高压电，按点火顺序依次被分配到各缸的火花塞，使之在电极之间产生火花，用它来点燃被压缩的混合气。

（2） 传感器

电子控制点火系统的正常工作完全依赖于发动机 ECU 的控制，而 ECU 控制的依据则是各有关传感器传来的发动机工况信息。发动机 ECU 根据各有关传感器传来的发动机工况信息，按照设定的程序运算，发送指令给点火执行元件，适时对发动机点火控制。所以，判断发动机的工作状况即传感器向 ECU 提供反映状态的信号是保证实现最佳点火控制的前提条件。传感器用来不断地检测与点火有关的发动机工况，并将检测结果输入发动机 ECU，作为运算和控制点火的依据。

影响点火的传感器主要如下。

曲轴位置传感器，主要用于检测曲轴位置与转速用于确定喷油与点火时刻，如图 5-24所示。

空气流量计，主要用于测量进气量，是修正点火提前角的重要依据，如图 5-25 所示。

曲轴位置传感器动画

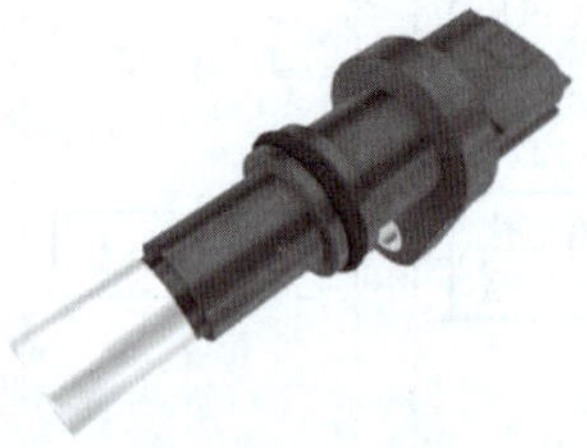

图 5-24　曲轴位置传感器

图 5-25　空气流量计

凸轮轴位置传感器，主要用于在起动或曲轴转角不正常时，确定点火时刻，如图 5-26所示。

冷却液温度传感器，主要用于测定冷却液温度，以确定发动机温度，是修正点火提前角的重要依据之一，如图 5-27 所示。

磁感式凸轮轴位置传感器动画

图 5-26　凸轮轴位置传感器

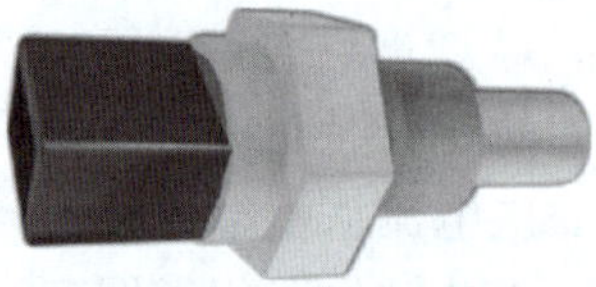

图 5-27　冷却液温度传感器

爆震传感器，主要用于收集发动机爆震信号，是爆燃反馈控制的重要传感器，如图 5-28 所示。

进气温度传感器，测量进气温度，作为修正点火提前角的依据，如图 5-29 所示。

爆震传感器动画

图 5-28　爆震传感器

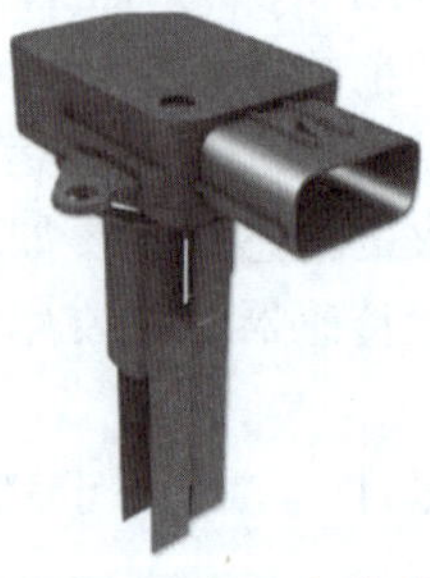

图 5-29　进气温度传感器

节气门位置传感器，ECU 可从节气门的开度计算出发动机的符合状态，是控制点火的依据之一，如图 5-30 所示。

车速传感器，主要用于收集车速信号，是控制点火的依据之一，如图 5-31 所示。

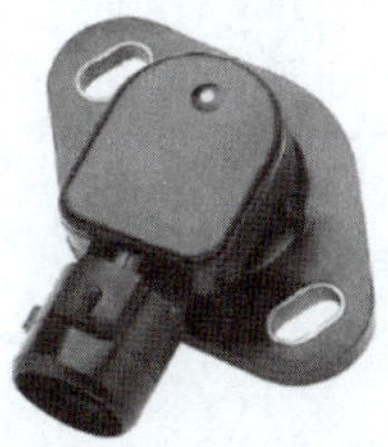

图 5-30　节气门位置传感器

图 5-31　车速传感器

氧传感器，主要用于检测废气中氧气的含量，是 ECU 判断混合气浓度，进行闭环控制的依据，如图 5-32 所示。

进气压力传感器，主要用于测量进气压力，是 ECU 计算进气量的主要信号，同时也是修正点火提前角的依据之一，如图 5-33 所示。

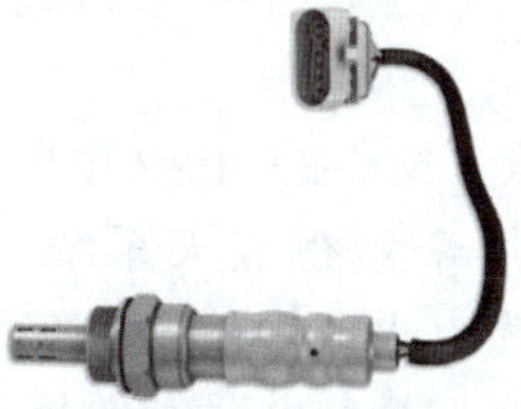

图 5-32　氧传感器

图 5-33　进气压力传感器

（3）点火器

点火器是计算机控制的执行器之一。点火器的作用是根据 ECU 的指令，通过内部的大功率晶体管的导通和截止，控制一次电流的通断，完成点火，然后向 ECU 输送点火确认信号。图 5-34 所示为点火器的电路结构和外形。

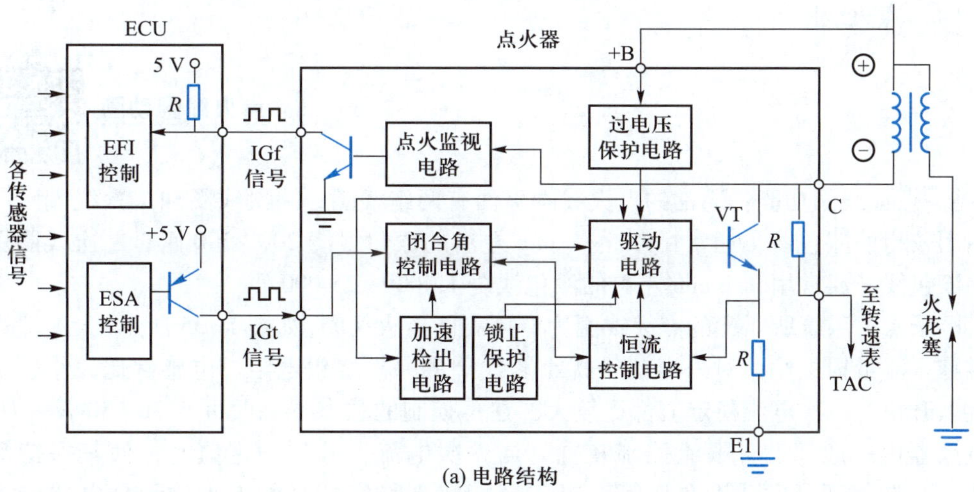

(a) 电路结构

(b) 外形

图 5-34　点火器的结构

各种发动机的点火器结构和电路各有不同，有的点火器除接通、切断初级电路的功能外，还有恒流控制、闭合角控制、气缸判别、点火监视等功能，也有的发动机不设点火器，点火器控制电路直接设在 ECU 内部。

图 5-35 中点火器为丰田的 ESA 系统点火器，该点火器的功能如下。

- 根据 ECU 输入的 IGT 信号，使大功率晶体管（VT）适时导通和截止（控制点火时刻）。
- 闭合角控制及恒流控制，其作用与普通电子点火系统中的功能相同。
- 点火监视。该点火器中设有点火监视电路，用来监视点火系统一次电路通（ON）、断（OFF）情况，此信号一般用 IGF 表示，常称为点火监视信号，有的也称为点火确认信号。若点火器中大功率管不能正常导通、截止，即点火器发生故障，火花塞就不能正常跳火，此时若喷油器照常喷油，则由于混合气不能被点燃，燃烧不能正常进行，会使三元催化转换器过热而加速损坏，喷入气缸的燃油残留在气缸并污染火花塞。为了避免上述异常情况发生，当点火监视信号 IGF 连续 3~5 次未反馈到 ECU 时，ECU 便确定此时发动机熄火，而向燃油喷射控制（EFI）电路发出停止喷油的信号，喷油器停止喷油，因此该点火器具有点火故障监视功能。

（4）点火线圈

点火线圈动画

① 点火线圈功能：通常的点火线圈里面有两组线圈，一次线圈和二次线圈。一次线圈用较粗的漆包线，通常用 0.5~1 mm 左右的漆包线绕 200~500 匝；二次线圈用较细的漆包线，通常用 0.1 mm 左右的漆包线绕 15 000~25 000 匝。

电子点火系统所匹配的点火线圈为专用高能点火线圈（如图 5-35 所示），一般采用闭磁路，能量损失小，对外电磁干扰小。线圈的一次绕组电阻、电感都比较小，一次电流上升快，一次电流稳定值都比较大，在不控制的状态下一般可达 20~30 A，为此，在点火器内一般都设有限流控制装置，当一次电流上升到一定值时，使其保持恒定不变，这样保证了发动机在任何工况下都能实现稳定的高能点火。无分电器点火系统的点火线圈是特制的，同时点火系统的点火线圈有两个高压线插孔，分别和两个气缸的火花塞相连。直接点火系统的点火线圈高压端直接插在火花塞上（每缸配一个火花塞）。

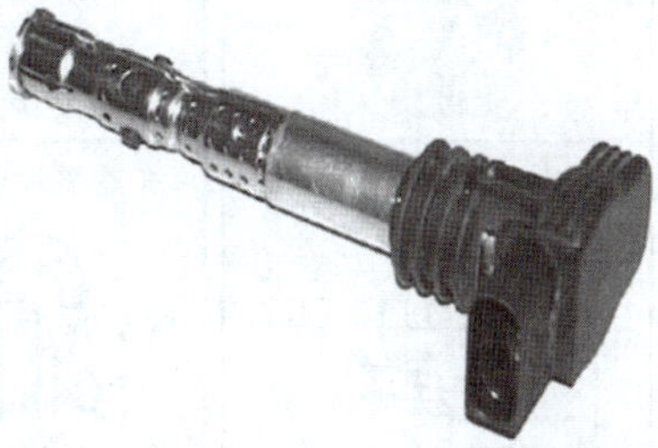

图 5-35 独立点火线圈

② 点火线圈工作原理：点火模块和点火线圈形成一个点火组件，单独点火方式点火系统中每个气缸独立使用一个点火组件。点火模块接收 ECU 的点火控制信号，当点火模块接收到点火指令时，点火控制器晶体管导通，一次电流流过一次绕组产生磁场。晶体管截止，磁场迅速消失，二次绕组产生感应电动势，高压电送至火花塞跳火，如图5-36所示。

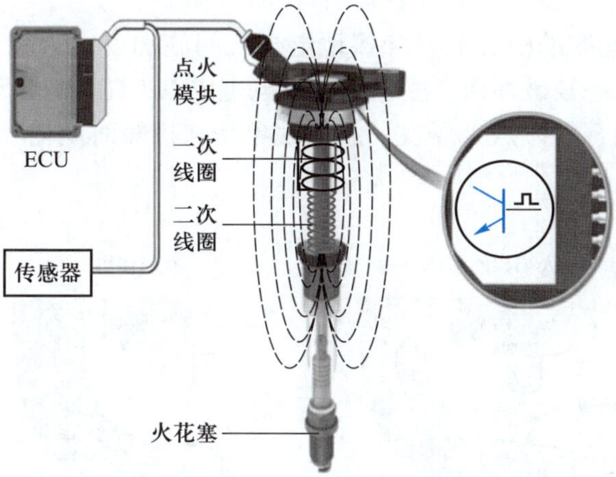

图 5-36 点火线圈工作原理

（5）火花塞

火花塞结构、火花塞热特性、火花塞型号动画

火花塞的作用就是必须在规定的时间内使电极之间切实产生强火花，成为混合气燃烧的始点。如图 5-37 所示，火花塞的结构及各部分的作用如下。

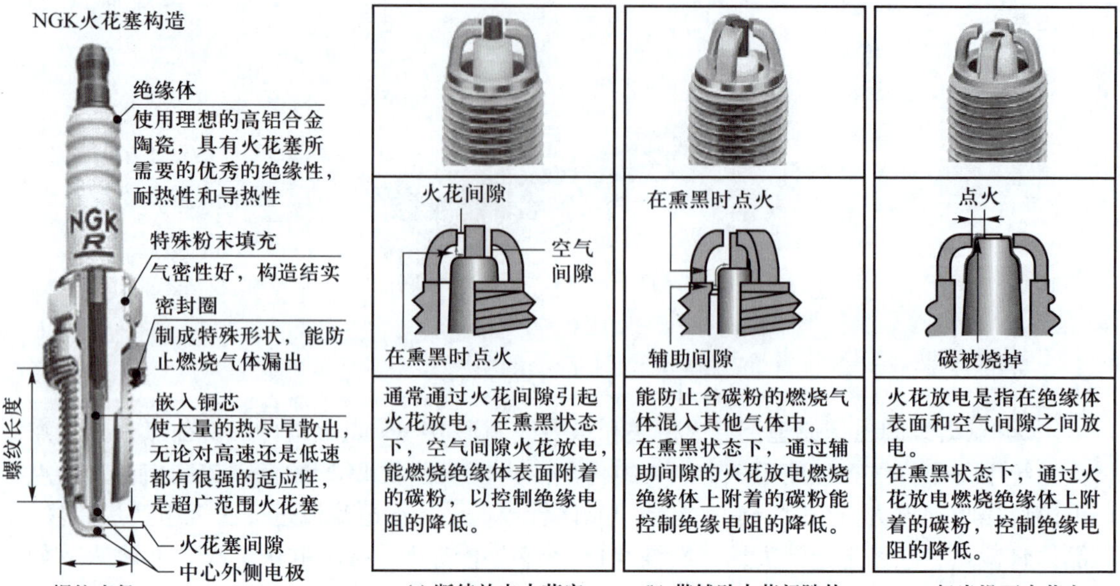

(a) 断续放电火花塞 BKR6EK　(b) 带辅助火花间隙的火花塞BUR6ET　(c) 4极半沿面火花塞 BKR6EQUP

图 5-37　火花塞的结构

① 火花：在火花塞的中心电极和接地电极之间施加由点火装置所产生的高电压，由此电极间的绝缘状态被破坏而产生电流，放电生成电火花(如图 5-38 所示)。火花能量决定能否使压缩混合气体点火爆发。放电现象是在极短时间内(约千分之一秒)完成的，且极为复杂。

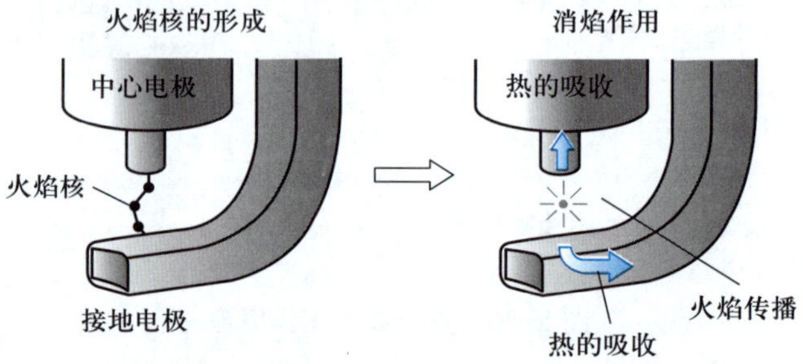

图 5-38　火花塞放电过程

② 着火：由电火花所引起的点火是通过电极之间的火花放电而使燃烧粒子活性化，产生化学反应，并发生热效应，该热能使其周围的混合气活性化，最终形成以自身燃烧为中心向周边扩大的火焰核。

③ 火花塞的散热：火花塞自身所受热量的散发量称为热值，可大量散热称为高热值(冷型)、相对散热量较小的称为低热值(燃烧型)，然而热值的高低取决于缸内混合气温度和火花塞的设计，如图 5-39 所示。

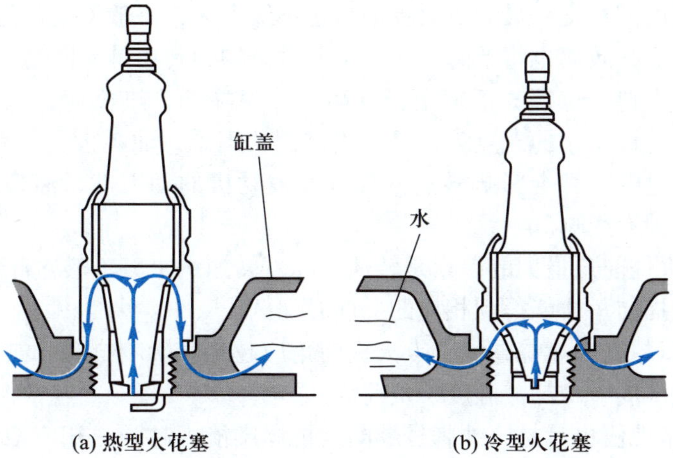

图 5-39　火花塞的分类

4. 电子控制点火系统控制原理

点火系统的作用是在恰当的时间产生足够能量的火花，点燃缸内混合气。但是发动机的工况是时刻变化的，不同工况下缸内混合气的状态也不一样。点火系统的性能要求：适时，点火时刻应非常恰当，使发动机既能有较好的功率发挥，又有较低的油耗；适量，火花塞产生的火花能量必须足够强，顺利点燃混合气；合理分配，点火系统必须在压缩行程的适当时刻向正确的气缸输送火花，即点火顺序不能错乱。

（1）点火提前角的控制

1）点火提前角：从点火时刻起到活塞到达压缩上止点，这段时间内曲轴转过的角度称为点火提前角，点火提前角随转速而变化，如图 5-40 所示。

混合气从点燃、燃烧到烧完有一个时间过程。最佳点火提前角的作用就是在各种不同工况下使气体膨胀趋势最大段处于活塞做功下降行程。这样效率最高，振动最小，温升最低。

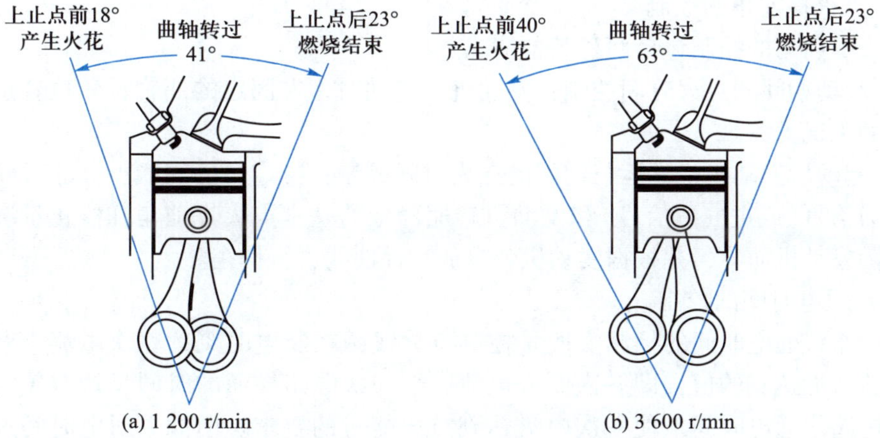

图 5-40　点火提前角随转速而变化

理论上最小点火提前角为0，但为了防止在进气行程点燃进气，往往设为5°以上，这也是起动转速所需角度。最大点火提前角也不能太大，一般不能超过60°，否则振动和温升问题将凸显，效率也将下降。实际上曲轴结构的转速是受限的。

点火过早，会造成爆震，活塞上行受阻，效率降低，热负荷、机械负荷、噪声和振动加剧，这是应该防止的。点火过迟，气体做功困难，油耗大，效率低，排气声大。不论点火过早或过迟，都会影响转速的提升及发动机的动力性、经济性和舒适性。点火提前角受很多因素影响。

① 影响点火提前角最大的因素是转速。随着转速的上升，转过相同角度的时间变短，只有更大的提前角才能得到相应的提前时间。

② 缸温缸压越高，燃烧越快，点火提前角应越小。影响缸温、缸压的因素有发动机压缩比、进气温度、冷却液温度、负荷。

③ 汽油的辛烷值也就是汽油牌号越高，抗爆震能力越强，相应地允许越大的点火提前角。

④ 燃气混合比过大或过小，燃烧速度都会变慢，需增加点火提前角。它主要取决于节气门开度和海拔。

⑤ 爆震传感器用于在检测到爆震时自动发出减小点火提前角的信号。

2）初始点火提前角

为了确定点火正时，电控单元根据上止点位置确定点火的时刻。在有些发动机中，电控单元把G1或G2信号后第一个Ne信号过零点定为压缩行程上止点前10°，ECU计算点火正时，就把这一点作为参考点。这个角度就称为初始点火提前角，其大小因发动机而异。

3）点火提前角的计算

发动机工作时，电控单元根据进气歧管压力(或进气量)和发动机转速，从存储器存储的数据中找到相应的基本点火提前角，再根据有关传感器信号值加以修正，得出实际点火提前角。

实际点火提前角=初始点火提前角+基本点火提前角+修正点火提前角(或延迟角)

4）点火提前角的控制

点火提前角的控制包括两种基本情况。

① 起动期间的点火时间控制：发动机在起动时，在固定的曲轴转角位置点火，与发动机的工况无关。

② 起动后发动机正常运行期间的点火时间控制：带定时的高能点火器时间由进气歧管压力信号(或进气量信号)和发动机转速确定的基本点火提前角和修正量决定。修正项目随发动机而异，并根据发动机各自的特性曲线进行修正。

（2）通电时间的控制

点火系统通电时间的控制实质是控制点火线圈在断电时刻的一次电流。点火时刻一次电流所能达到的值，即一次断开电流，与一次电路导通的时间长短有关，必须保证一次电路的通电时间来使一次电流达到点火能量的要求。但如果通电时间过长，点火线圈又会发热并使电能消耗增大。因此，控制一个最佳的一次电路通电时间需兼顾上述两方面的要求。

简单地理解，一次线圈通电时间的控制使电流足够大，又不能时间太长使线圈发热消耗增大。由于通电时间的控制在点火系统设计时就已设计好，一般不能改变，尤其是现代汽车用电子点火系统大多数已使用计算机控制，因此在维修上一般对此不考虑。

特别要注意的是，虽然通电时间在很大程度上决定了火花的能量，但在维修上，对于点火能量的检修，一般是由于点火系统各部件性能下降或损坏，而造成的火花能量不足，如点火线圈性能下降或损坏，高压输电线的损坏，点火控制器（即断电控制）的损坏等，该部分的检修与通电时间的控制并不是同一概念。

（3）爆燃控制

1）爆燃的概念

爆燃俗称敲缸、叫杆。爆震是引擎燃烧过程中产生的异常燃烧现象。正常情况下，火花塞电极跳火时火花塞处的混合气被点燃，火焰以一定的速率逐步向外传播，直至燃着所有混合气。但是，在一定条件下，气缸内某部分混合气在点燃的火焰尚未传播到达时，即因温度及压力的原因自行形成火焰中心，并以极高的速率燃烧，从而产生频率很高的脉冲压力波，并与正常燃烧的压力波发生冲撞，于是发动机发生震动的金属震音。简单地说，爆震是混合气的自燃现象，它打破了正常火焰传播的规律。

从以上爆震产生的原因，容易得出正常情况下爆震产生的原因可归结为：压力与温度过高。因此，造成爆震的原因最主要有以下几点。

① 点火角过于提前：为了使活塞在压缩上止点结束后，一进入动力冲程就能立即获得动力，通常都会在活塞达到上止点前提前点火（因为从点火到完全燃烧需要一段时间）。而过于提前的点火会使得活塞还在压缩行程时，大部分油气已经燃烧，此时未燃烧的油气会承受极大的压力自燃，而造成爆震。

② 发动机过度积碳：发动机于燃烧室内过度积碳，除了会使压缩比增大（产生高压），也会在积碳表面产生高温热点，使发动机爆震。

③ 发动机温度过高：发动机在太热的环境使得进气温度过高，或是发动机冷却水循环不良，都会造成发动机高温而爆震。

④ 空燃比不正确：过于稀的燃料空气混合比，会使得燃烧温度提升，而燃烧温度提高会造成发动机温度提升，当然容易爆震。

此外，燃油辛烷值过低也容易出现爆震，辛烷值是燃油抗爆震的指标，辛烷值越高，抗爆震性越强。压缩比高的发动机，燃烧室的压力较高，若是使用抗爆震性低的燃油，则容易发生爆震。

2）爆震的危害

发出轻微的“嗒嗒”震声时，对发动机影响不大，甚至还能提高发动机的功率和热效率，但强烈的爆震危害性很大，它会使发动机的功率下降，温度急剧上升，油耗增大；不正常燃烧产生的脉冲压力波会加剧发动机零部件的损坏，气缸过热会加重积碳的形成，局部过热甚至会使金属熔化或烧损。如爆震严重时，常常就会出现活塞顶被烧毁、发动机运转不稳定、震动剧烈等现象。

发动机发生爆震时，一般有以下特征：

① 发动机内发生不规则的“哐哐”“咔咔”“当当”的金属敲击声。

② 发动机震颤。

③ 发动机温度过高。

④ 燃料燃烧不完全，废气中有黑烟。

⑤ 发动机功率下降，动力不足。

⑥ 油耗增大。

⑦ 正常行驶中，转速忽然莫名其妙地变化。

3）爆震的判断与爆震修正

目前在用汽车对于爆震，发动机控制系统一般利用爆震传感器来监测发动机是否产生爆震，并根据传感信息，采取闭环反馈控制的方法修正点火提前角，使发动机工作在爆燃的边缘。带有发动机爆震控制(engine detonation control,EDC)的点火提前角闭环控制系统由爆震传感器、发动机电控单元和点火控制器等组成，如图 5-41 所示。

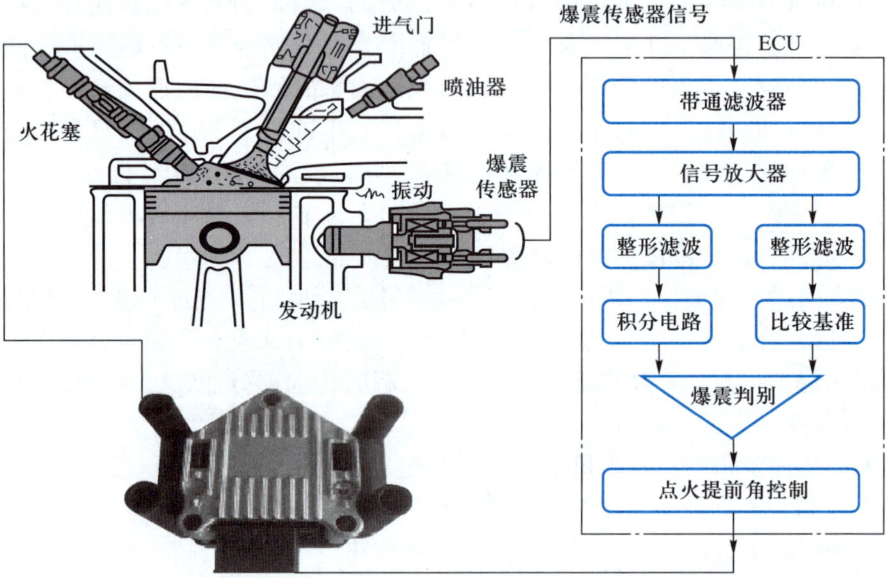

图 5-41　爆震控制原理图

ECU 根据发动机的爆震程度修正点火提前角。当爆震程度强时，点火提前角的修正推迟角度大；当爆震程度弱时，修正的推迟角度小。电脑控制的每一次爆震修正都以一定的角度推迟点火。当爆震消失后，在一定的时间内，维持当前的点火提前角。在此期间，如果无爆震产生，则又逐渐增大点火提前角，一直到发动机再次出现爆震时，又恢复爆震的修正控制。

小贴士

自立自强比亚迪，做强民族汽车工业

比亚迪公司是一家致力于“用技术创新，满足人们对美好生活的向往”的高新技术企业。比亚迪公司成立于 1995 年 2 月，经过 20 多年的高速发展，已在全球设立 30

多个工业园，实现全球布局。比亚迪公司业务布局涵盖电子、汽车、新能源和轨道交通等领域，并在这些领域发挥着举足轻重的作用，从能源的获取、存储，再到应用，全方位构建零排放的新能源整体解决方案。比亚迪公司是香港和深圳上市公司，营业额和总市值均超过千亿元。

2008年，比亚迪公司推出全球首款插电式混合动力轿车F3DM，第一代DM双模技术投入市场。2013年，比亚迪秦上市，并在上市后连续20个月销量领跑全国新能源汽车，且国际（新能源车）销量排名前三，宣告DMII第二代双模技术的广泛应用。

比亚迪公司是全世界率先同时拥有电池、电机、电控三大新能源汽车核心技术的车企。其中，电池2018年产能达到28GWh，是全球领先的动力电池生产者。其中2020年比亚迪推出的刀片电池：首创无模组电池包，能量密度、安全性再突破。刀片电池特别的结构优势，还使其摆脱了传统动力电池在针刺穿透测试时可能会发生的“热失控”，重新定义了新能源汽车的安全标准，引领全球动力电池安全新高度。

“中国想成为科技大国，如果没有自己的民族汽车工业，是名不副实的。作为中国民族汽车制造业的一员如果不能在这个领域内改变目前落后的民族汽车工业现状，我们将羞愧难当。”比亚迪公司王传福董事长如是说。

（二）任务计划与实施

引导问题14：在进行点火控制系统检测时，下列说法正确的是(　　)。

A. 在进行点火控制系统故障检测时，可以采用：“望、闻、问、切”等方法

B. 在进行点火控制系统故障检测时，如果现场没有专业的诊断仪，可以使用万用表、示波器等进行故障部位的判定

C. 在进行火花塞状态的判定时，可以采用换缸法确定火花塞的性能状态

D. 在进行点火控制系统相关传感器检测时，对传感器的标准参数不用了解

E. 在读取车辆点火控制系统故障码时，车辆不用起动

F. 在读取车辆点火控制系统故障码时，车辆需要起动

G. 当进行点火控制系统检测时，应当全过程进行6S作业：整理、整顿、清扫、清洁、素养、安全

H. 在完成车辆点火控制系统检测后，一定要进行车辆终检，合格才可以交付车辆

引导问题15：当车辆点火控制系统出现故障时，利用诊断仪会出现哪些故障代码？并分别解释这些故障代码的含义。

____

____

____

____

引导问题16：利用诊断仪检测读取发动机数据流时，哪些数据流是有关点火系统的？分别解释这些数据流的含义。

____

____

____

引导问题 17：根据计划，列出实训车辆火花塞的拆装步骤。

引导问题 18：对照表 5-1，检查火花塞外观，并填写情况记录表格。

表 5-1　检 查 记 录

检查部位	内容	检查记录和维修意见
点火线圈与火花塞套接触处 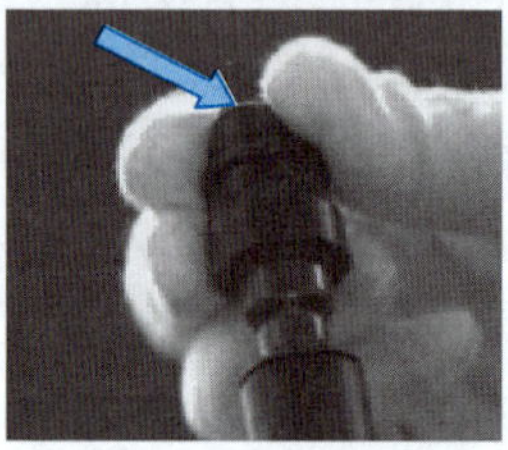	生锈、烧蚀或损坏	
连接器 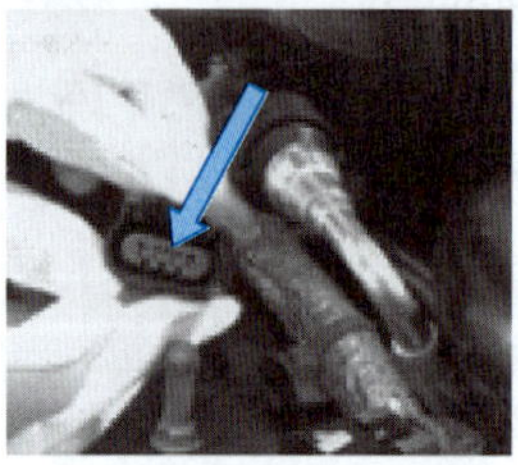	是否变形、损坏或锈蚀	
火花塞螺纹 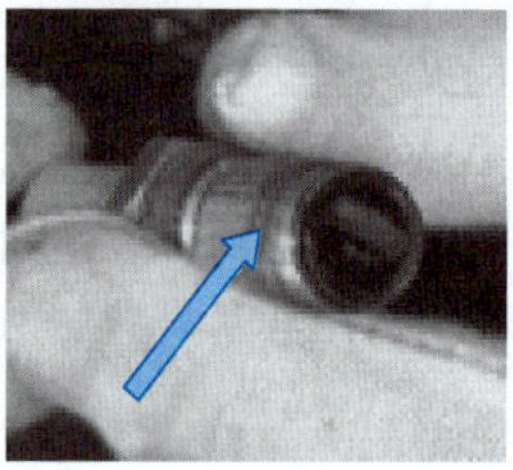	螺纹是否完好，陶瓷是否有裂纹	
电极 	若火花塞电极部分的颜色不正常，进行清洁或更换。若火花塞烧蚀严重，则必须更换火花塞	

引导问题 19：测量火花塞间隙，如图 5-42 所示，需要使用的工具是：__________ __________；标准是：____________________。

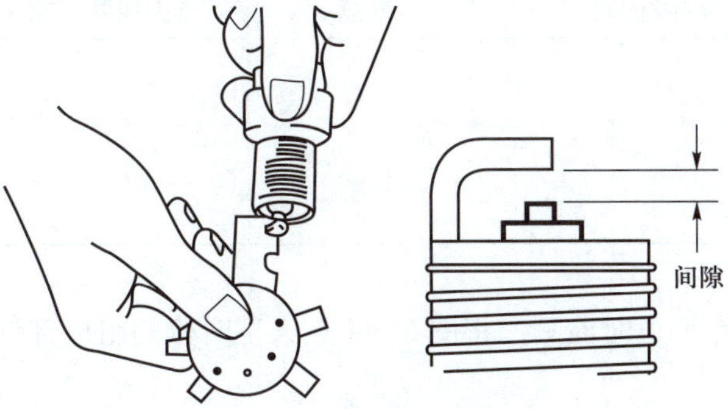

图 5-42　火花塞间隙的检查

对火花塞的技术情况进行判断，并给出处理意见。

____

____

引导问题 20：进行火花塞试火

（1）断开点火线圈线束连接器，从气缸盖上拆下点火线圈。

（2）使用火花塞套筒扳手拆下火花塞，将火花塞安装至点火线圈。

（3）断开 4 个喷油器连接器。

（4）将火花塞总成放在气缸盖上。

（5）起动发动机但持续时间不超过 2 s，并检查火花，如图 5-43 所示。

正常状态下，电极间隙间跳火。

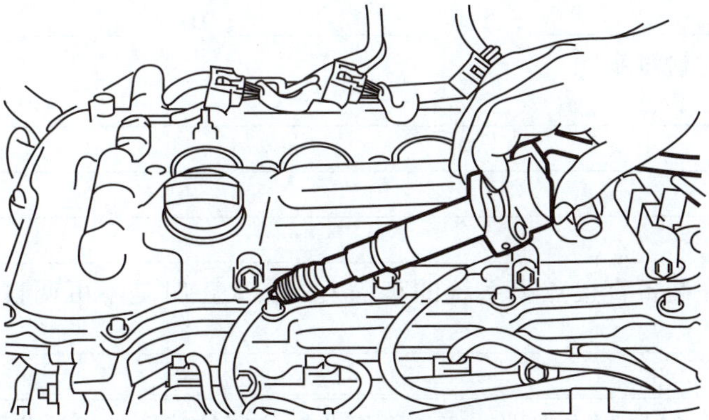

图 5-43　火花塞试火试验

记录火花情况：____________________。

引导问题 21：根据计划，列出实训车辆点火线圈的检测步骤。

____

____

____

____

记录点火线圈检测相关数据于表 5-2。

表 5-2 检 测 数 据

项目	故障代码	数据流	点火线圈电路	点火线圈总成
数据				

引导问题 22：点火正时检测，将图 5-44 点火正时枪的组成部件名称按序号写出。

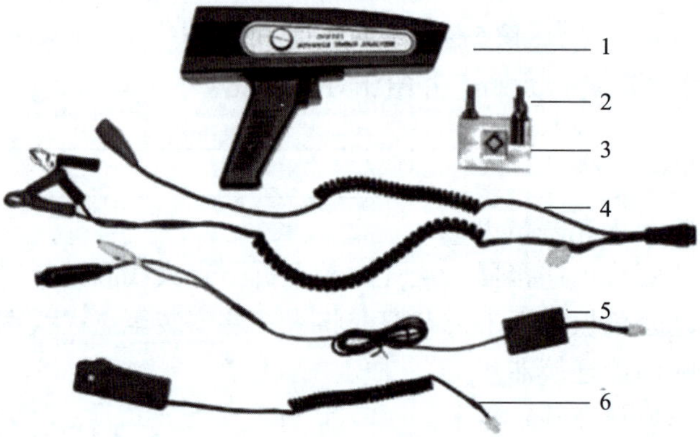

图 5-44 点火正时枪组成部件

1：______；2：______；3：______；

4：______；5：______；6：______；

列出点火正时检测步骤。

______

______

______

______

操作提示：在装备直接点火系统的车辆上，点火正时是不可调整的。其他检测点火正时的方式：______

______。

引导问题 23：（1）列出实训车辆发动机曲轴位置传感器的检测步骤。

______

______

______

______

（2）记录曲轴位置传感器检测相关数据于表 5-3。

表5-3 检 测 数 据

项目	故障代码	数据流	传感器电路	传感器总成
数据				

（3）画出曲轴位置传感器的工作波形。

引导问题24：（1）列出实训车辆发动机凸轮轴位置传感器的检测步骤。

（2）记录凸轮轴位置传感器检测相关数据于表5-4。

表5-4 检 测 数 据

项目	故障代码	数据流	传感器电路	传感器总成
数据				

（3）画出凸轮轴位置传感器的工作波形。

引导问题25：（1）列出实训车辆发动机爆震传感器的检测步骤。

（2）记录爆震传感器检测相关数据于表 5-5。

表 5-5 检 测 数 据

项目	故障代码	数据流	传感器电路	传感器总成
数据				

（3）画出爆震传感器的工作波形。

引导问题 26：当实训车辆出现点火控制系统故障时，制订出故障诊断与检测计划。

____

____

____

____

____

____

____

____

引导问题 27：在进行发动机点火控制系统故障检修时，有哪些注意事项？

____

____

____

____

引导问题 28：图 5-12 所示为 2018 款一汽大众迈腾车辆的点火线圈电路图，该点火线圈由________、________和__________线组成。

（1）各线分别表示含义：T4u/1 为__________________；T4u/2 为__________________；T4u/3 为__________________；T4u/4 为__________________；

（2）发动机 ECU J623 的信号线 T105/76 到 1 缸点火线圈 T4u/2 之间线路的诊断步骤：

① ____。

② ____。

③ ____。

任务技能点 1：　点火控制系统测试

1. 试火试验

发动机无法着车，无着车迹象或发动机着车后，若运转不稳，抖动严重时，均应进行试火试验。试验的方法为，若发动机无法着车时，可拔出油泵插头、熔断器或所有喷油器插头，拔出相应缸的火花塞套，接上火花塞，并将火花塞可靠搭铁，起动发动机，观察火花塞的跳火情况。

单缸断火试验的具体做法是：待发动机着车后，逐个拔出喷油器的插头，如图 5-45 所示，正常工作的汽缸，当拔出相应喷油器插头时，发动机的抖动会加剧。当拔出某个喷油器插头，而发动机并无较大的反应时，此时可判断该缸工作不良，此时应熄火，拔出相应缸的火花塞套，接上火花塞，并将火花塞可靠搭铁，起动发动机，观察火花塞的跳火情况，如图 5-46 所示，火花颜色为耀眼的蓝色时正常。

必要时，也可对其他工作正常的汽缸进行试火实验，用以对比火花能量情况。注意，启动前应拔出喷油器插头，以保护三元催化转换器。

图 5-45　单缸断油

图 5-46　单缸试火

2. 点火波形测试

在进行试火实验时，可以通过观察火花的颜色来判断火花是否正常。但由于这样的观察纯粹是肉眼的主观判断，容易出现误判的情况。此外，当火花塞出现漏电、点火线圈性能下降等故障时，单凭肉眼对火花的观察，不能正确判断火花是否正常，此时可使用示波器或解码器的示波功能测试点火波形，以此对点火能量、时间等进行准确的判断。

正确连接相关仪器后，操作仪器，进入相关功能菜单，正确读出点火波形后，可通过对波形的分析判断点火是否正常。图 5-47 所示为点火波形测试流程。

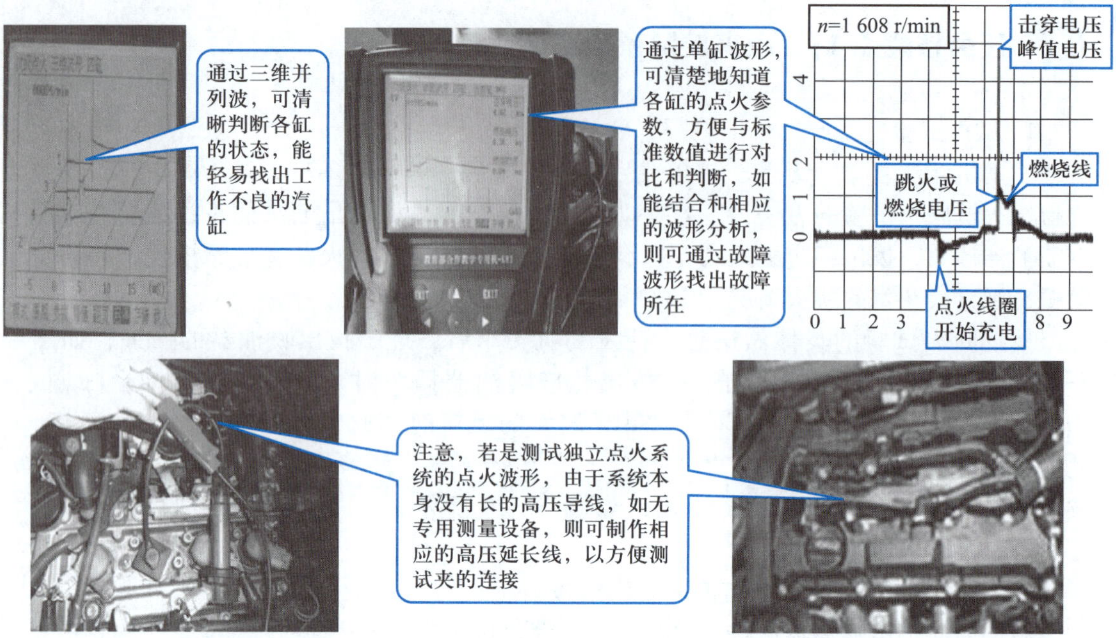

图 5-47　点火波形测试流程

3. 点火正时测试

检查点火正时视频

发动机点火正时异常时，会造成发动机运转不稳、抖动、动力不足等故障，检测的方法是用正时枪对正时进行检测，过程如图 5-48 所示。

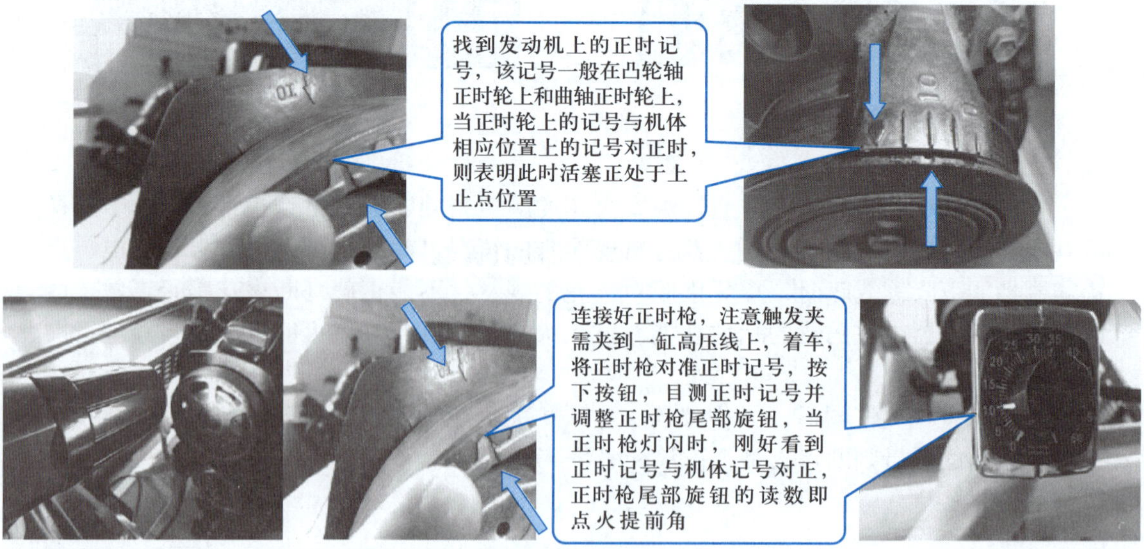

图 5-48　点火正时测试

任务技能点 2：点火控制系统相关元件检测

1. 曲轴位置传感器检测

曲轴位置传感器一般都是三根线，在检测时一定要区分传感器的类型。电磁感应式曲轴位置传感器是主动型传感器，不需要 ECU 供电，而磁阻式是被动型传感器，需要 ECU 供电。图 5-49 所示为大众 AJR 发动机曲轴位置传感器电路，图 5-50 所示为科鲁兹 LDE 发动机曲轴位置传感器电路。

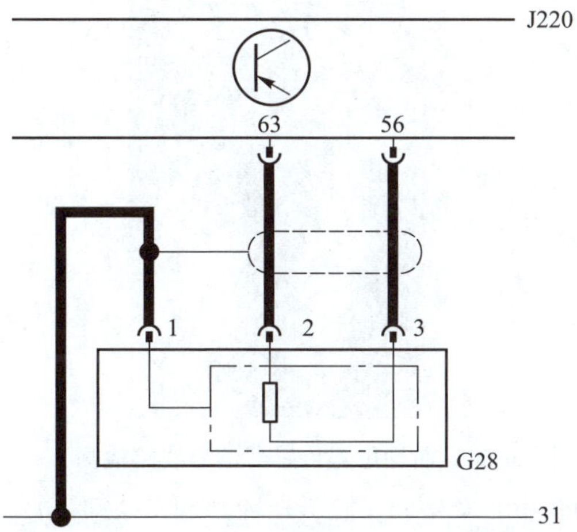

图 5-49　大众 AJR 发动机曲轴位置传感器电路

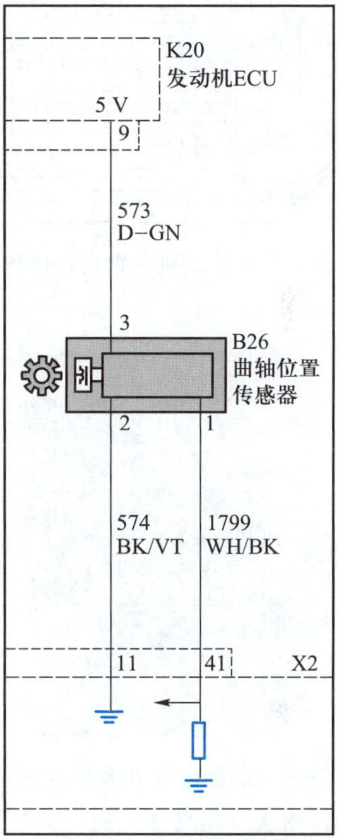

图 5-50　科鲁兹 LDE 发动机曲轴位置传感器电路

下面以科鲁兹 LDE 发动机曲轴位置传感器为例，进行曲轴位置传感器和相关电路检测。

① 将点火开关置于 OFF 位置，脱开曲轴位置传感器 B26 线束插接器，插接器上有 3 个端子，如图 5-51 所示。端子 1 为传感器信号，端子 2 为传感器低电平参考电压（搭铁），端子 3 为传感器高电平参考电压（供电）。

② 用万用表检测曲轴位置传感器线束端子 2 与搭铁之间电阻，应小于 5 Ω，如图 5-52所示。如异常应根据电路图检查相关线路，或更换发动机 ECU K20。

③ 点火开关置于 ON 位置，用万用表检测曲轴位置传感器线束端子 3 和搭铁之间电压，应为 4. 8~5. 2 V，如图 5-53 所示。若异常应根据电路图检查相关线路，或更换

发动机 ECU K20。

④ 确认点火开关置于 ON 位置，用万用表检测曲轴位置传感器线束端子 1 和搭铁之间电压，应为 4.8～5.2 V，即信号线路正常，如图 5-54 所示。若异常应根据电路图检查相关线路，或更换发动机 ECU K20。

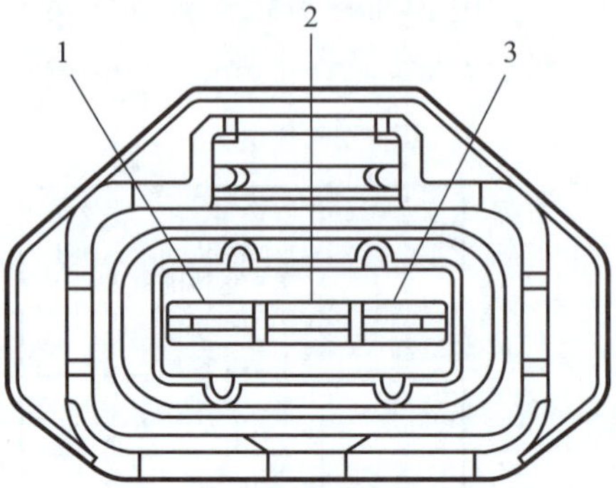

图 5-51　LDE 发动机曲轴位置传感器线束插接器

图 5-52　曲轴位置传感器搭铁检测

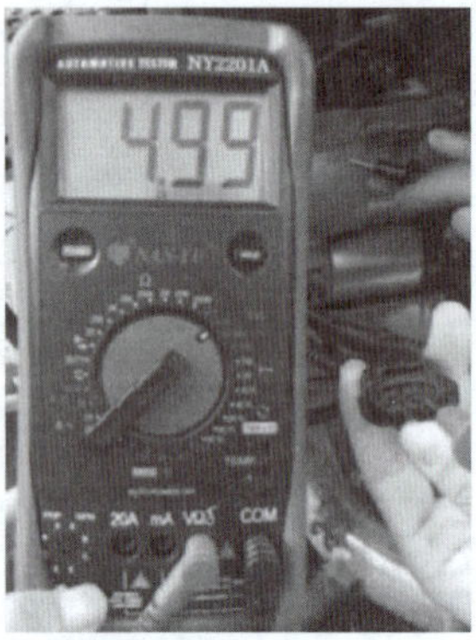

图 5-53　曲轴位置传感器供电检测

图 5-54　曲轴位置传感器信号线路检测

⑤ 将点火开关置于 OFF 位置，连接传感器线束，并按照正确方法连接汽车诊断仪及示波测试线。示波器信号输入端连接端子 1(传感器信号)，另一端连接搭铁，起动发动机，检测曲轴位置传感器信号波形，如图 5-55 所示，并观察波形随发动机转速变化的情况。

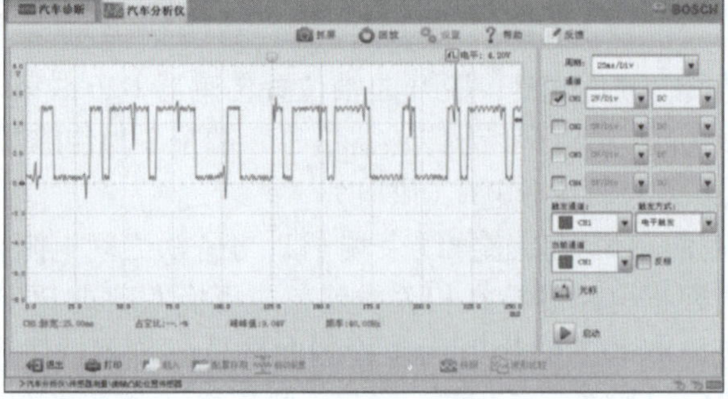

图 5-55　LDE 发动机曲轴位置传感器信号波形

2. 凸轮轴位置传感器检测

霍尔式凸轮轴位置传感器广泛应用于大众车各车型中。大众 AJR 发动机凸轮轴位置传感器电路如图 5-56 所示。凸轮轴位置传感器 G40 由三根导线与发动机 ECU J220 相连。其中，端子 1 为传感器 5V 供电，端子 2 为传感器信号，端子 3 为传感器搭铁。

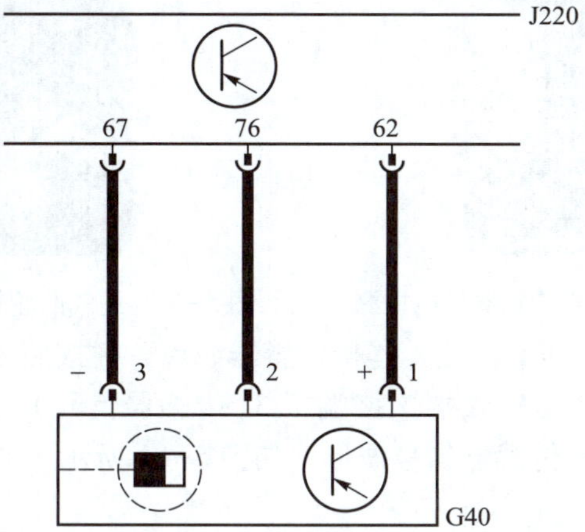

图 5-56　大众 AJR 发动机凸轮轴位置传感器电路

下面以科鲁兹 LDE 发动机为例，进行凸轮轴位置传感器和相关电路检测。

① 将点火开关置于 OFF 位置，脱开进气凸轮轴位置传感器 B23F 线束插接器，插接器上有 3 个端子，如图 5-57 所示。端子 1 传感器电源电压，端子 2 传感器低电平参考电压(搭铁)，端子 3 传感器信号。

② 用万用表检测进气凸轮轴位置传感器束端子 2 与搭铁之间电阻，应小于 5 Ω，如图 5-58 所示。若异常应根据电路图检查相关线路，或更换发动机 ECU K20。

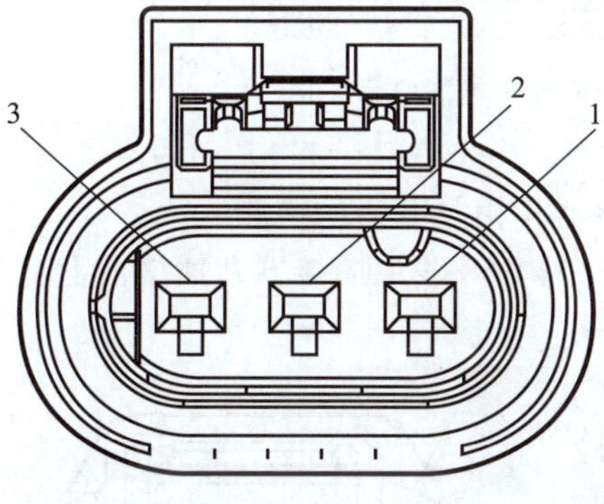

图 5-57　进气凸轮轴位置传感器线束插接器

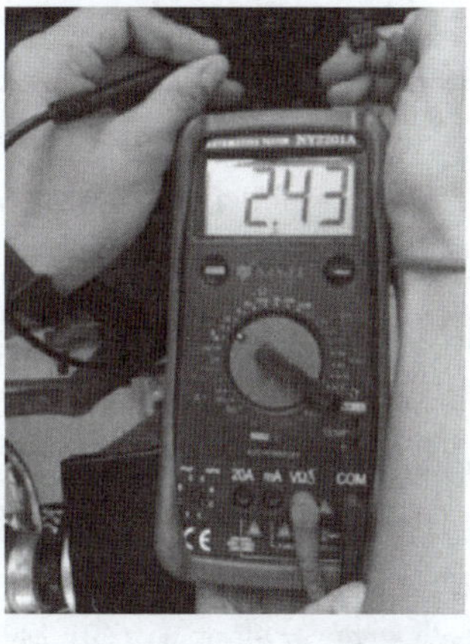

图 5-58　进气凸轮轴位置传感器搭铁检测

③ 点火开关置于 ON 位置，用万用表检测进气凸轮轴位置传感器线束端子 1 和搭铁之间电压，应为 4. 8~5. 2 V，即供电正常，如图 5-59 所示。若异常应根据电路图检查相关线路，或更换发动机 ECU K20。

④ 确认点火开关置于 ON 位置，用万用表检测进气凸轮轴位置传感器线束端子 3 和搭铁之间电压，应为 4. 8~5. 2 V，即信号电路正常，如图 5-60 所示。若异常应根据电路图检查相关线路，或更换发动机 ECU K20。

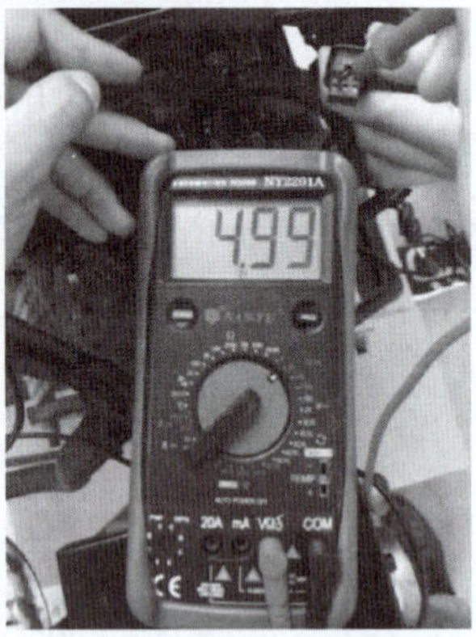

图 5-59　进气凸轮轴位置传感器供电检测

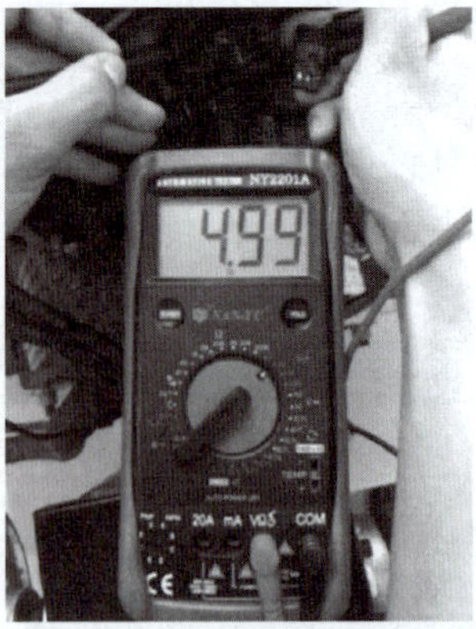

图 5-60　进气凸轮轴位置传感器信号线路检测

⑤ 将点火开关置于 OFF 位置，连接传感器线束，并按照正确方法连接汽车诊断仪及示波测试线。示波器信号输入端连接端子 3(传感器信号)，另一端连接搭铁，起动发动机，检测凸轮轴位置传感器信号波形，如图 5-61 所示，并观察波形随发动机转速变化的情况。

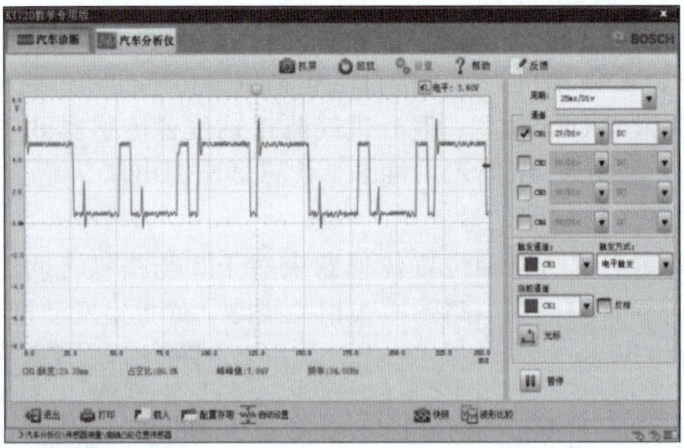

图 5-61　LDE 发动机进气凸轮轴位置传感器信号波形

3. 爆震传感器检测

下面以科鲁兹 LDE 发动机为例进行爆震传感器和相关电路的检测。

① 将点火开关置于 OFF 位置，脱开爆燃传感器 B68 线束插接器，插接器上有 2 个端子，如图 5-62 所示。端子 1 为爆燃传感器低电平参考电压(搭铁)，端子 2 为爆燃传感器信号。

② 确认点火开关置于 OFF 位置，用万用表检测爆燃传感器线束端子 1 与搭铁之间的电阻，应小于 5 Ω，如图 5-63 所示。如异常应根据电路图检查电路或更换发动机 ECU K20。

③ 将点火开关置于 ON 位置，用万用表检测爆燃传感器线束端子 2 和搭铁之间的电压，应为 2.5~3.5 V，如图 5-64 所示。如异常应根据电路图检查电路或更换发动机 ECU K20。

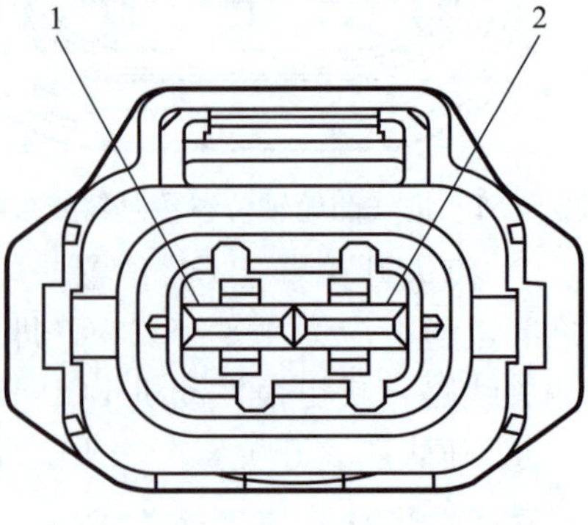

图 5-62　爆燃传感器线束端子

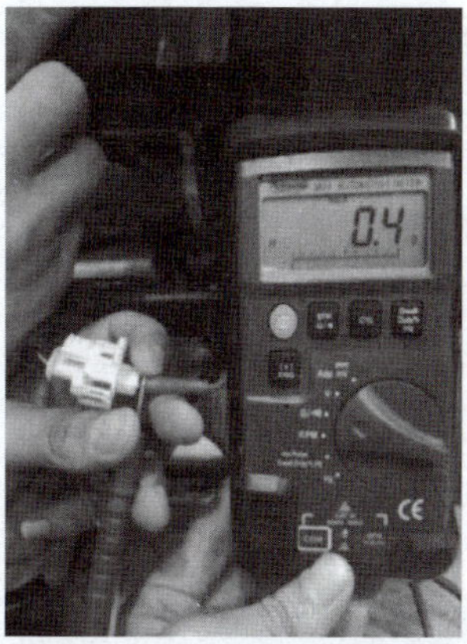

图 5-63　爆燃传感器线束搭铁检测

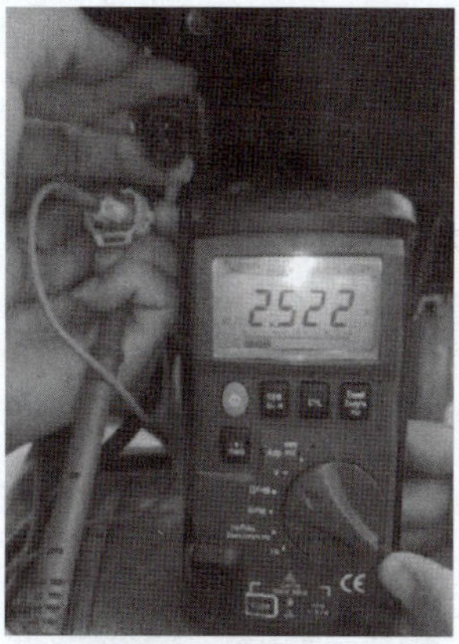

图 5-64　爆燃传感器信号线路检测

④ 将点火开关置于 OFF 位置，按照正确方法连接汽车诊断仪及示波测试线。示波器信号输入端连接端子 2，另一端连接端子 1，起动发动机，检测爆燃传感器信号波形，如图 5-65 所示，并观察波形随发动机转速变化的情况。

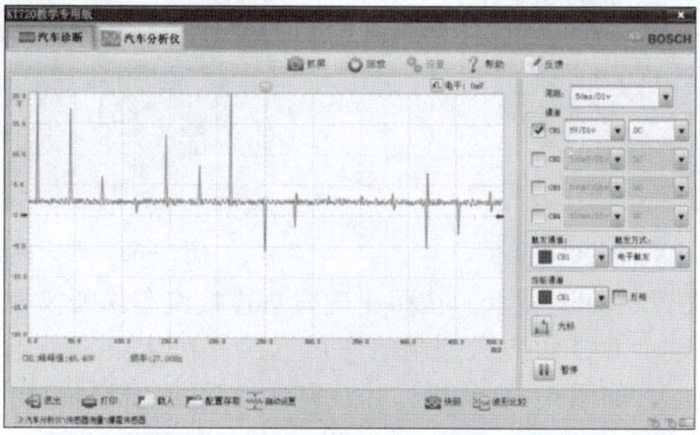

图 5-65　爆燃传感器信号波形检测

4. 点火线圈及电路检测

下面以科鲁兹 LDE 发动机为例，进行点火线圈和相关电路的检测。

① 将点火开关置于 OFF 位置，脱开点火线圈 T8 线束插接器，插接器上依次有 7 个端子 A～G，如图 5-66 所示。端子 A 为点火线圈供电，端子 B 为一次线圈搭铁，端子 C 为屏蔽线或空脚，端子 D 为 1 缸点火控制信号，端子 E 为 2 缸点火控制信号，端子 F 为 3 缸点火控制信号，端子 G 为 4 缸点火控制信号。

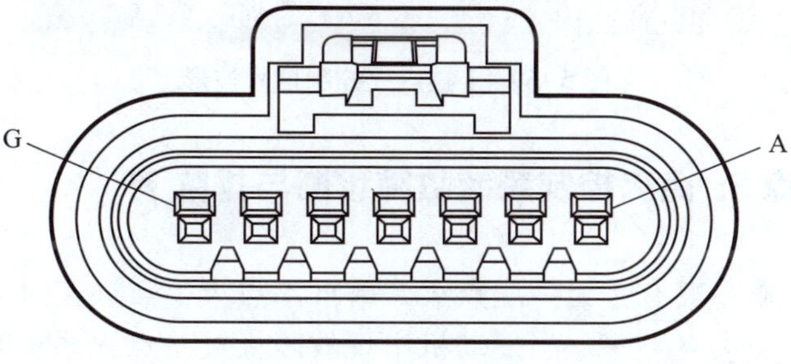

图 5-66　LDE 发动机点火线圈线束插接器

② 用万用表分别检测点火线圈线束端子 B、C 与搭铁之间电阻，应小于 5 Ω，如异常应根据电路图检查相关线路。

③ 点火开关置 ON 位置，用万用表检测点火线圈线束端子 A 和搭铁之间电压，应为 12 V(蓄电池电压)，如图 5-67 所示。如异常，应根据电路图检查继电器 KR75、熔断器 F9UA(15 A)及线路。

④ 将点火开关置于 OFF 位置，连接 T 型线与线束插头，起动发动机，将万用表设为直流挡赫兹刻度，利用“最小-最大”功能，分别检测端子 D、E、F、G 与搭铁之间的点火控制信号频率，应大于 6. 6 Hz，如图 5-68 所示。如异常，根据电路图检查线路或更换发动机 ECU K20。

图 5-67　点火线圈的供电检测

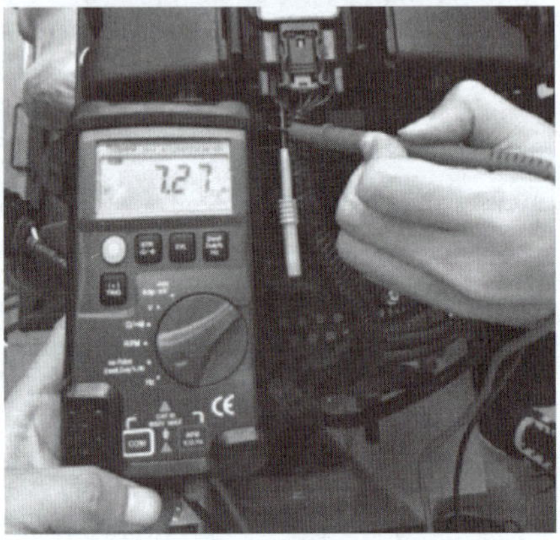

图 5-68　点火控制信号检测

⑤ 将点火开关置于 OFF 位置，按照正确方法连接汽车诊断仪及示波测试线。示波器信号输入端连接端子 D(1 缸点火控制信号)，另一端连接搭铁，起动发动机，检测 1 缸点火控制信号波形，如图 5-69 所示，并观察波形随发动机转速变化的情况。

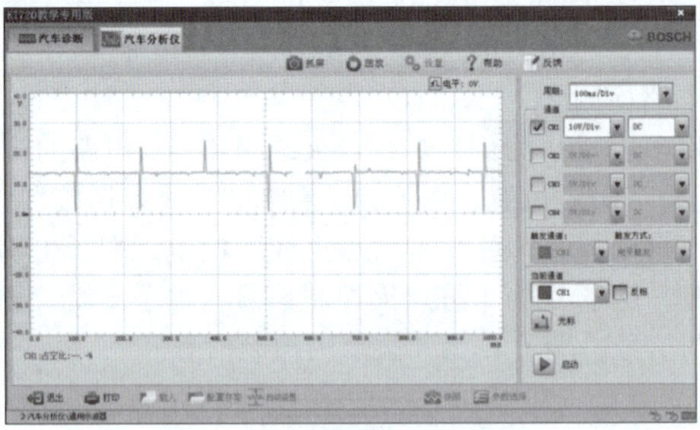

图 5-69　1 缸点火控制信号波形

任务技能点 3：点火控制系统故障诊断与排除

点火系统的故障一般有：无高压点火，单缸不点火，点火正时错误，点火能量不足，点火错乱以及“失火”等。当发动机出现故障怀疑是点火系统问题时，应根据故障现象，采取相应的检测手段，对点火系统进行分段检测。

1. 无高压点火

故障现象：无法着车。

故障原因：电源及相关线路故障，点火线圈故障，相关信号或 ECU 故障。

故障排除：单缸不点火故障排除流程可以按照图 5-70 所示进行。

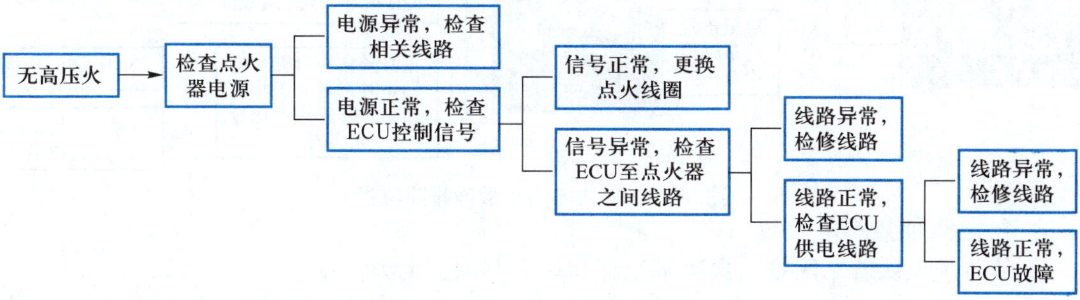

图 5-70　无高压点火故障排除流程

2. 单缸不点火

故障现象：怠速抖动，加速无力。

故障原因：火花塞故障，独立点火单个线圈损坏或无反馈，分缸高压线断路(独立点火其实也有高压线，只是很短，并与线圈连为一体，装在火花塞孔内)，独立点火系统某缸线圈与 ECU 之间控制线路故障，分组点火单个线圈损坏，分组点火点火器与 ECU 之间线路故障，ECU 故障。

故障排除：单缸不点火故障排除流程可以按照图 5-71 所示进行。

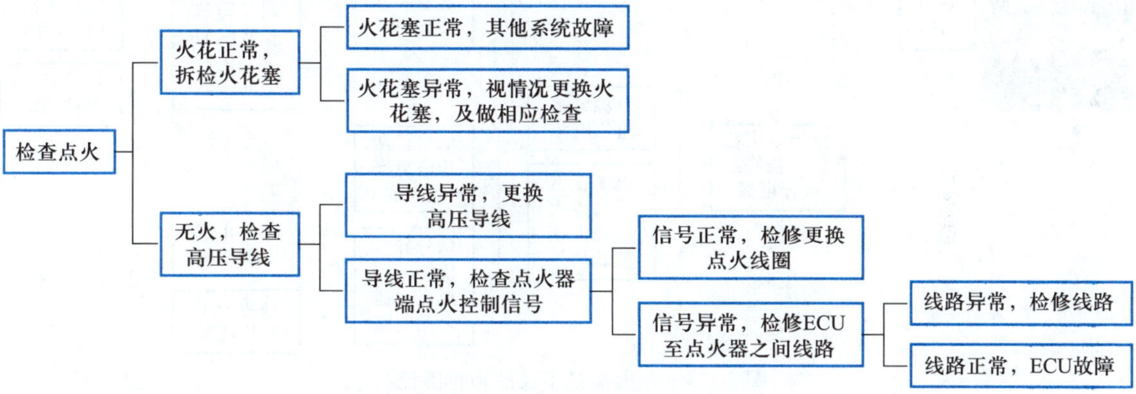

图 5-71　单缸不点火故障排除流程

需要注意的是：

① 判断独立点火系统个别点火器是否损坏时，可将正常缸与故障缸点火器调换，若调换后，故障缸变正常，则故障在点火器。

② 若是分组点火系统，单个线圈损坏时，即有两个缸不点火，单缸断油实验时，应注意这一现象。

3. 点火正时错误

故障现象：着车困难或无法着车，但有着车迹象，怠速不稳，加速无力，严重时伴有“放炮”或“回火”现象。

故障原因：水温传感器、空气流量计、节气门位置传感器等信号异常，只是皮带或链条跳齿，ECU 故障。

故障排除：点火正时故障排除流程可以按照图 5-72 所示进行。

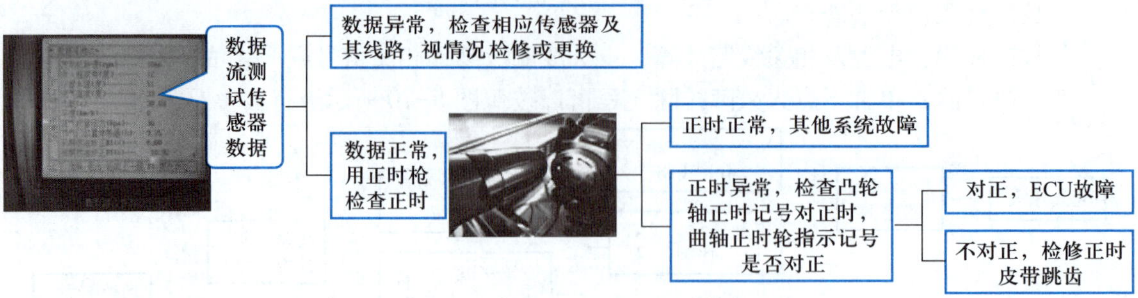

图 5-72　单缸不点火故障排除流程

4. 点火能量不足

故障现象：着车困难，怠速不稳，易熄火，加速无力。

故障原因：高压导线断路，点火线圈故障，点火器故障，线路及 ECU 故障。

故障排除：点火能量不足故障排除流程可以按照图 5-73 所示进行。

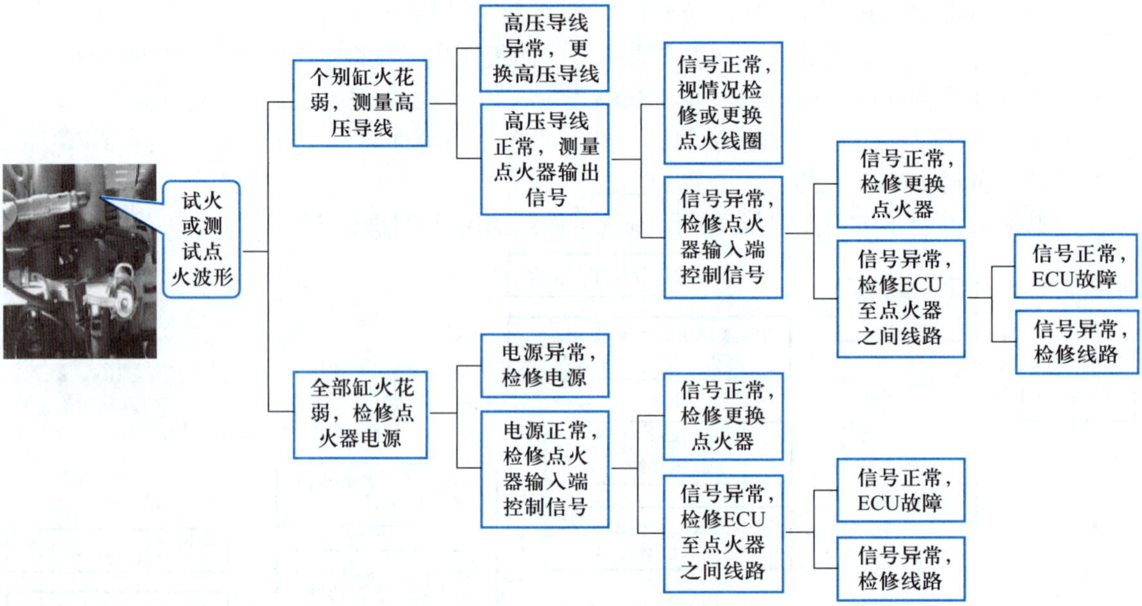

图 5-73　点火能量不足故障排除流程

5. 点火错乱

故障现象：启动机正常运转，发动机无法着车，但有着车迹象，着车时，感觉点火的瞬间曲轴被顶死，燃烧膨胀的方向刚好与活塞运动方向相冲，发动机设置有反转的迹象。

故障原因：点火高压线插接错误，独立点火系统各点火器控制线连接错误，分组点火点火器控制线连接错误，ECU 故障。

故障排除：检查高压导线插接是否正确，检查 ECU 至点火器之间的点火控制线连接是否正确，若连接错误则正确连接；若连接正常则故障在 ECU，视情况检修或更换。

6. “失火”故障

故障现象：发动机怠速时，一般抖动较轻，但在加速或大负荷时，加速抖动，车辆有顿挫感。

故障原因：个别缸火花塞故障，高压导线断路，点火线圈故障（分组点火出现该故障时，都是两个缸同时出现），点火器故障，点火器至 ECU 之间线路故障，ECU 故障。

故障排除：路试，故障出现时，用解码器读取“失火率”数据，找出失火缸，然后按单缸断火故障处理。

（三）任务企业案例引入

1. 案例

发动机点火控制系统的故障案例

一位车主向 4S 店打电话咨询：车辆在怠速运转时，怠速不稳，EPC 灯点亮；车型为 2018 款一汽大众迈腾（配置：380TSI、DSG 豪华型）。

2. 准备工作（见图 5-74）

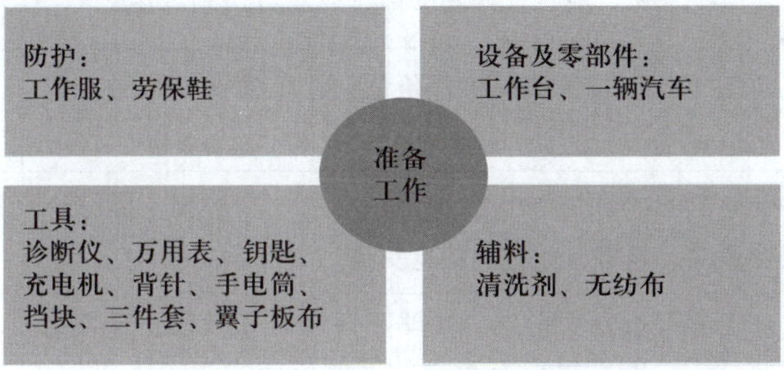

图 5-74　准备工作

3. 检修步骤说明

点火控制系统故障检修

① 打开机舱盖，铺设翼子板布。
② 检查机油量。
③ 检查冷却液量、制动液量。
④ 检查蓄电池电压。
⑤ 关闭点火开关，连接故障诊断仪器，读取故障代码。
⑥ 点火开关置于 ON 挡，连接充电机。
⑦ 使用万用表电压档测量点火线圈电源线T4u/4脚，搭铁线 T4u/1 脚和 T4u/3 脚。
⑧ 起动车辆，车辆怠速运转使用示波器测量点火线圈信号线 T4u/2 脚。
⑨ 对调 1 缸和 4 缸火花塞。
⑩ 起动车辆，观察发动机转速表。
⑪ 更换新的点火线圈。
⑫ 连接诊断仪，清除故障码，再次读取故障码。
⑬ 整理车内四件套。
⑭ 收起翼子板布。
⑮ 收起挡块和尾排。
⑯ 擦拭设备工具。

（四）任务评价反馈

小组自评表（见表 5-6）能够让小组成员对各自的信息检索能力、任务认知程度、参与状态、学习状态和工作过程等方面进行评价，从记忆、领会、应用、分析、反馈等方面全方位评估自己对知识的学习及掌握情况。

表 5-6 小组自评表

班级		组名		日期	
评价指标	评价要素			分数	分数评定
信息检索	能有效利用网络资源、工作手册查找有效信息；能用自己的语言有条理地去表述所学知识；能将查找到的信息有效转换到工作中			10	
任务认知	是否熟悉各自的工作岗位，认同工作价值；在工作中，是否获得满足感			10	
参与状态	与教师、同学之间是否相互尊重、理解、平等；与教师、同学之间是否能够保持多向、丰富、适宜的信息交流			10	
参与状态	探究学习、自主学习不流于形式，处理好合作学习和独立思考的关系，做到有效学习；能够提出有意义的问题或能发表个人见解；能按要求正确操作；能够倾听、协助并分享			10	
学习方法	工作计划、操作技能是否符合规范要求；是否获得了进一步发展的能力			10	
工作过程	遵守管理规程，操作过程符合现场管理要求；平时上课的出勤情况和每次完成学习任务情况；善于多角度思考问题，能主动发现并提出有价值的问题			15	
思维状态	是否能发现问题、提出问题、分析问题、解决问题、创新思路			10	
自评反馈	按时按质完成学习任务；较好地掌握了专业知识点；具有较强的信息分析能力和理解能力；具有较为全面严谨的思维能力，并能条理清晰地表述成文			25	
自评分数					
有益的经验和做法					
总结反思建议					

小组互评表(见表 5-7)能够让小组成员从信息检索能力、任务认知程度、参与状态、学习状态和工作过程等方面对其他小组进行评价，通过互相评价环节，学习其他小组的长处，弥补自己小组的不足。

表 5-7　小组互评表

班级		被评组名		日期	
评价指标	评价要素			分数	分数评定
信息检索	该小组能否有效利用网络资源、工作手册查找有效信息			5	
	该小组能否用自己的语言有条理地去表述所学知识			5	
	该小组能否将查找到的信息有效转换到工作中			5	
任务认知	该小组能否熟悉各自的工作岗位，认同工作价值			5	
	该小组成员在工作中，是否获得满足感			5	
参与状态	该小组与教师、同学之间是否相互尊重、理解、平等			5	
	该小组与教师、同学之间能否保持多向、丰富、适宜的信息交流			5	
	该小组能否处理好合作学习和独立思考的关系，做到有效学习			5	
	该小组能否提出有意义的问题或能发表个人见解，按要求正确操作，能够倾听、协助并分享			5	
	该小组能否积极参与学习任务，并在过程中综合运用信息技术的能力得到提高			5	
学习方法	该小组工作计划、操作技能是否符合规范要求			5	
	该小组是否获得了进一步发展的能力			5	
工作过程	该小组是否遵守管理规程，操作过程是否符合现场管理要求			5	
	该小组平时上课的出勤情况和每次完成学习任务情况			5	
	该小组是否善于多角度思考问题，能否主动发现并提出有价值的问题			5	
思维状态	该小组是否能发现问题、提出问题、分析问题、解决问题、创新思维			5	
自评反馈	该小组能否严肃认真地对待自评，并独立完成自测试题			10	
互评分数					
简要评述					

教师评价表(见表5-8)的内容主要包括小组出勤状况、信息收集能力、计划制订是否完善、工作过程是否规范等，能够帮助学生更好地理解学习任务，促进对任务知识点、技能点的消化和吸收。

表5-8 教师评价表

班级		组名	姓名	
出勤情况				
评价指标	评定要素		分数	分数评定
职业素养	具备信息素养		5	
	具备探究学习、终身学习能力		5	
	在实操过程中体现劳模精神、劳动精神、工匠精神		10	
	具备良好的职业道德和环保意识		5	
道德品质	遵守实验室、实训场地等公共场所的管理规定，自觉遵守秩序		5	
	在公共场所举止文雅，文明礼貌		5	
	爱护公物，保护公共设施		5	
信息检索	能够顺利完成教师安排的任务，快速找到有效信息，并转化到工作中去		5	
任务认知	能够理解任务的内容		5	
	能够满足岗位工作要求，掌握工作流程，熟悉注意事项		5	
参与状态	与教师、同学之间相互尊重、理解		5	
	能够做到独立思考、表达自己想法		5	
	能够按照要求正确操作，能够倾听对方表达的内容并乐于分享		5	
学习方法	能够按照工作内容的紧急情况合理制订计划		5	
	能够按要求完成工作计划，且操作符合规范		5	
工作过程	操作符合安全规定		5	
	操作符合流程规范		5	
	能协助他人完成工作		5	
思维状态	工作过程思维清晰，对工作结果能够正确预判，对其他相关工作有帮助		5	
师评分数				
综合评价				

三、 任务拓展信息

最新连续点火技术解析

1. 连续点火技术

连续点火（也称为连续击穿点火）的技术已从数年前的研究阶段逐步进入应用阶段，这种技术是使每个汽缸在工作过程中产生连续两个以上甚至几十个高压电火花，能够使放电时间所覆盖曲轴旋转的角度增加十几倍（怠速工况）。为此，有的制造厂采取在一个火花塞上连续数次放电，也有的制造厂在每个汽缸安装两个火花塞依次放电。

尽管各厂实现连续点火的形式不同，但都是通过增加点火次数和延长点火时间来实现增强点火能量的目的。发动机的多次点火技术是发动机点火领域的重大变革，也是今后发动机点火系统发展的方向。由于增加点火次数，延长放电时间，向混合汽提供了更多的能量，同时连续击穿放电产生较强的电磁场，这些都使混合汽中的氧分子吸收大量能量而转化为活化氧分子、新生氧原子和臭氧。活化氧原键均比普通氧分子的键容易断裂，它们和新生态氧原子都表现出较强的化学活性，强烈地参与同汽油类分子的氧化反应，这样就使得反应速度加快，燃烧更加充分。

宝马汽车一般采用 3~8 次连续点火控制方式，而福特嘉年华汽车采用的是 2 次连续点火控制方式。图 5-75 所示为宝马 520i 汽车连续点火二次电压和一次电流波形。

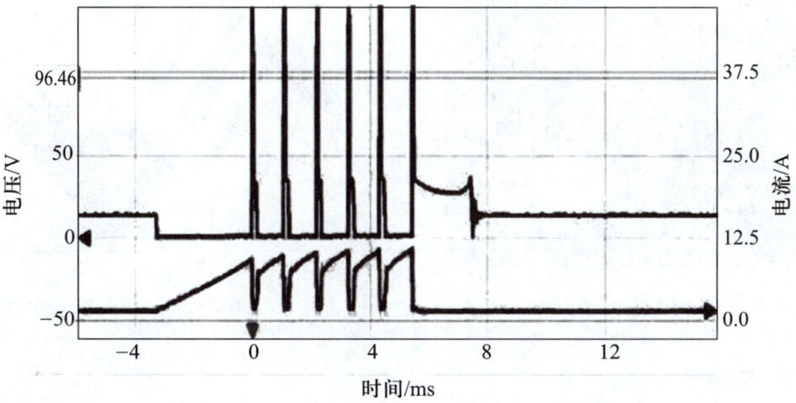

图 5-75　连续点火二次电压和一次电流波形

2. 高压高频连续点火技术

在连续点火控制技术逐步应用在汽车电子点火系统的同时，一种更加先进的电子点火控制技术也在最新型的汽车上得到应用，这就是高压高频连续点火技术。在最新的奔驰 S600 汽车上，M137. 970 发动机控制系统就采用了这一技术。图 5-76 所示为奔驰汽车的高压高频连续点火控制系统图。这一系统专门使用了一个 ECI 主控单元，如图 5-77 所示，为点火控制单元提供 180 V 的直流电压，以及一个 23 V 的辅助电压（用于爆震监控）。来自 ECI 主控单元的 180 V 直流电压提供给两个点火控制单元（N92/1，N92/2），如图 5-78 所示。在点火瞬间，直流电被转换为频率为 25 kHz 的交流电，这意味着每一次点火操作时，在点火线圈内每秒会产生 2.5 万次的磁场的变化，也就是说会产生同等次数的电火花，这使得在整个燃烧过程中拥有持续不断的火花放电。

采用高压高频连续点火技术的发动机无法采用一般的方法检测，只能使用奔驰原厂的检测仪读取故障码。

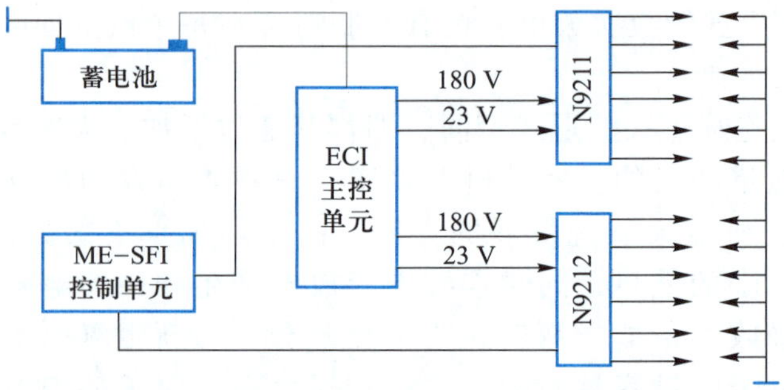

图 5-76　高压高频连续点火控制系统图

图 5-77　ECI 主控单元

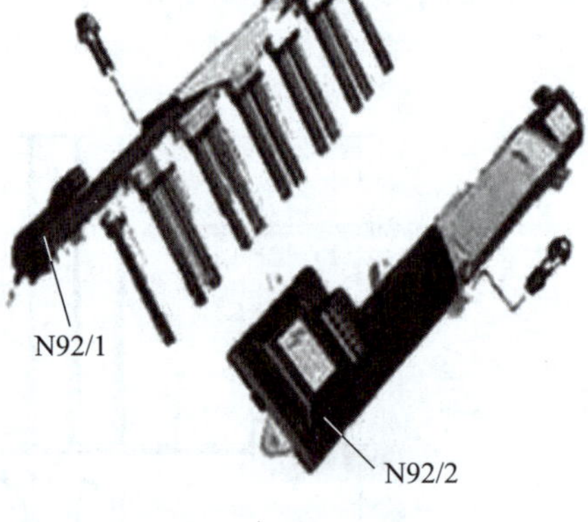

图 5-78　点火控制单元

3. 连续点火波形分析

图 5-79 所示为宝马汽车连续点火二次波形。图中显示系统在一缸工作期间，有别于常规点火系统的最大特点，即点火是连续进行的，在总的点火能量不变的基础上，将点火的行为分解为多次来进行，这样可以有效地保证发动机在点火期间不会因为积碳或者混合汽在汽缸内的紊流，而发生火花无法点燃或者猝熄的故障。

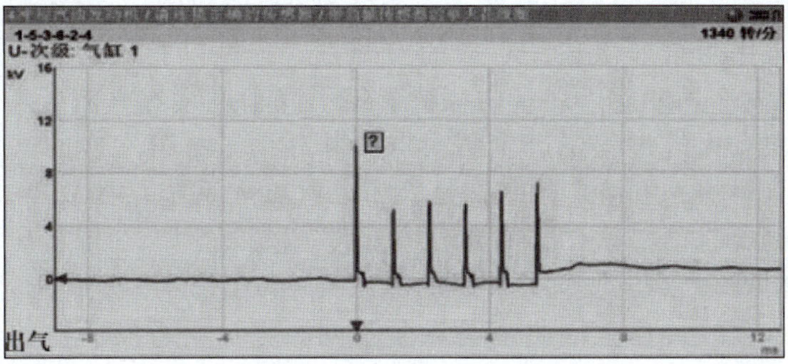

图 5-79　连续点火二次波形

从图 5-75 可以看出，一次侧电流的信号为连续变化的波形，伴随着一次侧电流导通、截止的变化，二次侧也相应地产生了脉冲点火波形。图 5-80 是宝马 528i 汽车连续点火二次电压和一次电流波形。图 5-81 所示为 5 ms 内宝马 528i 汽车连续点火波形，从中可以清楚地看到，从第一个点火波形出现到火花放电结束的时间约为 4.5 ms，远远大于正常点火时的 1.5 ms。采用连续点火控制时，各个汽缸的点火次数并不一致。根据测试，连续点火次数在 3~8 次之间变化，每次放电时间在 0.3 ms 左右。对于宝马汽车，连续点火只发生在发动机处于怠速时。当发动机转速增加时，点火方式即从连续点火转变为普通一次点火。

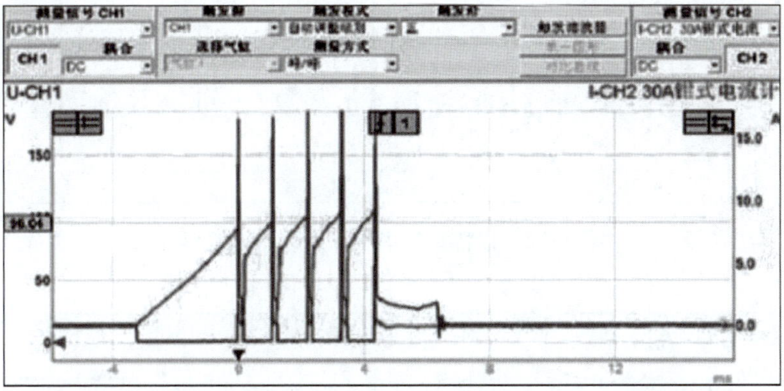

图 5-80　宝马 528i 汽车连续点火二次电压和一次电流波形

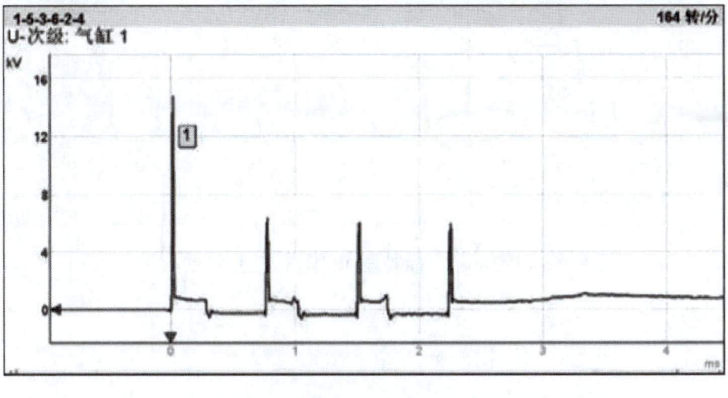

图 5-81　5 ms 内宝马 528i 汽车连续点火波形

图 5-82 所示的福特嘉年华汽车连续点火波形与宝马汽车有着显著的不同。福特嘉年华汽车采用每缸 2 次连续点火的控制方式，可以有效延长点火时间，使燃烧更充分。图 5-83 所示为 50 ms 内福特嘉年华汽车连续点火波形。从图中可以清晰地看到，每次点火的过程中产生两次点火脉冲信号，第一次的击穿电压稍高于第二次。图中测得的一缸波形偏高，是因为二次点火系统存在故障。正常情况下，第一次的击穿电压与第二次的击穿电压差值不应超过5 kV。与宝马 5 系发动机控制系统不同，福特嘉年华汽车所采用的连续点火方式是每次点火只有两次脉冲，但其产生连续点火的转速范围与宝马汽车不同。宝马 5 系发动机的连续点火控制只是在怠速工况下进行。当发动机油门踏板开度稍微开大时，即转变为正常的一次点火方式。而福特嘉年华汽车发动机转速低于 1 700 r/min 时，电脑执行每缸两次的点火脉冲控制。当发动机转速超过 1700 r/min 时，点火方式会从两次连续点火转变为正常点火方式。图 5-84 所示为福特嘉年华汽车转变为正常点火方式后的二次波形。

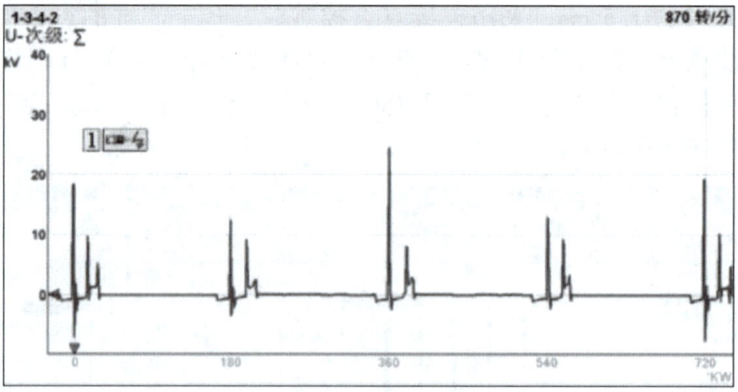

图 5-82　福特嘉年华汽车连续点火波形

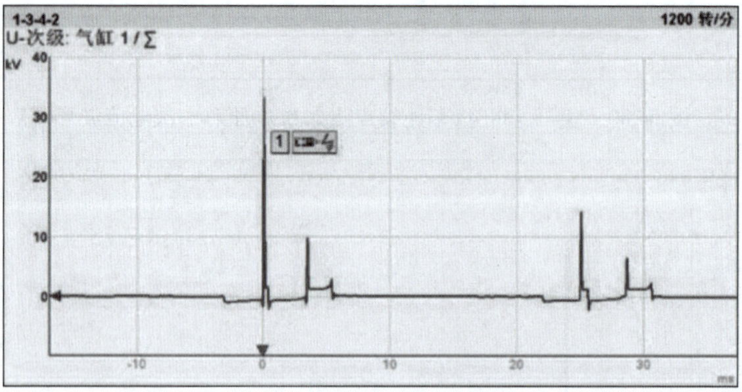

图 5-83　50 ms 内福特嘉年华汽车连续点火波形

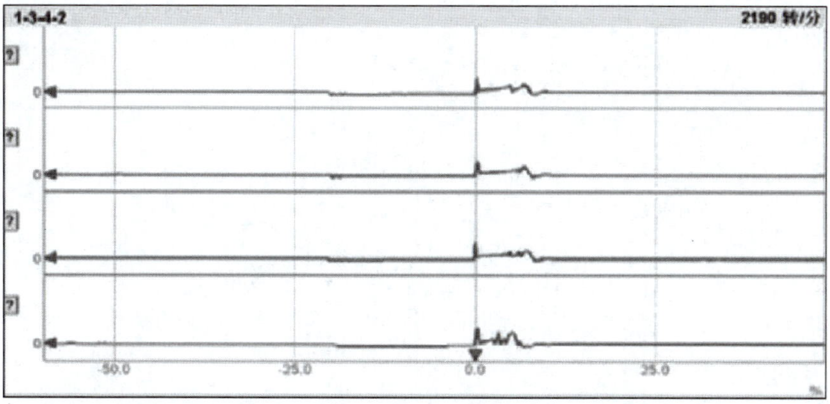

图 5-84　福特嘉年华汽车正常点火二次波形

连续点火控制转变为正常点火控制的原因，主要是随着发动机转速的增加，线圈充电的时间缩短。当发动机转速超过某一临界转速时，连续点火控制会终止，直到发动机转速降低到某一转速时才会恢复。

4. 典型案例分析

图 5-85 所示为福特嘉年华汽车点火线圈不良的连续点火故障波形。该车存在的故障是发动机怠速时抖动严重，行驶过程中，各挡位均有发动机耸动的故障现象存在。利用示波器进行二次波形检测，发现 2 缸不定时出现连续点火的第一次点火击穿电压过高的问题，更换火花塞和高压线不起作用。更换点火线圈，击穿电压恢复正常，发动机抖动的故障也消失了，同时路试良好。

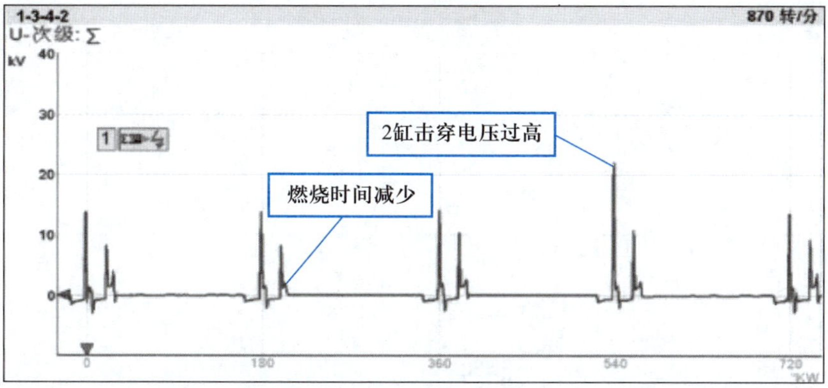

图 5-85　福特嘉年华轿车点火线圈不良的连续点火故障波形

福特嘉年华汽车采用 DFS 双点火的控制方式，当点火线圈出现故障时，会造成两个汽缸点火不良。经分析，点火线圈 2 缸侧的二次回路应存在断路处，这是导致 2 缸连续点火第一次点火击穿电压过高的原因。接下来第二次点火时，由于两次点火时刻非常接近，线圈中断路处在空气电离的作用下，成为一个电阻极小的通路，所以第二个击穿电压基本正常。但是，由于第一次击穿多消耗了点火线圈的能量，使得用来维持火花塞电极火花的时间缩短了，导致点火能量不足，燃烧不充分。同样，对于 3 缸来说，当其处于点火上止点时，由于 2 缸处的空气电阻值增大，浪费了多余的能量，作用于 3 缸火花塞处的能量也呈现不足，2、3 缸均出现工作不良的情况，发动机怠速严重抖动。

学习任务 6
发动机排放控制系统的检修

一、 任务说明

任务描述	一位车主向 4S 店打电话咨询：车辆在怠速运转时，怠速不稳，发动机抖动，发动机故障指示灯点亮，车型为 2018 款一汽大众迈腾(配置：380TSI、DSG 豪华型)
任务对应工作领域	汽车动力与驱动系统 (√) 汽车转向悬架与制动安全系统 ( ) 汽车电子电气与空调舒适系统 ( ) 汽车全车网关控制与娱乐系统 ( )
任务所属模块课程	动力系统检修 (√) 变速箱与传动系统检修 ( ) 转向悬架系统检修 ( ) 制动安全系统检修 ( ) 电器与控制系统检修 ( ) 空调与舒适系统检修 ( ) 动力与底盘网关控制系统检修 ( ) 车身与娱乐网关控制系统检修 ( )
任务育人目标描述	
爱护自然环境，养成环保意识	
职业技能(能力)要求描述	
行为	能进行汽车动力与驱动系统工作领域中发动机排放控制系统的故障排除和相关机理分析
条件	车辆/设备：2018 款一汽大众迈腾(配置：380TSI、DSG 豪华型)
	工具及场地要求： 维修工位 4 个。 车辆配套维修手册 4 册。 工具车(万用表、示波器、解码器、尾气检测仪及相关通用、专用工具) 4 辆。 零件车 4 辆。 工作灯 4 个

续表

标准与要求	树立分析问题、解决问题的信心；提高沟通协调、团队合作的能力；强化安全生产、规范操作的意识。 能掌握发动机排放控制系统的基本结构、原理和检修方法，能够正确使用维修手册、电路图等工具书，制订拆装及检测计划，能够对测量结果进行有效分析并给出维修意见。 能按照维修手册的规范正确进行三元催化转换器、氧传感器和排气管的检查、拆装或更换。 按照维修手册的规范能正确进行氧传感器的端子及线束电压、电阻、频率或波形的测量。 能正确进行三元催化转换器的保养和清洗。 能正确进行活性炭罐及对应电磁阀、燃油管路的检查、拆装或更换。 能正确进行炭罐电磁阀的端子及线束电压、电阻频率或波形的测量。 能正确进行废气再循环系统及其组件的检查、拆装或更换。 能正确进行排放系统电子、电气部件和连接器的检查、拆装或更换。
成果	完成发动机排放控制系统的测量和故障排除

二、 任务学习与实施

（一） 任务引导与学习

引导问题 1：____________与节能是当今车用动力技术发展的两个主要着眼点。汽车排放物中的主要有害成分主要包括__________、________________和____________________。此外，还有微粒、硫化物、铅、磷及醛等污染。

引导问题 2：图 6-1 所示为汽油机有害排放物浓度与空燃比（A/F）的关系，分别说明 CO、HC、NO_x 值与空燃比的变化关系。

（1） CO 值与空燃比的变化关系：____。

（2） HC 值与空燃比的变化关系：____。

（3） NO_x 值与空燃比的变化关系：____。

引导问题 3：汽车排放污染物分别来自______________、___________和__________系统。因此，发动机机外处理包括对发动机燃烧排出的有害物，在排气系统等处进行后处理和对曲轴箱窜气或油蒸气部分进行处理。分别说明发动机的前处理、排气的后处理的具体治理措施。

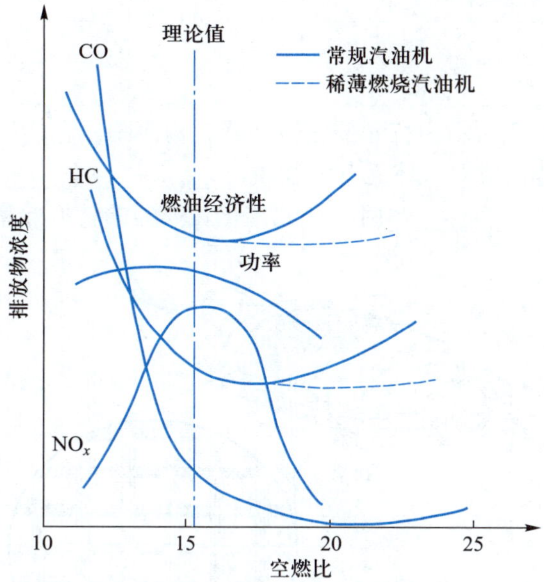

图 6-1　汽油机有害排放物浓度与空燃比（A/F）的关系

（1）发动机前处理措施：____

____

____

____

____。

（2）排气后处理措施：____

____

____

____

____。

引导问题 4：图 6-2 所示为发动机排放控制系统的结构简图，写出各数字对应的结构名称。

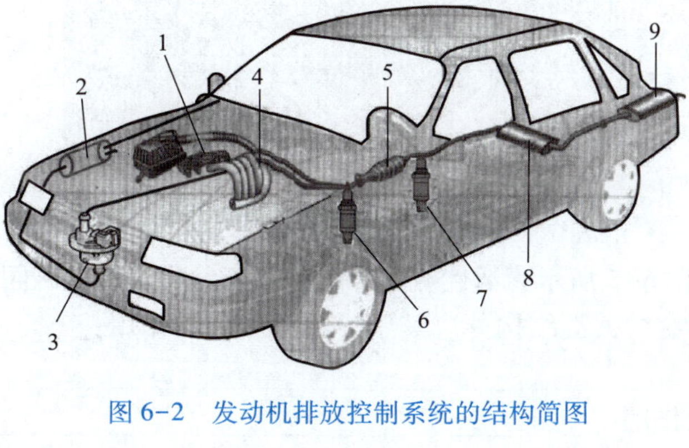

图 6-2　发动机排放控制系统的结构简图

1：________；2：________；3：________；
4：________；5：________；6：________；
7：________；8：________；9：________；

引导问题5：图6-3所示为三元催化转换器结构简图，它能将从排气管排出的有害物质CO、HC、NO_x转化成对人体无害的物质________、________、________。当空燃比为________时，三元催化转换器的转换效率可达到90%以上。

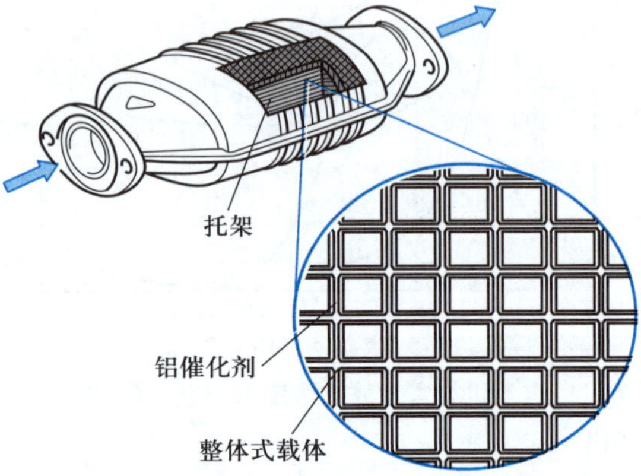

图6-3　三元催化转换器结构简图

引导问题6：如图6-4所示，曲轴箱通风管的作用：(1)将________引入曲轴箱；(2)将发动机工作时窜入曲轴箱的________引入进气歧管，到发动机气缸中燃烧。

图6-4　曲轴箱通风管

引导问题7：图6-5所示为活性炭罐，图6-6所示为炭罐电磁阀，它们是发动机燃油蒸气排放控制系统的关键结构件。其中，活性炭罐的作用：________________。

炭罐电磁阀的作用：________________。

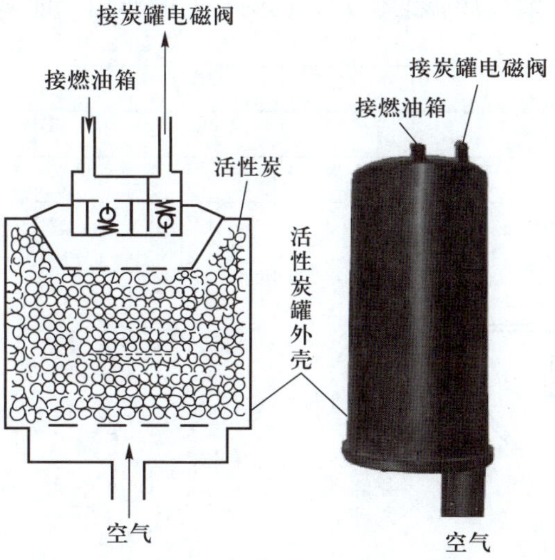

图 6-5　活性炭罐

图 6-6　碳炭电磁阀

引导问题 8：如图 6-7 所示，根据燃油蒸发控制系统工作原理图，说明燃油蒸发控制系统是如何工作的。

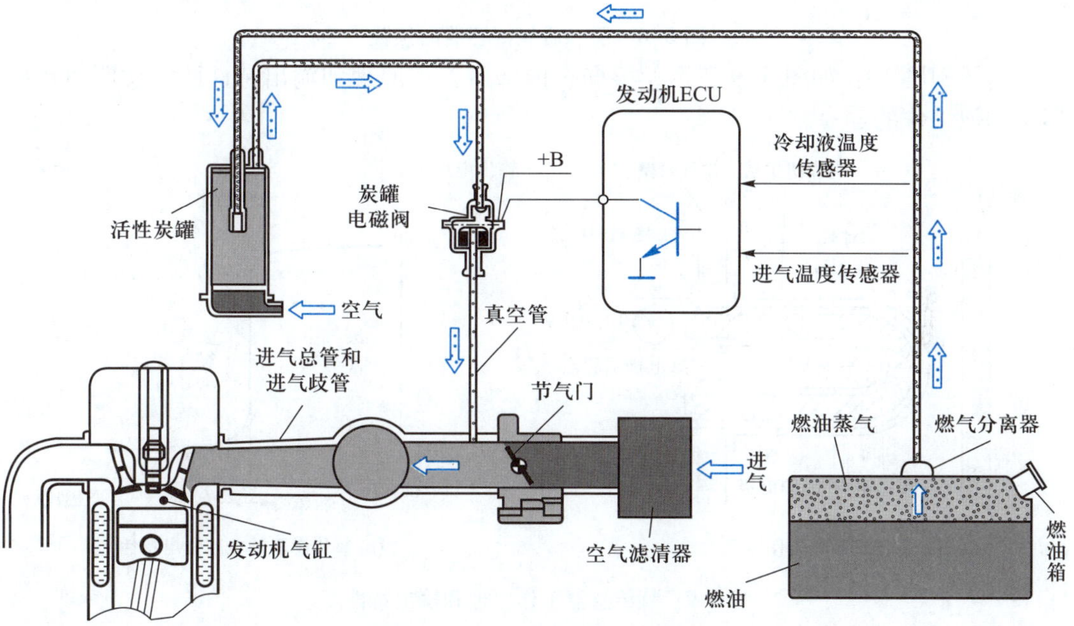

图 6-7　燃油蒸发控制系统工作原理

引导问题 9：如图 6-8 所示，根据前、后氧传感器的位置，说明它们的作用。前氧传感器也称为________传感器，其作用：____。

后氧传感器作用：____。

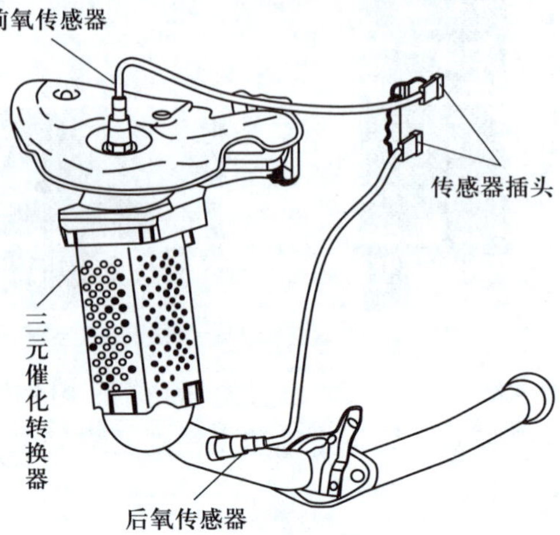

图 6-8　前、后氧传感器的位置

引导问题 10：如图 6-9 所示，根据氧传感器工作原理和输出特性图，说明氧传感器是如何工作的。

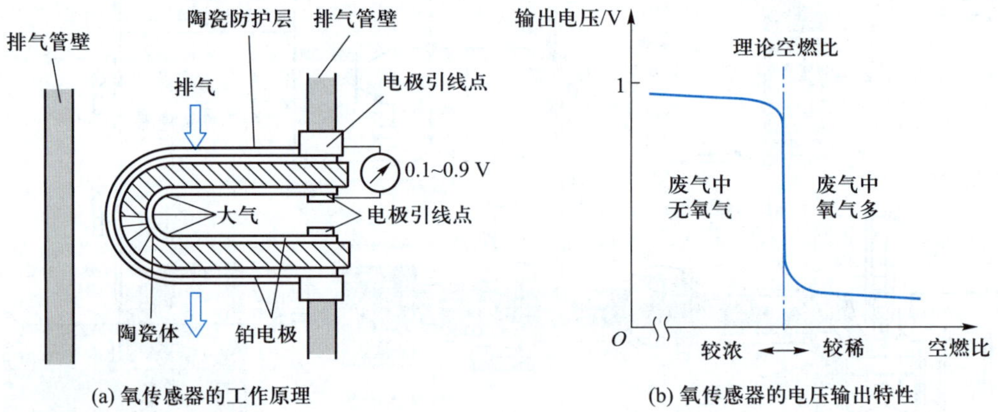

图 6-9　氧传感器工作原理和输出特性图

____

____

____

____

____

____

引导问题 11：如图 6-10 所示，消声器按消声原理与结构可分为________、________和________三类，其主要作用是降低和消除发动机的________________。

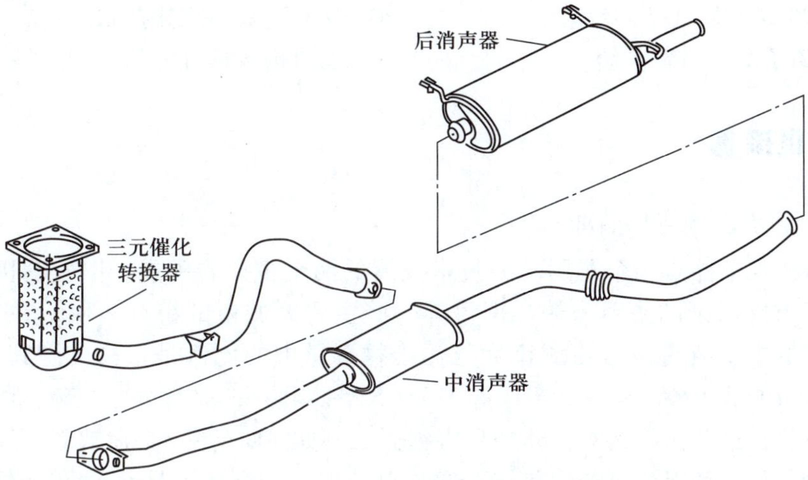

图 6-10 消声器

引导问题 12：图 6-11 所示为迈腾 B8L 发动机曲轴箱强制通风系统结构简图，请写出该系统的特点。

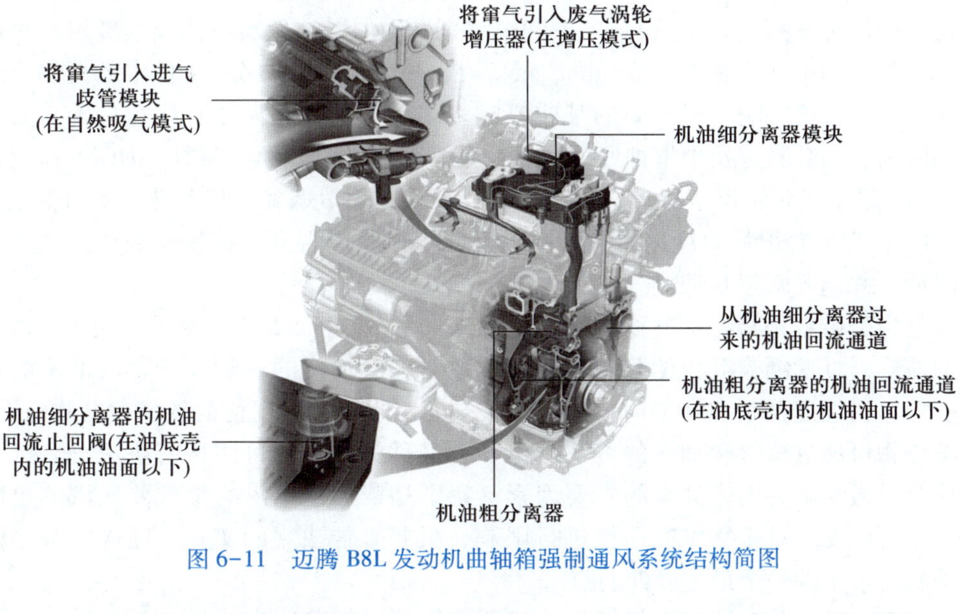

图 6-11 迈腾 B8L 发动机曲轴箱强制通风系统结构简图

引导问题 13：我国自主品牌吉利汽车有着严格的环保标准，其车型的特点有(　　)。

A. CN95 高效复合空调滤芯　　B. 等离子杀菌除味技术

C. 负离子空气清新系统　　D. 国Ⅵ排放标准

知识链接

1. 发动机有害排放物的种类

环境保护与节能是当今车用动力技术发展的两个主要着眼点。以发动机为动力的汽车是城市大气污染的主要来源。据世界一些主要大城市的统计表明，在未治理前，汽车排放中的主要有害成分占城市大气污染物总量中的比例是很高的。其中，CO 占 88%~99%，HC 占 63%~95%，NO_x 占 31%~53%。此外，还有微粒、硫化物、铅、磷及醛等污染物，这些污染物对人体的危害很大。例如，CO 主要是在缺氧环境下不完全燃烧的产物，是一种无色无味的气体，它与血色素的结合能力是 O_2 的 300 倍，人体吸入微量 CO 将破坏造血功能，呈中毒症状，吸入含体积分数 0.3% 的 CO，则可在30 min 内使人致命。NO_x 主要是指 NO 和 NO_2，产生在与燃料燃烧反应相伴的高温与富氧的环境中，NO 的毒性比 NO_2 小，但 NO 在大气中缓慢氧化会形成 NO_2。NO_2 是褐色有刺激性的气体，可刺激人体口腔及鼻道黏膜，造成头痛出汗、损伤肺组织，浓度高时甚至可使人出现肺浮肿而死亡。HC 包括未燃和未完全燃烧的燃油、润滑油及其裂解产物和部分氧化产物，如多环芳香烃、醛、酮、酸等在内的 200 多种成分。HC 中的大部分对人体健康不产生直接影响，但其中的某些醛类和多环芳香烃对人体有严重危害，如甲醛等损伤眼睛、上呼吸道及中枢神经，苯并芘是一种强致癌物质。另外，HC 可在阳光作用下与 NO 进行光化学反应，形成一种毒性较大的光化学烟雾。其中最主要的生成物是臭氧(O_3)，它具有很强的氧化力和特殊的臭味，使橡胶裂开，植物受损，空气中的可见度降低，并刺激眼睛及咽喉。

排气中的微粒是指经空气稀释后的排气，它是在低于 52 ℃温度下，在涂有聚四氟乙烯的玻璃纤维滤纸上沉积的除水以外的物质，如柴油机的碳烟粒子、汽油机的铅及硫酸盐等。当温度低于 500 ℃时，这些微粒被有吸附性和凝聚性的碳氢化合物所覆盖，这些覆盖物可通过溶解和加热的方法分离掉，又称为微粒的可溶性有机成分。可溶性有机成分是微粒威胁人体健康的主要因素，特别是柴油机排出的微粒要比汽油机高出数十倍，所以要求对排气中的微粒进行限制。限制微粒法规的实施，已成为柴油机在与汽油机竞争中的一个最主要的弱点。

汽车有害排放物对城市大气污染构成严重影响，因此制定法规对其进行控制十分必要。不过影响有害排放物生成的因素很复杂，特别是由于汽油机与柴油机在燃烧机理上的差异，使这两类机型的有害排放物的生成显示出不同的特点。

(1) 氮氧化物

发动机排出的氮氧化物(NO_x)主要是 NO，NO_2 排出量较少。NO 的产生：可以认为，氮的氧化反应发生在燃料燃烧反应所形成的环境中，其主导反应过程是：

$$O+N_2 \underset{\text{逆向}}{\overset{\text{正向}}{\rightleftharpoons}} NO+N$$

$$N+O_2 \underset{\text{逆向}}{\overset{\text{正向}}{\rightleftharpoons}} NO+O$$

促使上述反应正向进行而生成 NO 的因素有三个：

① 温度。高温时，NO 的平衡浓度高，生成速率也大。在氧充足时，温度是生成 NO 的重要因素。

② 氧的浓度。在高温条件下，氧的浓度是生成 NO 的重要因素。在氧浓度低时，即使温度高，NO 的生成也受到抑制。

③ 反应滞留时间。由于 NO 的生成反应比燃烧反应慢，所以即使在高温下，如果反应停留的时间短，则 NO 的生成量也受到限制。

不过，在实际发动机中，因为燃烧过程经历的时间极短（ms 级），温度上升和下降都很迅速，尽管 NO 的生成（正向反应）没有达到平衡浓度，可是 NO 分解（逆向反应）所需的时间也不足，从而使缸内 NO 的实际浓度由于逆向反应速率太低而几乎没有下降。这种反应“冻结”使实际排出 NO 的浓度大大高于排气温度相对应的平衡浓度。在柴油机中发生冻结，比在汽油机中更快。

（2）一氧化碳

一氧化碳（CO）是碳氢燃料在燃烧过程中生成的重要的中间产物。CO 生成的机理比较复杂，但一般认为，燃料分子（RH）经高温氧化生成 CO 要经历如下步骤：

$$RH \longrightarrow R \longrightarrow RO_2 \longrightarrow RCHO \longrightarrow RCO \longrightarrow CO$$

这里 R 代表碳氢根。CO 在火焰中及火焰后，以缓慢的速率氧化成 CO_2。

从化学当量的角度看，CO 的生成率主要受混合气浓度的影响。对于浓混合气而言（$a<1$）没有足够的氧使燃油中的碳完全燃烧成 CO_2。不过，即使在稀混合气中（$a>1$），由于燃烧产物 CO，及 H_2O 的高温离解反应，也可能生成一部分 CO。在膨胀过程后期，随着燃烧气体温度的降低，CO 的氧化过程也有冻结现象，不过 CO 的冻结温度比 NO 低。

（3）未燃碳氢化合物

未燃碳氢化合物（HC）的生成与排出有三个渠道：其中 HC 总量的 60% 以上由废气（尾气）排出，另外的 25% 由曲轴箱的窜气和从燃油箱等处的油蒸气漏泄占 15%~20%。

在燃烧过程中，HC 的生成主要有以下途径：

① 在压缩与燃烧过程中，气缸内压力升高，把一部分未燃混合气压入与燃烧室相通的狭缝（例如活塞顶环上面和气缸壁形成的狭缝），由于燃烧时火焰不能进入狭缝，因此不能完全燃烧，在膨胀和排气行程中，在气缸压力降低后，以未燃 HC 的形式进入排气。这是 HC 的主要来源，被称为缝隙效应。

② 相对冷态的气缸壁对火焰产生的热与活化基物质起着吸收的作用，火焰在气缸壁表面产生激冷与淬熄现象，于是在离气缸壁小于 0.1 mm 的薄层内留下未燃 HC。

③ 存在于气缸壁、活塞顶以及气缸盖底面上的一层润滑油膜，有可能在燃烧前、后吸收或放出燃料中的 HC 成分。

④ 在发动机以加、减速等瞬态工况运行时，点火定时、空燃比以及排气再循环值均不处于最佳状态，有可能使燃烧品质恶化，使 HC 排放增加。特别是在减速及怠速工况，HC 排放量很高。

(4) 微粒

柴油机排气中微粒的主要成分是碳烟粒子，见表 6-1。碳烟粒子形成过程如图 6-12所示。它是燃料在燃烧过程中经历了一系列物理化学变化后形成的。

表 6-1 柴油机微粒的组成

成分	质量分数
干碳烟(DS)	40%~50%
可溶性有机成分(SOF)	35%~45%
硫酸盐	5%~10%

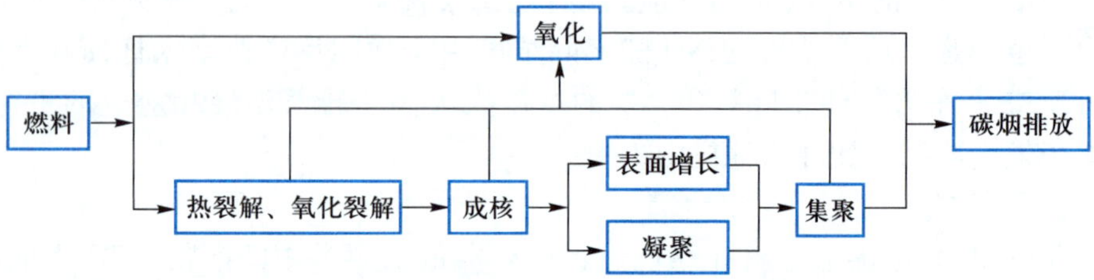

图 6-12 燃烧系统中碳烟粒子的形成过程

首先燃料分子在高温中裂解或氧化裂解，所生成的裂解产物主要是乙炔，乙炔是生成碳烟的重要中间物，接着形成碳烟核心，以上为成核阶段，成核后同时经历表面增长和凝聚两个过程。当碳烟粒子长大到某一尺寸时，增长速度急剧下降，以后便以集聚方式形成链状结构物。从核的萌发到成长、集聚这一系列生成过程，都伴随着碳烟的氧化。因此，排气管排出的碳烟浓度是碳烟生成和氧化相竞争的结果。

2. 影响汽油机有害排放物生成的主要因素

影响汽油机有害排放物生成的因素很多，其中与发动机运转有关的主要因素如下。

(1) 混合气成分

正如前文所述，汽油机是一种预混燃烧，它靠电火花进行外源点火，火核形成以后，以火焰传播为特征，其可燃混合气浓度范围比较窄，而且在一些工况下(如怠速、满负荷)经常处于浓混合气工作，因而混合气成分是影响排放的最主要的因素。

从图 6-1 可以看到，由于 CO 是一种缺氧条件下不完全燃烧的产物，随着空燃比(A/F)增加，CO 浓度逐渐下降，在大于 A/F 理论值以后，CO 浓度已经很低了。

同时看到，NO_x 浓度两头低，中间高，NO 浓度峰值出现在理论 A/F 靠稀的一侧，反映出高的 NO 生成率必须兼具高温、富氧两个条件，缺一不可。

HC 的走向则是两头高，中间低，与燃油消耗率的变化趋势基本一致。当浓混合气逐渐变稀，在缝隙容积与激冷层中混合气燃料比例减少，因此 HC 量减少。处于最佳燃烧的 A/F 范围内，HC 及油耗均为最低。但当混合气过稀，燃烧因而失火，致使 HC 及油耗重新回升。

由图 6-1 中的虚线可以看出，为了兼顾降低排放(减少 CO、HC、NO)与节能(减少油耗)，最有效的措施是组织好汽油机在较大 A/F(例如大于 20)下的稀薄燃烧。组织稀薄燃烧还有一些特定的困难，但它是当前汽油机的重要发展方向。

（2）点火正时

减小点火提前角对降低 NO 及 HC 均有利（图 6-13 和图 6-14），但以牺牲动力性为代价。

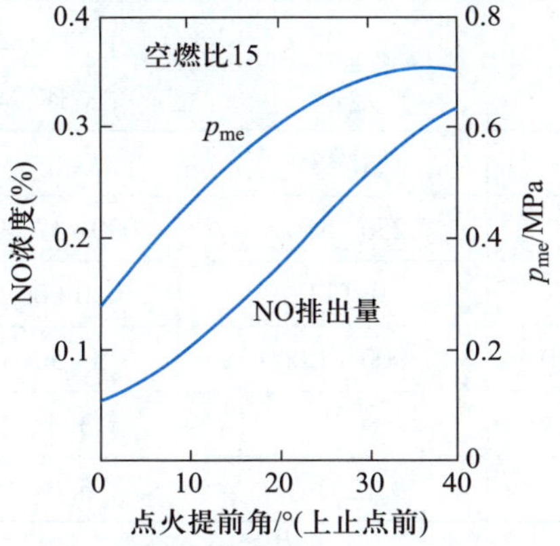

图 6-13　点火提前角与 NO 的关系图

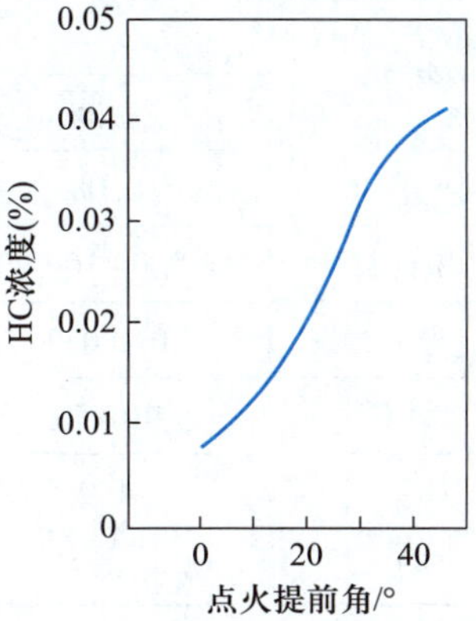

图 6-14　点火提前角与 HC 的关系

从示功图上看出（图 6-15），减小点火提前角，不仅降低燃烧最高温度、减少燃烧反应滞留时间，对降低 NO 十分有利，而且由于点火推迟，膨胀时的温度及排气温度均上升，这对降低 HC 也很有利。

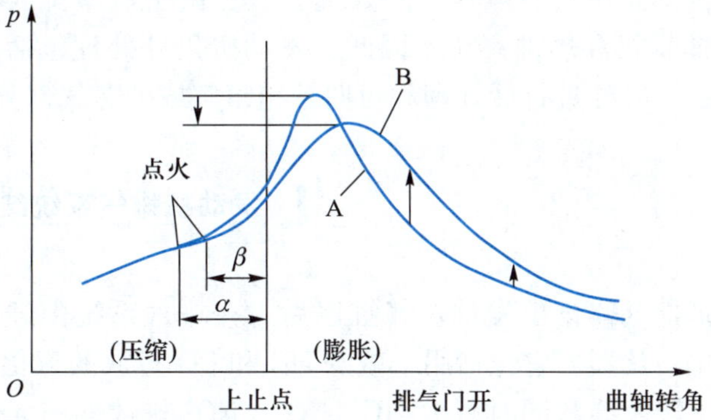

图 6-15　不同点火提前角的示功图

（3）吸入废气量的影响

为了抑制燃烧的最高温度，将一部分排气回送至燃烧室，将有利于抑制 NO 的生成。由图 6-16 可以看出，随着吸入废气量的增大，NO 浓度逐渐下降，但燃烧的有效性降低，动力性变差。

（4）工况

从表 6-2 可以看出，不同的运行工况下，生成有害排放物的差异很大。例如，怠速与减速工况，是生成 HC 的主要工况。在怠速工况下，燃烧环境温度比较低，缸内残余废气量比较大，混合气比较浓，致使燃烧

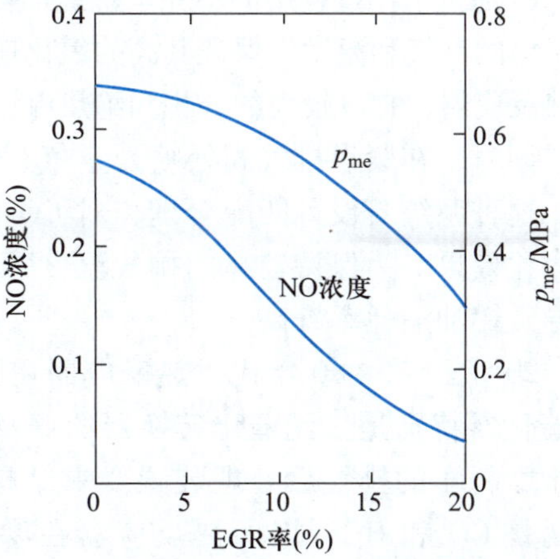

图 6-16　吸入废气量对 NO 生成及动力性的影响

恶化，HC 排放浓度增加，在减速工况下，很高的进气管真空度使进气管内沉积的燃料油膜大量蒸发，这是 HC 增加的重要原因。

表 6-2　不同工况下的排放物成分

排放物	工况			
	怠速	加速	定速	减速
HC(%)	0.08	0.054	0.0485	0.5
以正己烷计算	3 000~10 000	300~800	250~550	3 000~12 000
NO_x(%)	0.0023	0.1543	0.127	0.0006
以 NO_x 计算	10~50	1 000~4 000	1 000~3 000	5~50
CO(%)	4.9	1.8	1.7	3.4
CO_2(%)	10.2	12.1	12.4	6.0

3. 有害排放物的控制

在 20 世纪 70 年代中期以前，主要采用以改善发动机燃烧过程为主的各种机内处理方法。这些技术对降低排气污染发挥的作用有限。随着排放法规的日益严格，各厂商开始考虑包括催化转换器在内的各种机外处理方法。由于汽车排放污染物分别来自排气管(燃烧过程)、曲轴箱和燃油系统。因此，发动机机外处理包括对发动机燃烧排出的有害物，在排气系统等处进行后处理和对曲轴箱窜气或油蒸气部分进行处理。

(1) 排气的后处理

发动机排气系统结构动画

排气的后处理是指气体排出发动机气缸以后，在排气系统中进一步减少有害成分的措施，主要指催化转化器。它包括用来减少 HC 和 CO 排放的氧化催化转换器，减少 NO_x 排放的还原催化转换器和同时减少 HC、CO 、NO_x 排放的三元催化转换器，用减少 HC 和 CO 的热反应器。柴油机的碳烟微粒净化装置也属于排气后处理。

汽油机工作过程中的不完全燃烧产物 CO 和 HC 在排气过程中可以继续氧化，但必须有足够的空气和温度以保证其高的氧化速率。如图 6-17 所示，在紧靠排气总管出口处装有热反应器，它有较大的容积和绝热保温部分，使反应器内部温度高达 600~1 000 ℃；

同时，在紧靠排气阀处喷入空气(即二次空气)，以保证 CO 和 HC 氧化反应的进行。这种系统若设计匹配合理，对 CO 和 HC 的净化效率可达到 50% 以上，但对 NO_x 无净化效果。为保持较高的排气温度，一般要加浓空燃比以及推迟点火提前角，因而会导致燃油消耗率升高。

20 世纪 70~80 年代，热反应器在国外汽油车上采用得较多，随着净化效率更高的催化器特别是三元催化转换器的普及，现在新生产的汽车上已很少采用热反应器。由于摩托车的排气后处理装置要求结构简单和成本低廉，且摩托车最主要的排放污染物是 CO 和 HC，因而热反应器在摩托车上仍有较高的应用价值和较广泛的实际应用。

各类催化转换器均由金属外壳和活性催化材料组成。常见的有两种结构（见图 6-18）：一类是整体陶瓷蜂窝结构，它在作为载体的多孔性氧化铝陶瓷表面渗一层活性催化剂；另一类是颗粒式结构，它将催化材料浸透在大量直径为2~3 mm的多孔性陶瓷小球表面。这两类转换器均应保证排气流畅，并使气流与催化剂有较大的接触面积，但催化剂的材料不同，转换器的功能也不一样。

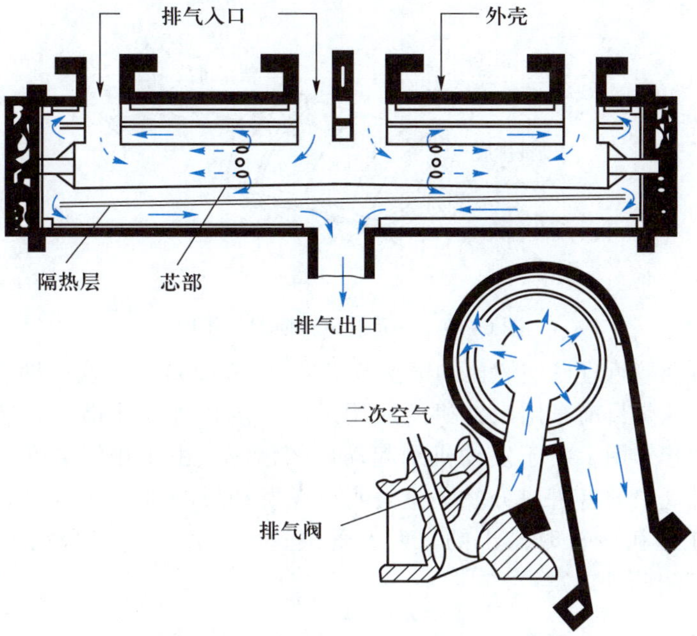

图 6-17　排气热反应器

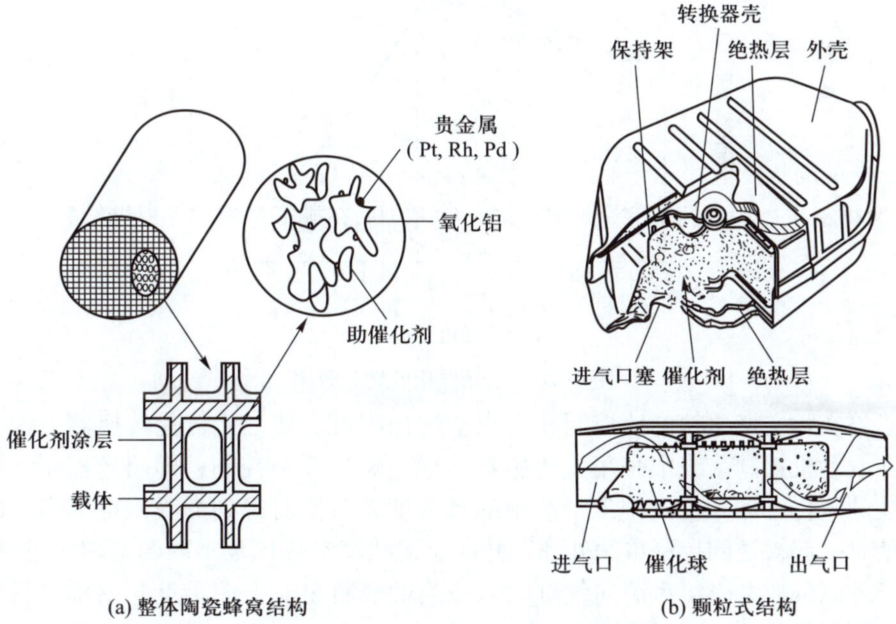

图 6-18　催化转换器结构示意图

1）三元催化转换器

三元催化剂包含铂(Pt)和铑(Rh)，Pt/Rh 在 2～17 范围内，此外还含有 Al_2O_3、NiO、CeO_2(氧化铈)，用氧化铝作为载体材料。使用三元催化剂时，应将混合气成分严格控制在理想空燃比附近，这样催化剂才能促使 CO 及 HC 的氧化反应和 NO_x 的还原反应同时进行，生成 CO_2、H_2O、N_2，如图 6-19 所示。

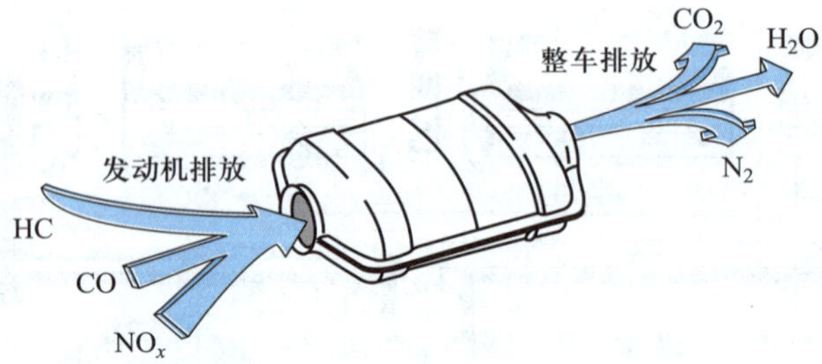

图 6-19　三元催化转换器的作用

而且，只有在接近理论空燃比的窄狭范围内(图 6-20)，对这三种有害成分才有较高的转换效率。这是目前车用汽油机上应用最广泛的机外净化措施。催化剂一般都在一定的温度下才起作用，对于发动机刚起动后的情况，由于排气温度很低，催化转换器将不能净化排气中的有害成分。试验表明，在发动机的排放试验规范中，约 80% 的有害排放物是在最初冷机时排出的。为了解决这一问题，一般采用电加热催化剂法(EHC)和吸附剂法两种方案。

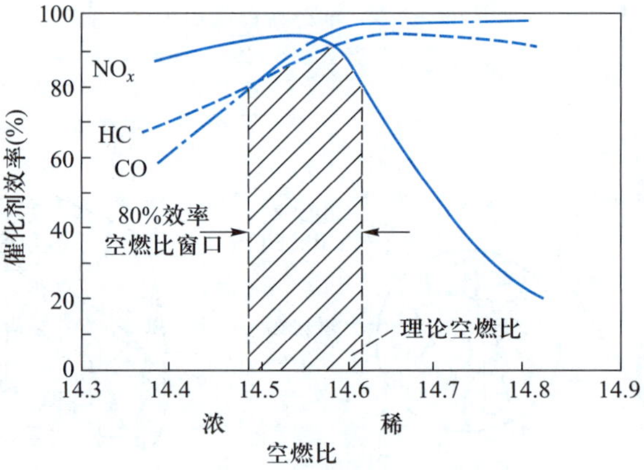

图 6-20　三元催化的转化效率

为了将实际空燃比精确地控制在理想空燃比附近，使三元催化转换器工作在最佳状态，在发动机控制系统中采用氧传感器实现空燃比反馈控制，即闭环控制。由排气系统安装的氧传感器，检出排出系统中的氧浓度，与同时得到的吸入空气量、冷却液温度等信息一起被送到控制单元处理，并同上述狭窄空燃比范围内的空燃比进行比较。通过电子控制的燃料供给系统向气缸喷入适当的燃料量。下面重点介绍排气后处理控制系统中重要的传感元件氧传感器。

2）氧传感器

氧传感器动画

在使用三效催化转换器降低排放污染的发动机上，氧传感器是必不可少的。三效催化转换器安装在排气管的中段，如图所示 6-21 所示，它能净化排气中 CO、HC 和 NO_x 三种主要的有害成分，但只在混合气的空燃比处于接近理论空燃比的一个窄小范围内，三效催化转换器才能有效地起到净化作用。故在排气管中插入氧传感器，借检测废气中的氧浓度测定空燃比。并将其转换成电压信号或电阻信号，反馈给 ECU。ECU 控制空燃比收敛于理论值。

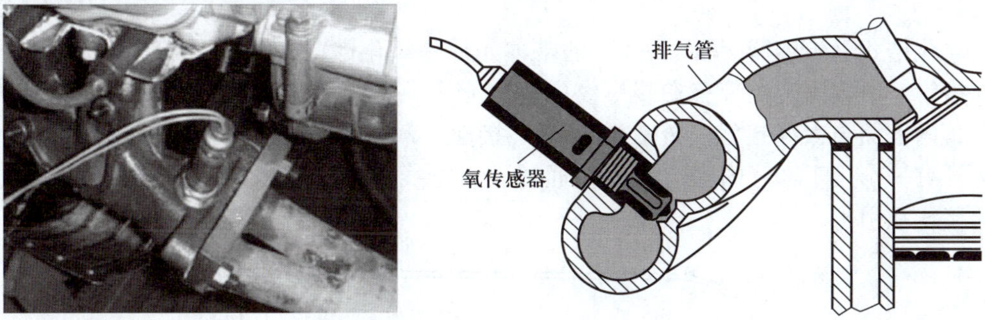

图 6-21 氧传感器的位置

氧传感器是发动机电子控制系统中的一个重要传感器，其作用就是把排气中氧的浓度转换为电压信号，ECU 根据氧浓度传感器输入的信号判断可燃混合气的浓度，进而修正喷油量，最终将缸内可燃混合气的浓度控制在理想空燃比 14.7：1 附近。图 6-22所示为氧传感器的闭环控制简图。

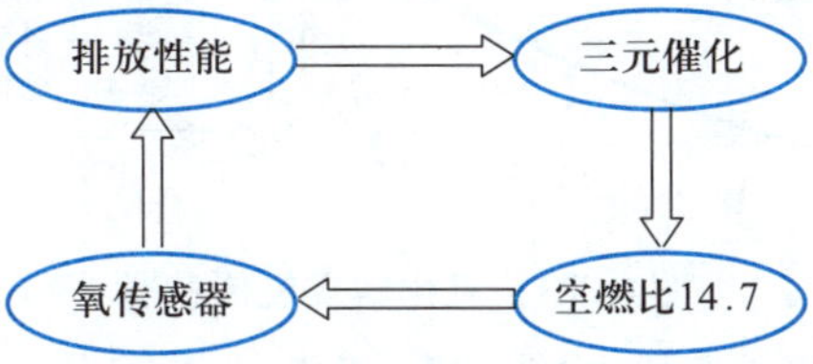

图 6-22 氧传感器的闭环控制简图

氧传感器的数量因车而异，有的发动机只有一个氧传感器，安装在排气管中排气消音器的前面。双排气管发动机在左、右排气管上各安装一个氧传感器，这样该系统就有两个氧传感器；左氧传感器和右氧传感器；装有三元催化转换器的发动机在该装置前、后各安装一个氧传感器。

按检测范围分：窄型氧传感器（氧传感器）、宽型氧传感器（空燃比传感器）。按照氧传感器的结构来分，目前使用的氧传感器有氧化锆（ZrO_2）式和氧化钛（TiO_2）式两种，其中应用最多的是氧化锆式氧传感器。按照氧传感器的位置来分，有前氧传感器和后氧传感器，前氧传感器主要作用是检测尾气中氧的含量，后氧传感器主要作用是检测三元催化转换器的催化效率。按传感器是否有加热装置分，有加热型、非加热型。按传感器接线分，有 1 线、2 线——非加热型，3 线、4 线——加热型。按信号特点分，有电压型、电流型。

电压型氧传感器结构及工作原理动画

极限电流型氧传感器的结构及工作原理动画

宽频带型氧传感器的机构及工作原理动画

氧化锆式氧传感器（见图 6-23）的基本元件是氧化锆（ZrO_2）陶瓷管（固体电解质），又称锆管。锆管固定在带有安装螺纹的固定套中，内外表面均覆盖着一层多孔性的铂膜，其内表面与大气接触，外表面与废气接触。氧传感器的接线端有一个金属护套，其上开有一个用于锆管内腔与大气相通的孔；电线将锆管内表面的铂电极层经绝缘套从此接线端引出。

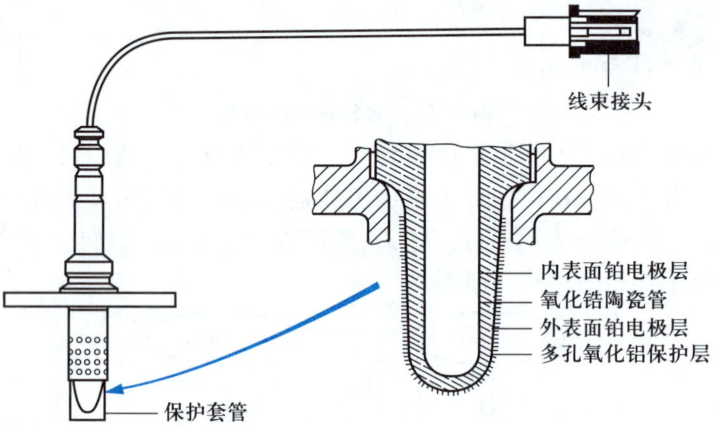

图 6-23　氧化锆式氧传感器

氧化锆在温度超过 300 ℃后，才能进行正常工作。早期使用的氧传感器靠排气加热，这种传感器必须在发动机起动运转数分钟后才能开始工作，它只有一根接线与 ECU 相连（图 6-24（a））。现在，大部分汽车使用带加热器的氧传感器（图 6-25（b）），这种传感器内有一个加热器，可在发动机起动后的 20～30 s 内迅速将氧传感器加热至工作温度。它有三根接线，一根接 ECU，另外两根分别接地和电源。

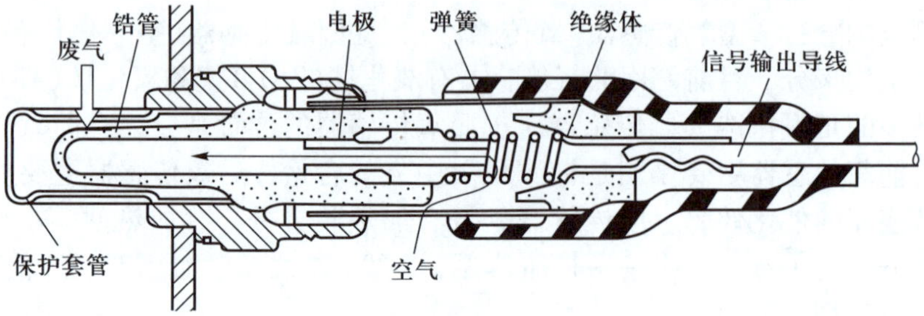

(a)

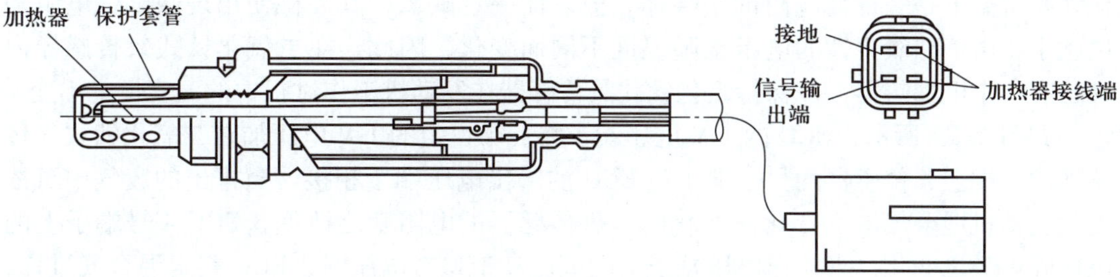

(b)

图 6-24　两种不同的氧化锆式氧传感器

锆管的陶瓷体是多孔的，渗入其中的氧气，在温度较高时发生电离。由于锆管内、外侧氧含量不一致，存在浓度差，因而氧离子从大气侧向排气一侧扩散，从而使锆管成为一个微电池，在两铂极间产生电压(图 6-25)。当混合气的实际空燃比小于理论空燃比，即发动机以较浓的混合气运转时，排气中氧含量少，但 CO、HC、H_2 等较多。这些气体在锆管外表面的铂催化作用下与氧发生反应，将耗尽排气中残余的氧，使锆管外表面氧气浓度变为零，这就使得锆管内、外侧氧浓度差加大，两铂极间电压陡增。因此，锆管传感器产生的电压将在理论空燃比时发生突变：稀混合气时，输出电压几乎为零；浓混合气时，输出电压接近 1 V。

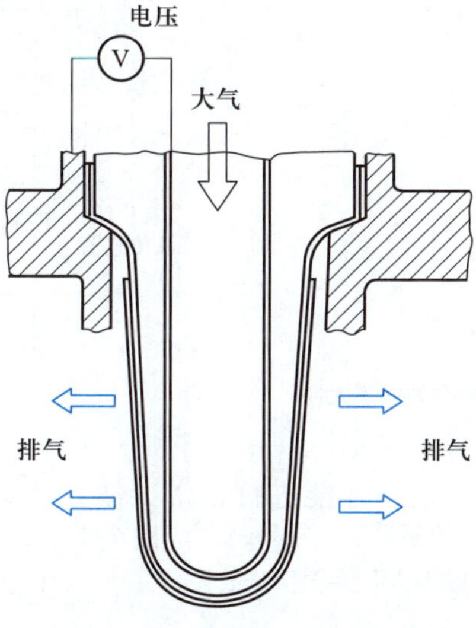

图 6-25　锆管的工作原理

要准确地保持混合气浓度为理论空燃比是不可能的。实际上的反馈控制只能使混合气在理论空燃比附近一个较小的范围内波动，故氧传感器的输出电压在 0.1～0.8 V 之间不断变化(通常每 10 s 内变化 8 次以上)。如果氧传感器输出电压变化过缓(每 10 s 少于 8 次)或电压保持不变(不论保持在高电位或低电位)，则表明氧传感器有故障，需检修。

二氧化钛式氧传感器是利用二氧化钛(TiO_2)材料的电阻值随排气中氧含量的变化而变化的特性制成的，故又称电阻型氧传感器。二氧化钛式氧传感器的外形和氧化锆式氧传感器相似。在传感器前端的护罩内是一个二氧化钛厚膜元件(图 6-26)。纯二氧化钛在常温下是一种高电阻的半导体，但表面一旦缺氧，其晶格便出现缺陷，电阻随之减小。由于二氧化钛的电阻也随温度不同而变化，因此，在二氧化钛式氧传感器内部也有一个电加热器，以保持氧化钛式氧传感器在发动机工作过程中的温度恒定不变。

如图 6-27 所示，ECU 的 1 V 电压端子将一个恒定的 1 V 电压加在二氧化钛式氧传感器的一端上，传感器的另一端子与 ECU 的输出电压端子相接。当排出的废气中氧浓度随发动机混合气浓度变化而变化时，氧传感器的电阻随之改变，ECU 4 号端子上的电压降也随之变化，当输出电压端子上的电压高于参考电压时，ECU 判定混合气过稀，当输出电压端子上的电压低于参考电压时，ECU 判定混合气过稀。通过 ECU 的反馈控制，可保持混合气的浓度在理论空燃比附近。在实际的反馈控制过程中，二氧化钛式氧传感器与 ECU 连接的输出电压端子上的电压也是在 0.1~0.9 V 之间不断变化，这一点与氧化锆式氧传感器是相似的。

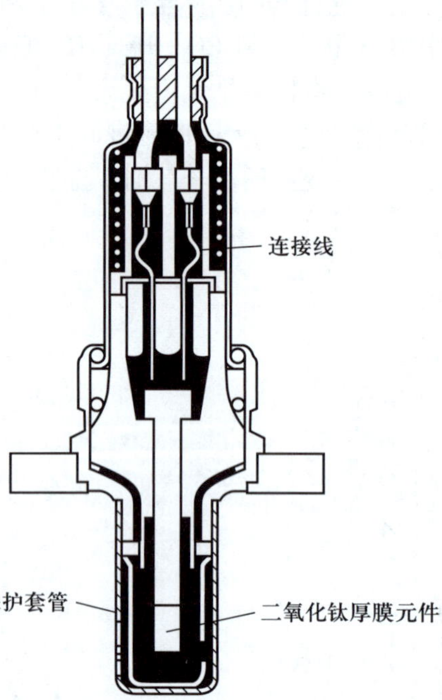

图 6-26　二氧化钛式氧传感器

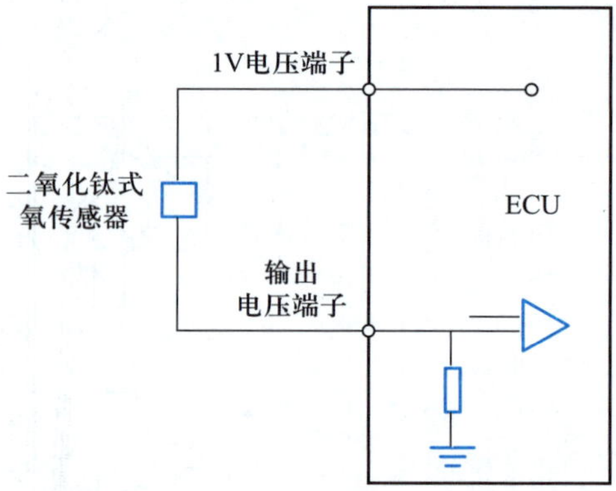

图 6-27　二氧化钛式氧传感器工作原理

AJR 氧传感器的基本电路如图 6-28 所示。

（2）发动机的前处理

发动机的前处理应包括防止汽油蒸发的措施，以及为降低 NO 生成而采取的废气再循环的措施。

1）燃油蒸发控制系统

汽车产生的排放物中大约有 20%来自燃油蒸发。燃油蒸发控制（EVAP）系统能够存储燃油系统产生的燃油蒸气（HC），阻止燃油蒸气泄漏到大气中，减少环境污染；同时将收集的燃油蒸气适时地送入进气歧管，与正常混合气混合后进入发动机燃烧，使汽油得到充分利用。

炭罐其实是燃油蒸发控制系统的一部分，该系统是为了避免发动机停止运转后燃

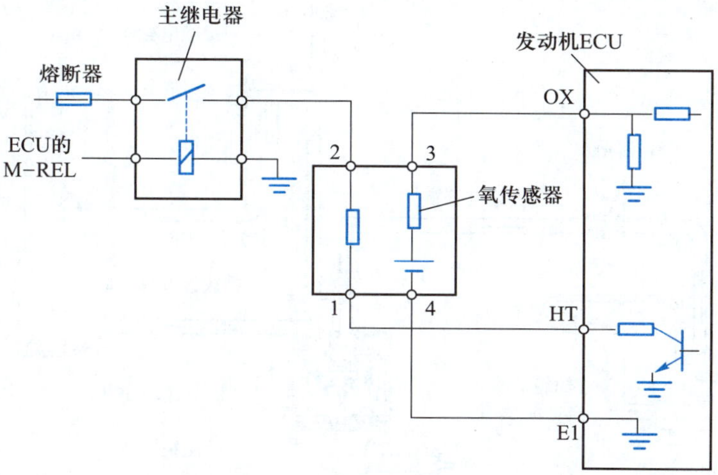

图 6-28　AJR 氧传感器的基本电路

油蒸气逸入大气而引入的一种设备装置。从 1995 年起，我国规定所有新出厂的汽车必须具备此系统。首先，来看看它的工作原理。发动机熄火后，燃油蒸气与新鲜空气在罐内混合并储存在活性炭罐中，当发动机点燃后，装在活性炭罐与进气歧管之间的电磁阀门打开，活性炭罐内的燃油蒸气在进气歧管的真空度作用下，被过滤后的洁净空气带入气缸内参加燃烧，这样做不仅降低了排放污染，而且也降低了油耗。其中炭罐是这个系统中最为重要的关键装置，收集和存储燃油蒸气的主要功能就是由它来完成，就像人体中的"胆囊"用于储存和提供胆汁一样。装在车上的炭罐其实是一个总成，它的外壳一般都是塑料制作的，内部填充有可以吸附蒸气的活性炭颗粒，顶部还设有用来控制进入空气歧管的燃油蒸气及空气数量的清洗控制阀，以及用来净化燃油蒸气的过滤网等。

燃油蒸发控制系统的构造随汽车制造厂和生产年代的不同而不同。早期的燃油蒸发控制系统多是利用真空进行控制，而现在基本上都采用发动机 ECU 进行控制。目前常见到的比较简单的燃油蒸发控制系统如图 6-29 所示。它主要由燃油箱、活性炭罐（又称吸附罐）、炭罐控制电磁阀等组成，能够提供比较精确的蒸发流量的控制。

活性炭罐是燃油蒸发系统中储存蒸气的部件，如图 6-30 所示。活性炭罐的下部与大气相通，上部有接头与燃油箱和进气歧管相连，用于收集和清除燃油蒸气。中间是活性炭颗粒，它具有极强的吸附燃油分子的作用。燃油箱内的燃油蒸气（HC）经管路进入活性炭罐后，蒸气中的燃油分子被吸附在活性炭颗粒表面。活性炭罐有一个出口，经软管与发动机进气歧管相通。软管的中部设一个炭罐控制电磁阀（常闭），以控制管路的通断。当发动机运转时，如果发动机控制模块控制炭罐控制电磁阀开启，则在进气歧管真空吸力的作用下，空气从活性炭罐底部进入，经过活性炭至上方出口，再经软管进入发动机进气管，吸附在活性炭表面的燃油分子又重新脱附，随新鲜空气一起被吸入发动机气缸燃烧。这一过程一方面使燃油得到充分利用，另一方面也使活性炭罐内的活性炭保持良好的吸附燃油分子的能力，而不会因使用太久而失效。当炭罐控制电磁阀关闭时，燃油蒸气储存在活性炭罐中。

为了防止破坏发动机正常工作时的混合气成分，影响发动机正常工作，必须对燃

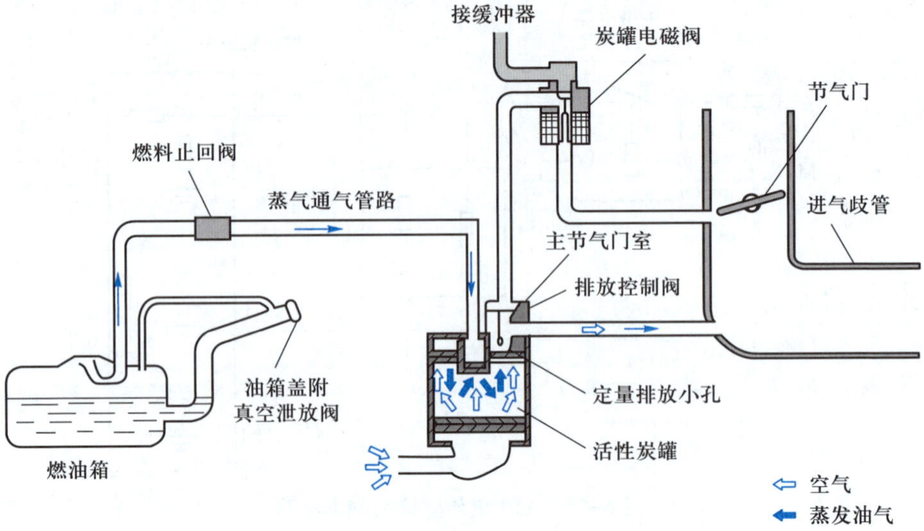

图 6-29　燃油蒸发控制系统示意图

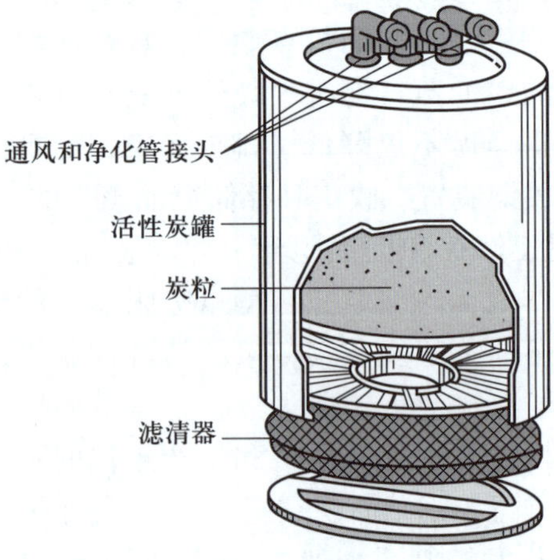

图 6-30　活性炭罐

油蒸气进入发动机进气歧管的时机和进入量进行控制。

目前，各汽车生产厂家都采用发动机 ECU 控制炭罐控制电磁阀的通断，来控制其开启和关闭。线圈通电时，电磁阀开启；线圈断电时，电磁阀关闭。但它们在控制电磁阀开闭的时机和方法上并不完全一样。

一般说来，使用发动机 ECU 使炭罐控制电磁阀通电，通常考虑以下条件：

① 发动机起动已超过规定的时间。

② 冷却液温度已高于规定值。

③ 怠速触点开关处于断开状态。

④ 发动机转速高于规定值。

当满足以上条件时，发动机 ECU 使电磁阀线圈电路接地通电，电磁阀的阀门开启，储存在活性炭罐内的燃油蒸气经软管被吸入发动机燃烧。此时由于发动机的进气量较大，少量的燃油蒸气进入发动机不会影响混合气的浓度。如果不完全满足上述条件，

ECU 不会激活炭罐控制电磁阀，燃油蒸气被储存在炭罐中。

较先进的燃油蒸发控制系统，一般都能根据发动机负荷等情况，适时控制电磁阀的通电占空比，以达到控制电磁阀开启程度的目的。

2）曲轴箱强制通风系统（PCV）

PCV 系统动画

如图 6-31 所示，从空气滤清器引出一股新鲜空气进入曲轴箱，再经流量调节阀（PCV 阀）把窜入曲轴箱的气体和空气的混合气一起吸入气缸烧掉。

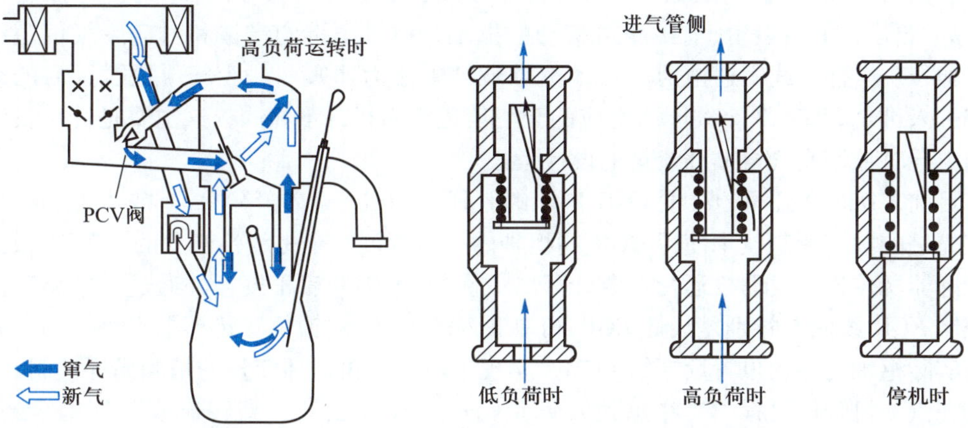

(a) PCV系统　(b) PCV阀

图 6-31　曲轴箱强制通风系统

PCV 阀是用真空操作和多个可变喷嘴控制的阀。其作用是在怠速、低速小负荷时减少送入气缸的抽气量，避免混合气过稀而造成失火。在节气门全开时，即进气管真空度低，气缸窜气量大时，提供足够的流量。

3）废气再循环装置（EGR）

发动机 EGR 系统结构动画

使少量废气（5%～20%）再次循环进入气缸，降低燃烧温度，可抑制 NO_x 生成。对废气再循环量的控制方法有进气负压控制式、排气压力控制式、负荷比例式及电子控制式。应根据不同工况决定是否采用废气再循环，或确定废气再循环量的多少。

各大汽车公司所开发推出的 EGR 系统在控制方式上并不相同。按照工作方式分类主要有真空膜片式和全计算机控制电磁式。

真空膜片式 EGR 系统主要有以下几种类型：气道式废气再循环系统、正背压废气再循环系统和负背压废气再循环系统。以上类型的 EGR 系统主要在日本车系、福特车系和早期的通用车系上被广为运用。其主要通过电磁阀控制传送到 EGR 阀内部膜片上部控制管路中的真空，再结合发动机在不同工况下的排气压力和进气歧管绝对压力（MAP）差值综合控制 EGR 阀的开关程度。

因为一般 EGR 阀当发动机的冷却液温度达到 70 ℃以上，节气门开度大于 0 的情况下，都被 ECM 控制开启，所以进气歧管上的真空可以说大多数时间是被作用于 EGR 阀内部的膜片上的，整个系统的控制近似于一种纯机械的方式。而且，作为发动机控制模块 ECM 接收到的 EGR 工作状况反馈信息也不是非常的精确。

例如，日本车系常用废气温度感知器来检测 EGR 阀的开启程度，福特车系常用压力反馈电子感知器(PPE)通过监测流过废气压力计量孔节流后的废气压力值来计算出 EGR 的实际开启程度。全计算机控制电磁式 EGR 系统主要有以下两种类型：指状线圈废气再循环系统和线性控制废气再循环系统。

这两种废气再循环系统均由 DelCO 公司独家开发，仅装备在通用公司所生产的汽车上。指状线圈废气再循环阀内部装备 3 个线圈，这 3 个线圈全部由动力控制模块(PCM)控制，每个线圈配有 1 个可移动的枢轴，枢轴下端的锥体和对应废气信道阀座密封配合。当任一线圈通电时，可动枢轴就被电磁力所吸引，废气可通过开启的废气信道进入进气管路。3 个线圈所对应的废气信道截面积各不相同，这主要是针对发动机不同工况时控制废气再循环流量的设计考虑。

目前，DelCO 公司的线性 EGR 阀能够胜任发动机全工况下 NO_x 排放水平的最佳控制。先进的脉宽调制技术使得 EGR 阀枢轴的开启程度完全是线性渐变的，PCM 根据各种传感器所传送的发动机运行参数计算出最优的 EGR 开启程度，并通过脉宽调制信号来控制 EGR 线圈。特别是线性 EGR 阀中嵌入的 EGR 枢轴位置传感器 PPS，马上就能够将实际枢轴的移动位置反馈给 PCM，实现了对废气再循环流量的精确循环控制。

在汽油机暖机过程中，在怠速及低负荷时，在高负荷、高转速或节气门全开时，一般不进行废气再循环，并要求随着负荷增加，废气再循环量应增加到允许的限度。根据工况不同，利用计算机控制 EGR 阀的开度，可以获得较高的控制精度(见图 6-32)。在许多国家，使用 EGR 装置已成为净化 NO_x 的主要方法。

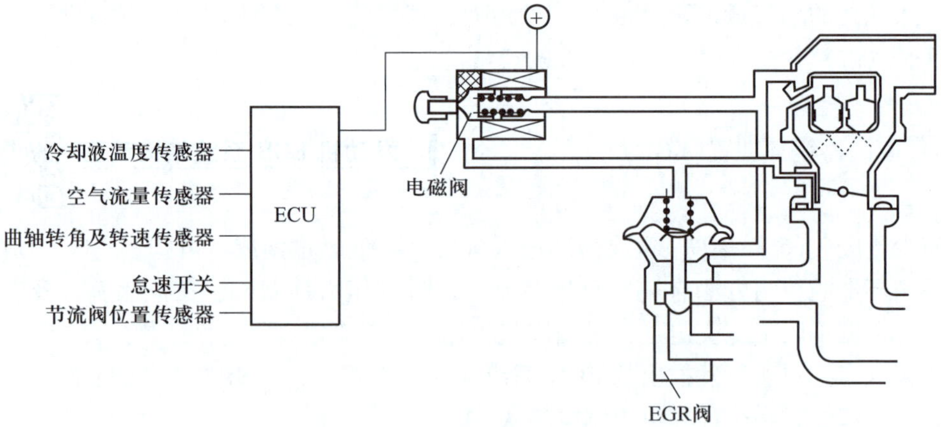

图 6-32　计算机控制 EGR 阀

① 气电式。

气电式 EGR 系统主要由 EGR 阀、真空源、真空管路、电控单元、电磁阀和部分传感器等组成，如图 6-33 所示。在气电式 EGR 系统中，阀的开度是通过改变 EGR 阀上部真空室内真空度来调节，其真空源的选取由节气门附近或使用真空泵来提供。此系统中 EGR 阀与 EGR 电磁阀通过真空管路相连。

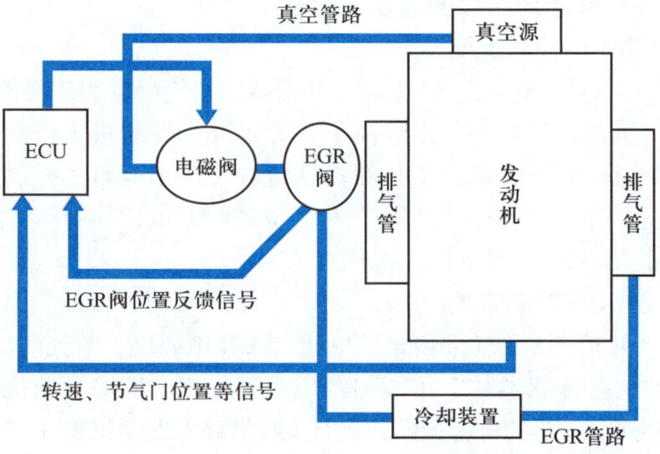

图 6-33　气电式 EGR 系统

EGR 电磁阀在关闭状态下，真空管路与大气相连，而在开启状态下，真空管路与真空源相连。电控单元通过改变电磁阀的开启关闭时间比，达到调节真空管路中的真空度的目的，从而控制废气再循环流量。气电式 EGR 系统可以根据传感器信号判断发动机工作状态，相对准确计算出废气再循环的时机和最佳控制量。

② 电控式。

电控式 EGR 系统由 EGR 阀、EGR 冷却器、混合腔、节流阀、一根或多根 EGR 管等组成（见图 6-34）。EGR 阀结构如图 6-35 所示。根据使用需要有时包含旁通阀和节流阀，电控式 EGR 系统则还包含 ECU 控制器。气缸排气经过排气管，通过 EGR 控制阀部分进入 EGR 系统，高温气体经过 EGR 冷却器，最终到达混合腔，与新鲜空气混合进入气缸。

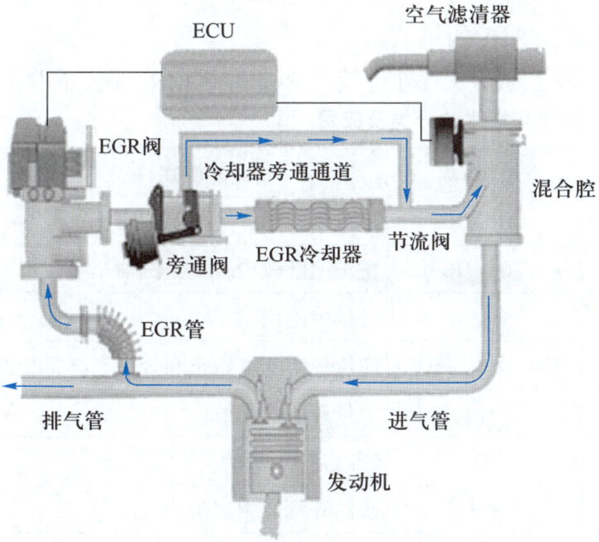

图 6-34　电控式 EGR 系统

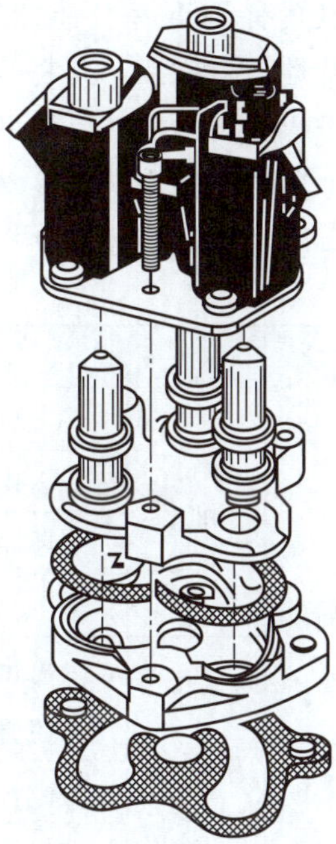

图 6-35　电控式 EGR 阀

现阶段电控式 EGR 系统可以分为以下三种。

a. 普通电控式 EGR 控制系统。

普通电控式 EGR 系统主要由 EGR 阀、电磁阀、节气门位置传感器、曲轴位置传感器、冷却液温度传感器、起动信号和电控单元等组成。发动机工作时，电控单元根据各个传感器反馈的电信号，确定发动机目前在哪种工况下运行。发动机在各种工况下运行，电控单元向 EGR 电磁阀发出接通信号，电磁阀通电，其阀门关闭，切断 EGR 真空通道，EGR 阀关闭，EGR 系统停止工作。

b. 可变电控式 EGR 控制系统。

可变电控式 EGR 控制系统主要由电控单元、EGR 电磁阀、节气门位置传感器、EGR 阀、节气门、曲轴位置传感器、定压阀和调压阀等组成。根据发动机台架试验确定的 EGR 率与发动机转速、负荷的对应关系，将有关数据存入发动机 ECU 内微机的 ROM 中。发动机工作时，微机根据各种传感器送来的信号，确定发动机在哪种工况下工作，经查表和计算修正，输出适当的指令，控制电磁阀的开度，以调节排气再循环的 EGR 率。

当发动机工作时，微机根据曲轴位置传感器、节气门位置传感器、冷却液温度传感器、点火开关和电源电压等，给 EGR 阀提供不同占空比的脉冲电压，使其具有不同的打开关闭频率，调节进入调压阀的空气量，得到控制 EGR 阀不同开度所需各种真空度，从而获得为适应发动机工况所需不同的 EGR 率。脉冲电信号的占空比越大，电磁阀打开时间越长，进入调压阀负压室的空气量越多，真空度越小。

c. 闭环控制式排气再循环系统。

在开环控制式排气再循环系统中，EGR 率只受微机预先设置好的程序控制，不检验发动机各种工况下的 EGR 率，因此无反馈信号。而在闭环控制式排气再循环系统中，微机以 EGR 率作为反馈信号实现闭环控制。新鲜空气经 EGR 阀进入稳压箱，稳压箱中设置有 EGR 率传感器，它对稳压箱中新鲜空气与废气所形成的混合气中的氧气浓度不断地进行检测，并将检测结果输入微机。

微机经过分析计算后向 EGR 阀输出控制信息，不断地调整 EGR 率，时刻在微机的控制下保持在理想状态，从而有效地减少 NO_x 的排放量。

总之，机外净化措施可以按表 6-3 分为排气后处理技术和发动机前处理技术两类。

表 6-3　机外净化技术的分类及应用

分类			处理对象	国外应用现状
排气后处理技术	汽油机	热反应器	CO、HC	汽车已不用，主要用于摩托车
		氧化催化器	CO、HC	轿车上已较少，重型汽油车有应用
		还原催化器	NO_x	已很少应用
		三元催化器	CO、HC、NO_x	应用最广泛，轿车和轻型车必备装置
	柴油机	氧化催化器	SOF、CO、HC	少量开始应用
		还原催化器	NO_x	研制开发中
		微粒捕集器	PM	研制开发及中试阶段
		碳纤维吸附净化	NO_x	基础研究中

续表

分类			处理对象	国外应用现状
发动机前处理技术	汽油机、柴油机	曲轴箱强制通风装置	HC	法规要求必备装置
	汽油机	燃油蒸发控制系统	HC	法规要求必备装置
	汽油机、柴油机	废气再循环装置（EGR）	NO_x	应用广泛

小贴士

吉利汽车助力“环保、绿色、节能”，构建和谐人、车、生活关系

2020年5月，吉利汽车宣布旗下全系车型执行“国六”标准，排放升级“一步到位”，提前三年完成国家最严苛排放标准升级。作为中国汽车主要品牌之一，吉利汽车此次率先完成“国六”排放升级，展现了其高度的社会责任感和领先的研发技术实力。

此次吉利汽车全系切换“国六”排放标准，带来巨大的环保价值。以吉利汽车2019年136万台的年销量计算（如单台车1年行驶1万公里），意味着将减少超过4 000 t的 CO_2 排放、20 t碳粒子排放，相当于一年种了15万棵树。

（二）任务计划与实施

引导问题14：在进行排放控制系统检测时，下列说法中正确的有（　　）。

A. 在举升车辆到指定高度时，需要进行举升机锁止动作

B. 在检测汽车排气管时，需要等待排气管冷却下来，防止被烫伤

C. 在更换汽车氧传感器时，不需要等待发动机处于冷车状态

D. 在更换汽车氧传感器时，如果使用普通扳手可以拆卸，使用即可

E. 在更换汽车氧传感器时，需要使用和车辆型号配套的专用工具拆卸

F. 在读取车辆排放系统故障码时，诊断仪不需要清除故障码操作

G. 在读取车辆排放系统故障码时，诊断仪需要进行读码-清码-再读码操作

H. 当进行排放系统检测时，应当全过程进行6S作业：整理、整顿、清扫、清洁、素养、安全

引导问题15：当车辆排放控制系统出现故障时，利用诊断仪会出现哪些故障代码？并分别解释这些故障代码的含义。

引导问题 16：利用诊断仪检测读取发动机数据流时，哪些数据流是有关排放系统的？分别解释这些数据流的含义。

____

____

____

____

引导问题 17：根据计划，列出实训车辆氧传感器的拆装步骤。

____

____

____

____

引导问题 18：图 6-36 所示为车辆氧传感器中毒后的外观，分析不同情况的故障原因。

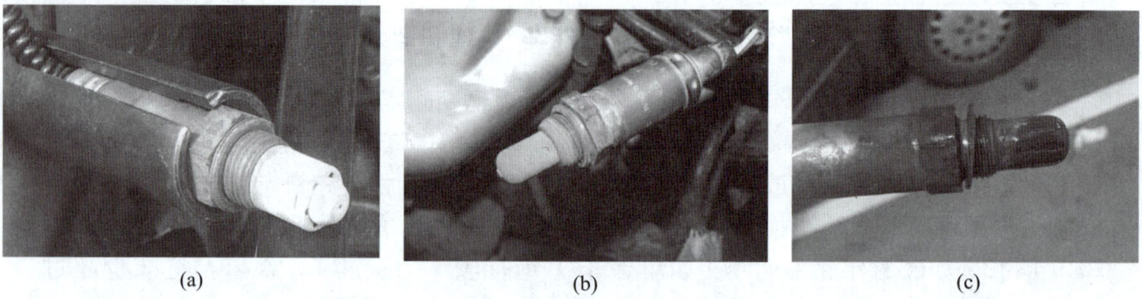

图 6-36　氧传感器中毒后的外观

（a）____

____

（b）____

____

（c）____

____

引导问题 19：图 6-37 所示为加热型氧化锆式氧传感器的结构，列出这种氧传感器的检测方法。

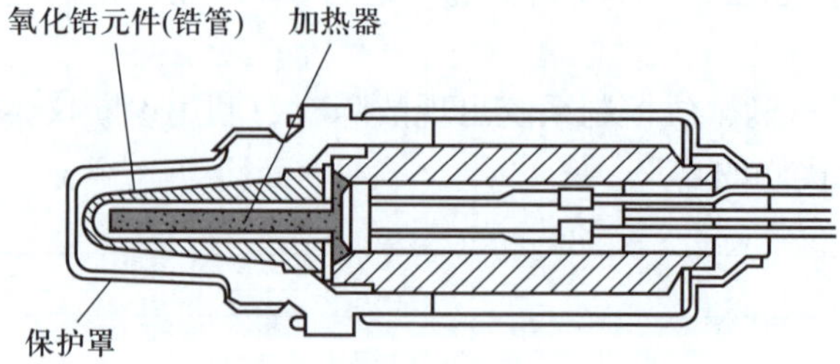

图 6-37　加热型氧化锆式氧传感器的结构

引导问题 20：如图 6-38 所示线性宽频氧传感器的结构，列出该种类型氧传感器的检测方法。

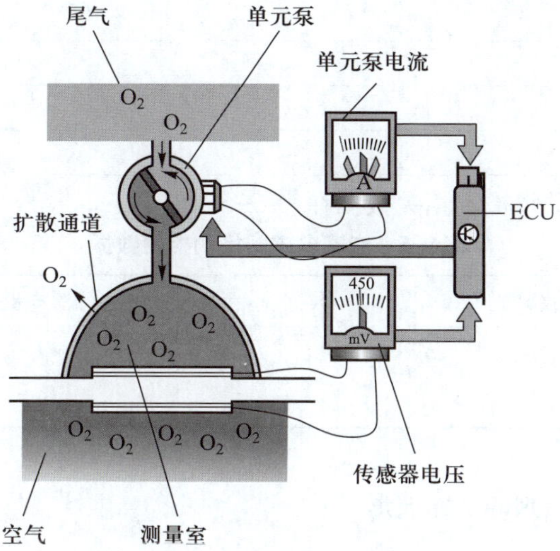

图 6-38　线性宽频氧传感器的结构

引导问题 21：（1）列出实训车辆发动机氧传感器的检测步骤。

（2）记录氧传感器检测相关数据在表 6-4 中。

表 6-4　氧传感器检测相关数据

项目	故障码	数据流	传感器电路	传感器总成
数据				

（3）画出氧传感器的工作波形。

引导问题 22：列出排气管三元催化器的清洗方法和步骤。

____

____

____

____

引导问题 23：(1) 列出实训车辆发动机燃油蒸发控制系统的检测步骤。

____

____

____

____

(2) 记录炭罐电磁阀检测相关数据在表 6-5 中。

表 6-5　炭罐电磁阀检测相关数据

项目	故障码	数据流	执行器电路	行器总成
数据				

(3) 画出炭罐电磁阀的工作波形。

引导问题 24：列出实训车辆发动机废气再循环系统的检测步骤。

____

____

____

____

引导问题 25：在进行发动机排放控制系统故障检修时，有哪些注意事项?

____

____

____

____

引导问题 26：图 6-39 所示为 2018 款一汽大众迈腾汽车的氧传感器控制电路简图，由前氧传感器和后氧传感器组成。

(1) 前氧传感器线的含义：T4gy/1 为____________________，T4gy/2 为____________________，T4gy/3 为____________________，T4gy/4 为____________________。

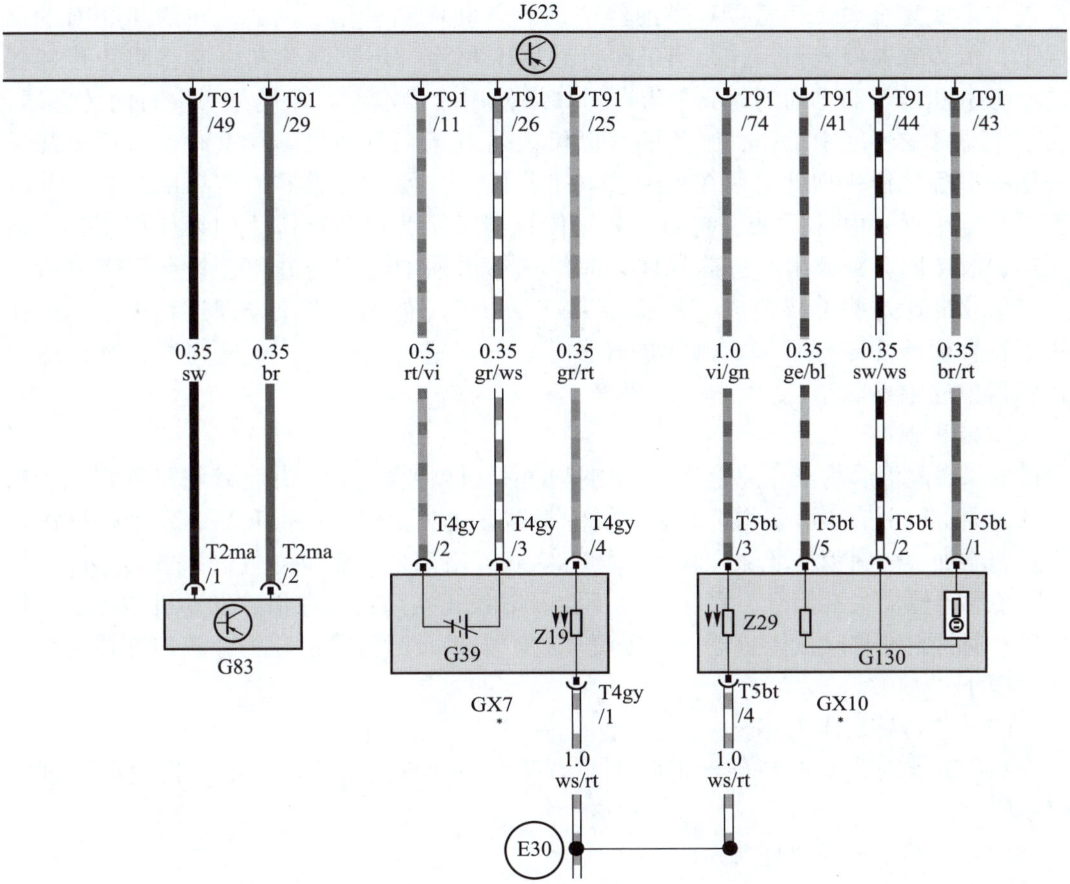

图 6-39　氧传感器控制电路简图

（2）后氧传感器线的含义：T5bt/1 为________，T5bt/2 为________，T5bt/3 为________，T5bt/4 为________，T5bt/5 为________。

（3）发动机 ECU J623 的 T91/41 到后氧传感器 T5bt/5 之间线路的诊断步骤：

①________。

②________。

③________。

任务技能点 1：氧传感器与三元催化转换器检修

1. 氧传感器常见故障

（1）氧传感器中毒

氧传感器中毒是一种经常发生在发动机电子控制系统中的故障，有两种情况：一种是铅中毒，一种是硅中毒。铅中毒是由铅污染引起的，传感器尖端会出现红褐色物质。使用含铅汽油、发动机油或其他化学品如各种添加剂会导致空燃比从开始的略有变化，到最终传感器完全失灵。当驾驶员注意到时，一般情况氧传感器已经严重中毒或完全失灵，已导致燃油经济性或驾驶性能恶化。例如，在约 900 ℃的高温下，氧传感器侵入铅，这相当于在传感器上喷涂一层高温涂料。它将阻止传感器的参考侧和排气侧之间的氧离子流动。如果使用含铅汽油，即使是一个新的传感器，在不太恶劣的环境中工作，服务里程也仅为两万至三万公里。严重时，只行驶几千公里的里程，铅化物就会粘在氧传感器工作面上，使氧传感器的信息反馈功能基本丢失。硅中毒是由硅污染引起的，氧气传感器显示为白色顶部。如果使用不当，使用硅橡胶垫圈会释放出有机硅气体，润滑剂和汽油中含有的硅化合物会在燃烧后产生二氧化硅。这些都将造成氧传感器失效。一般，企业在汽车修理过程中，如果使用不符合标准的硅橡胶垫，例如进气歧管、气门罩、油底壳上的密封圈，都将造成传感器中硅中毒。

（2）积碳

如果燃料混合物没有完全燃烧，则排出的气体将含有碳，并且碳将附着在氧传感器的表面上以形成碳沉积物。此时，氧传感器显示为黑色。碳沉积后，发动机排放污染显著增加，燃料消耗增加。碳沉积物将堵塞或阻塞外部新鲜空气进入氧传感器，导致氧传感器输出失准信号，并且 ECU 不会及时校正空燃比。在消除发动机碳沉积故障之后，通常自动移除氧传感器上的碳沉积物。如果及时清除沉积物，氧传感器将恢复正常操作。

（3）氧传感器陶瓷碎裂

氧传感器陶瓷具有高硬度但特别脆。因此，处理时要小心，如果发生碎裂则需更换。

（4）加热器电阻丝烧断

加热型氧传感器，如果加热丝被烧蚀，传感器将由于难以达到正常工作温度而失去其功能。

（5）氧传感器内部断线

如果氧气传感器内部的接线未被汽车紧密焊接或撞击，则内部电路将断开。

（6）氧传感器操作不当造成的损坏

通过小心处理氧传感器可以避免损坏。它不能用扳手或摇杆敲击，因为氧传感器的陶瓷很硬而且很脆，即使强烈的吹气也会破坏它。防锈层不能喷射到氧气传感器内部，也不能用溶剂，因为它会阻挡或阻挡外部新鲜空气进入传感器并导致其失效。其他泄漏流体(比如转向液或制动液)也同样如此。除制造商规定外，不能在氧传感器的螺纹处使用脱模剂或溶剂。

2. 根据外观判断氧传感器故障

通过观察氧传感器顶面的颜色，正常氧传感器的颜色应为浅灰色。

（1）如果顶面呈白色，这是“硅中毒”引起的传感器失效。

（2）如果顶面呈棕色，这是“铅中毒”引起的。氧化钛型氧传感器和氧化锆型氧传感器都害怕铅化合物和废气中的碳化物的污染和黏附。如果汽车使用含铅汽油或发动机“燃烧油”，由于含铅和含碳化合物的附着，氧传感器的电压信号的突然变化立即失准，响应速度在 10 s 内减少到小于 8 次，且有报警提示，此时应更换氧传感器。

（3）如果发动机排气中有更多的烟雾和碳沉积物，氧传感器顶部会留下黑色碳沉积物。

3. 氧传感器和电路检测

氧传感器元件检测测量方法视频

（1）检查氧传感器的加热元件

拆下氧传感器的线束插接器，用万用表欧姆挡测量氧传感器内部加热元件阻值，其阻值应符合相应标准。例如，丰田汽车的氧传感器内部加热元件阻值应为 4～40 Ω；桑塔纳汽车的氧传感器内部加热元件阻值应为 1～5 Ω，具体数值可查阅各车型的维修手册。若阻值不符，则应更换氧传感器。

（2）检查氧传感器加热元件工作电路

将点火开关置于 ON 位置用电压表检测氧传感器加热元件上的工作电压，其标准值为蓄电池电压 12 V。若无电压，则应检查加热元件的电源电路。

（3）检查氧传感器的工作电压

测量氧传感器反馈电压时，应先拔下氧传感器线束连接器插头，对照被测车型的电路图，从氧传感器反馈电压输出端引出一条细导线，然后插好连接器，在发动机运转时从引出线上测量反馈电压。有些车型也可以从故障诊断插座内测得氧传感器的反馈电压，如丰田公司生产的小轿车，可从故障诊断插座内的 OX1 或 OX2 插孔内直接测得氧传感器反馈电压（丰田 V 型六缸发动机两侧排气管上各有一个氧传感器，分别和故障检测插座内的 OX1 和 OX2 插孔连接）。在对氧传感器的反馈电压进行检测时，最好使用指针型的电压表，以便直观地反映出反馈电压的变化情况。此外，电压表应是低量程（通常为 2 V）和高阻抗（阻抗太低会损坏氧传感器）的。

宽带式氧传感器检测的方法：利用万用表在宽带氧传感器端子上直接测量传感器的输出电压是不可能的，必须通过诊断仪读取数据流，帕萨特领驭轿车宽带氧传感器动态数据流组号为 330 宽量程氧传感器的电压规定值为 1.0～2.0 V。电压值大于 1.5 V 时混合气过稀（氧多），电压值小于 1.5 V 时混合气过浓（氧少）。

实际检测时，可人为控制混合气过浓与过稀，以此来读取相应的数据流。从帕萨特领驭轿车进气歧管上拔掉一根真空管，使混合气变稀，此时会看到宽带氧传感器的电压值大于 1.5 V；从空气滤清器入口喷入发动机清洗剂，使混合气变浓，此时会看到宽带氧传感器的电压值小于 1.5 V，变化非常明显。

下面以科鲁兹 LDE 发动机为例，讲解氧传感器的检测步骤。该发动机安装有两个氧传感器，分别为氧传感器 1（B52A）和氧传感器 2（B52B），其电路如图 6-40 所示。

检查与更换氧传感器视频

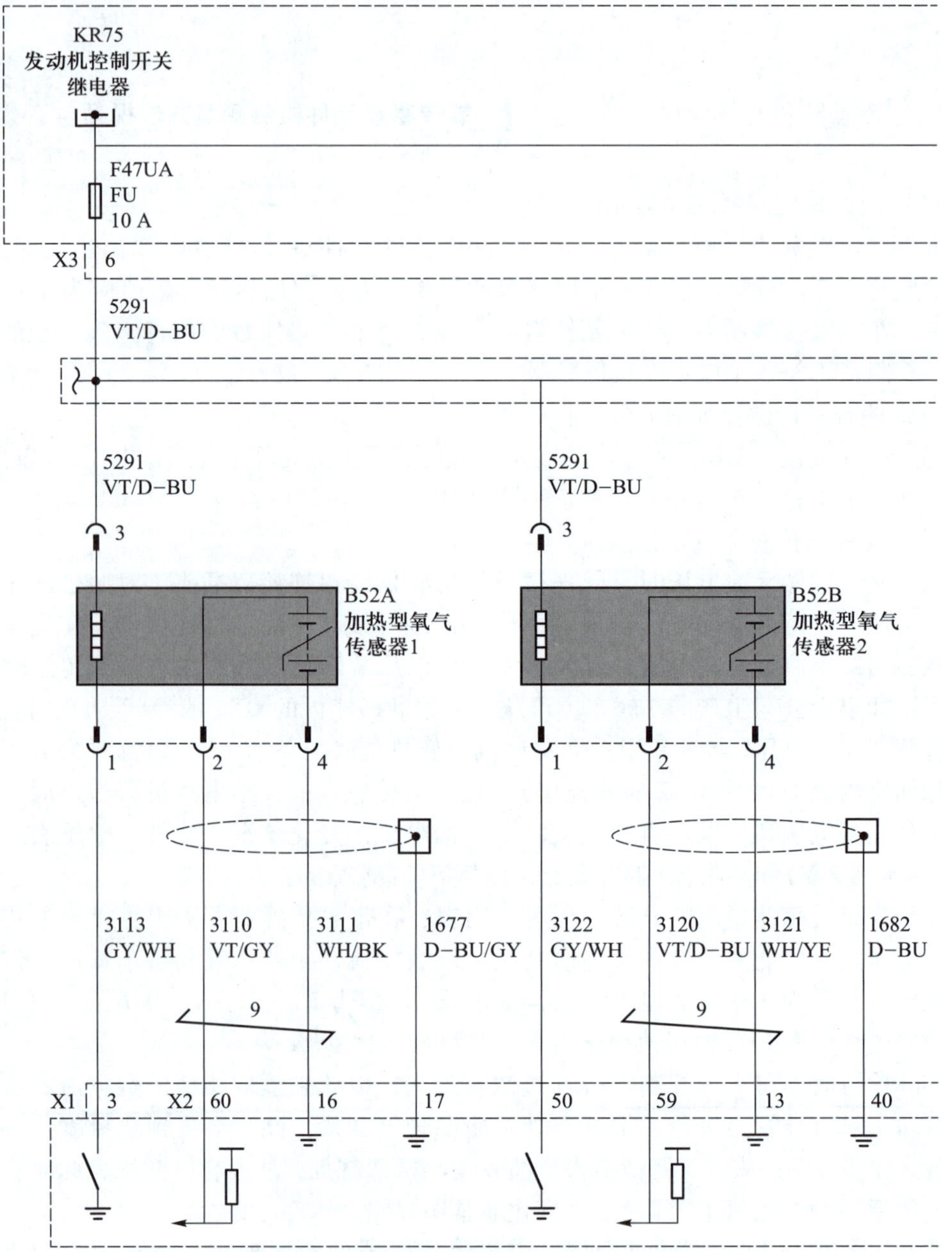

图 6-40　科鲁兹 LDE 发动机氧传感器电路

① 将点火开关置于 OFF 位置，脱开氧传感器 1(B52A)线束插接器，插接器上有 4 个端子，如图 6-41 所示。端子 1 加热器低电平控制，端子 2 传感器高电平信号，端子 3 加热器供电，端子 4 传感器低电平信号。

② 用万用表检测前氧传感器端子 1 和端子 3 之间的电阻，即加热器内阻应为 8～20 Ω，如图 6-42 所示。如异常更换氧传感器。

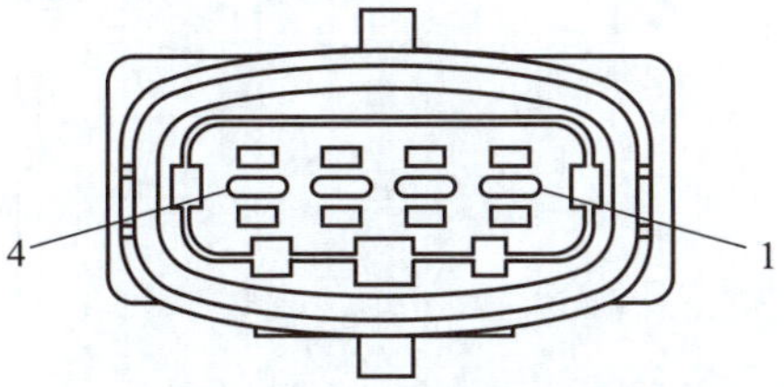

图 6-41　科鲁兹 LDE 发动机氧传感器线束插接器

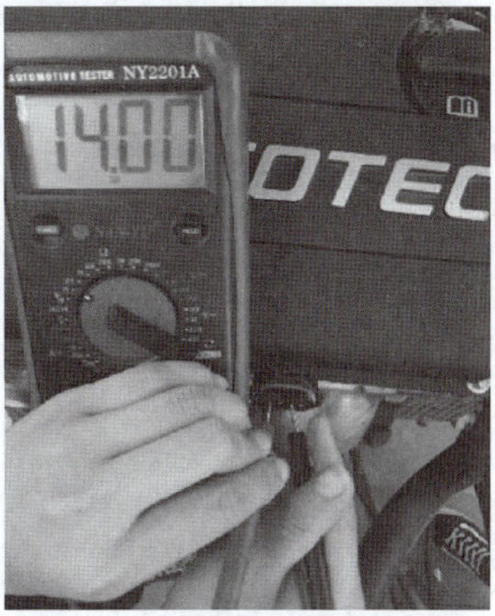

图 6-42　氧传感器加热器内阻检测

③ 将点火开关置于 ON 位置，用万用表检测线束端子 3 与搭铁之间的电压，即加热器供电电压为 12 V，如图 6-43 所示。如异常应根据电路图检查供电保险、继电器或线路。

④ 将点火开关置于 ON 位置，用万用表检测线束端子 1 与搭铁之间的电压，即加热器低电平 PWM 控制电压为 4. 5 V，如图 6-44 所示。如异常应根据电路图检查线路或更换发动机 ECU K20。

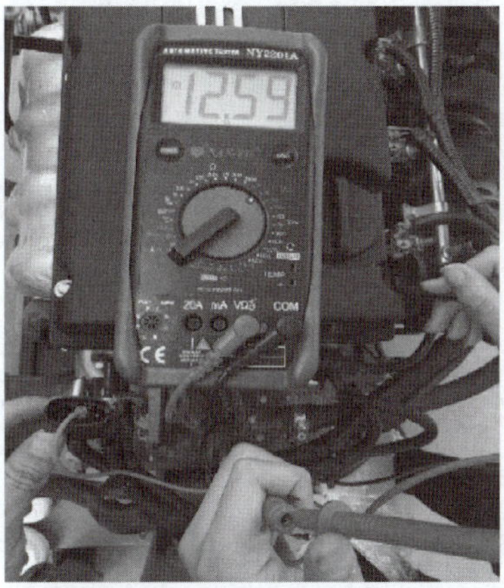

图 6-43　氧传感器加热器供电检测

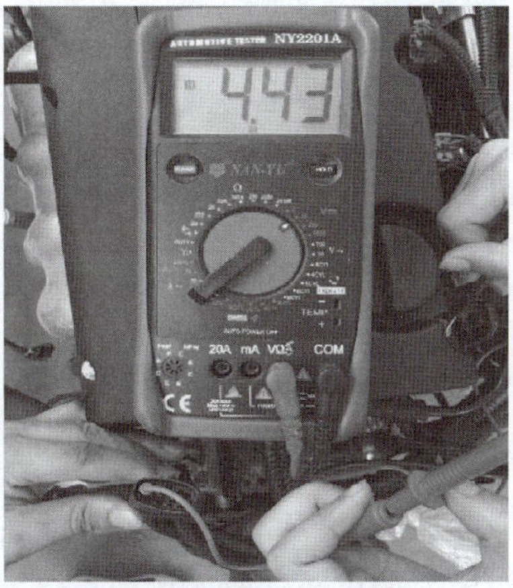

图 6-44　氧传感器加热器低电平电压检测

⑤ 将点火开关置于 OFF 位置，连接前氧传感器线束，并按照正确方法连接汽车诊断仪及示波测试线。示波器信号输入端连接端子 1，另一端连接搭铁，起动发动机，检测氧传感器加热器脉宽调制（PWM）控制信号波形，如图 6-45 所示。

⑥ 将点火开关置于 OFF 位置，按照正确方法连接汽车诊断仪及双通道示波测试线。示波器 CH1 信号输入端连接氧传感器 1（B52A）端子 2，另一端连接端子 4。示波器 CH2 信号输入端连接氧传感器 2（B52B）端子 2，另一端连接端子 4。起动发动机，同时检测前、后两个氧传感器的信号波形并对比，如图 6-46 所示。

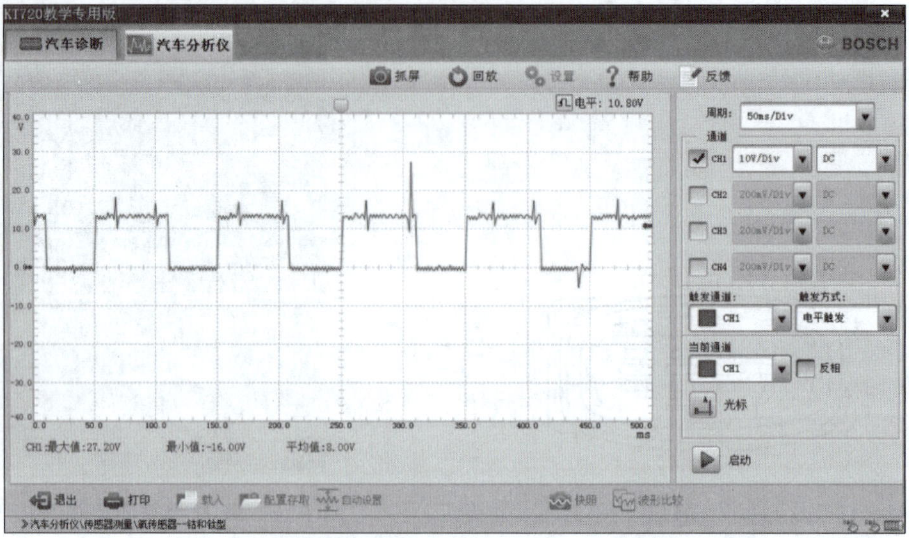

图 6-45　氧传感器加热器低电平（PWM）控制信号波形

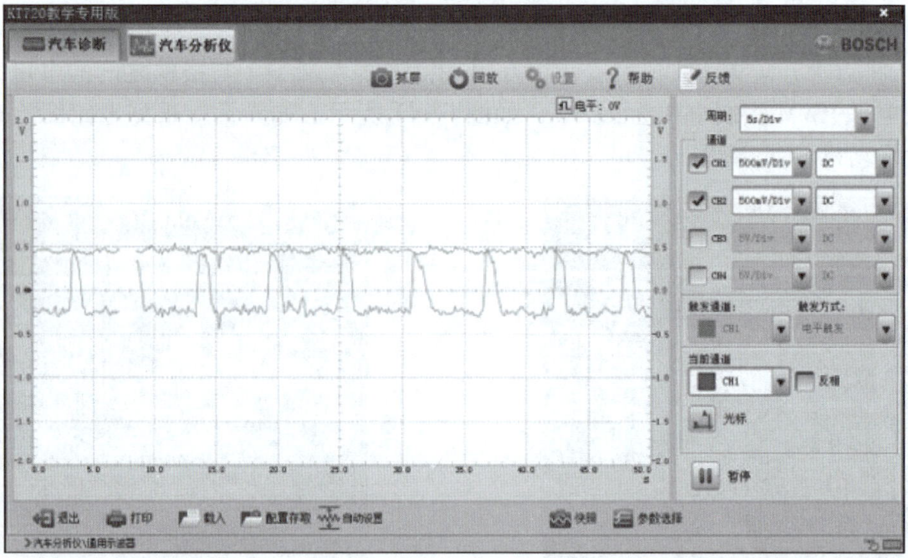

图 6-46　氧传感器信号波形

4. 三元催化转换器的清洗

三元催化转换器的清洗方法比较多，在此仅介绍一种利用三元催化转换器清洗剂就车清洗的方法。利用三元催化转换器清洗剂清洗，需要专门的清洗工具，类似医院输液，俗称为“打吊瓶”。清洗液通过工具由进气真空管吸入发动机，通过燃烧室、排气管到达三元催化转换器，在一定温度下，与三元催化转换器表明的覆盖物发生化学反应，以达到清洁目的。

清洗步骤如下：

① 起动发动机，待水温正常后熄灭发动机。

② 将清洗剂与专用设备连接，将设备输出接头与真空管连接。

③ 起动发动机，将转速控制在2 000 r/min左右，打开流量控制阀，将清洗剂缓慢滴入进气道，清洗时间为30~40 min。

④ 清洗完毕后，保持发动机转动3~5 min，以排出残液。

任务技能点2：燃油蒸发控制(EVAP)系统的检修

1. 燃油蒸发控制(EVAP)系统的一般诊断

注意：在EVAP系统元件附近不要抽烟，也不要让其他火源接近。如果在汽车内或汽车附近有汽油气味，应立即检查EVAP系统的软管是否有裂纹或断开，并检查燃油系统是否有泄漏。若有燃油泄漏或燃油蒸发泄漏，应立即维修处理。

EVAP系统的诊断随汽车制造商、车型及生产年度的不同而不同。应依照汽车制造商维修手册中的维修与诊断步骤进行。在发动机怠速时或在很低速度下工作时，如果EVAP系统将蒸气注入进气歧管，发动机工作将变得不稳定。

EVAP系统的一般诊断方法如下：

① 检查EVAP系统中所有软管是否泄漏、堵塞和连接松动。检查EVAP系统中的电路连接是否松动、接线端是否腐蚀、绝缘部分是否磨损。如果炭罐控制电磁阀和相关电路内发生故障，常常在发动机控制模块存储器内设置故障码。

② 可使用扫描检测仪诊断EVAP系统。在正确的故障诊断仪模式下，该故障诊断仪指示炭罐控制电磁阀是接通还是断开。将故障诊断仪连接到DLC上，再起动发动机。当发动机怠速时，炭罐控制电磁阀应该断开。

③ 继续着车直到满足电磁阀接通的条件。如果在此条件下电磁阀没有接通，应检查该电磁阀的供电导线、电磁阀以及从该电磁阀至ECU的导线。

2. EVAP系统元件的诊断

EVAP系统元件的诊断方法如下。

① 将发动机预热至正常工作温度，然后使发动机怠速运转。

② 脱开活性炭罐上的真空软管，用手触摸软管开口端感觉有没有真空吸力。怠速时电磁阀不通电，软管内应无真空吸力；若此时有吸力，则检查电磁阀线束插头内的电源电压，若有电压，则检查ECU；若无电压，则检查电磁阀是否泄漏。

③ 踩下加速踏板，使发动机转速升高到2 000 r/min以上，检查软管内有无真空吸力，若有吸力则为正常；若没有吸力则检查电磁阀线束插头内电源电压。若电压正常说明电磁阀有故障；若电压不正常或没有电压，则进一步检查线路和ECU。

④ 检查炭罐电磁阀。

检查电磁阀电磁线圈的电阻值。拔下电磁阀线束连接器，用万用表“Ω”挡测量电磁阀电磁线圈的电阻值。电阻值应符合规定，否则应更换电磁阀。

脱开电磁阀插头，向活性炭罐进气孔吹气时应不导通；将蓄电池电压加在电磁阀的两端子上，再向活性炭罐进气孔吹气应能通气。否则说明电磁阀有故障，应更换。

⑤ 检查活性炭罐

更换炭罐视频

检查活性炭罐表面应无损坏或裂开。

如图 6-47(a)所示，将低压空气吹入油箱接管，空气应无阻地从其他管子流出。将低压空气吹入排污接管，空气应不能从其他管子流出。如有问题，更换活性炭罐。

⑥ 清洗活性炭罐中的滤清器。

如图 6-47(b)所示，堵塞排污管，将 294kPa 的压缩空气吹入油箱接管，可清洗活性炭罐滤清器。

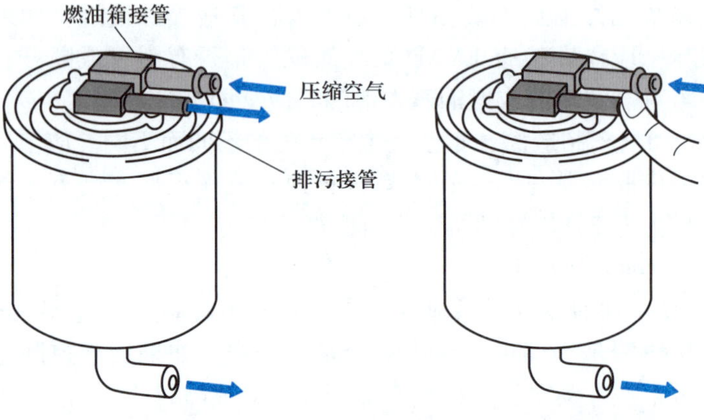

(a) 检查活性炭罐　　(b) 清洗滤清器

图 6-47　活性炭罐的检查与清洗

3. 科鲁兹 LDE 发动机举例

下面讲解活性炭罐电磁阀的检测步骤。科鲁兹 LDE 发动机活性炭罐电磁阀又称为蒸发排放吹洗电磁阀。

① 将点火开关关闭，脱开蒸发排放吹洗电磁阀 Q12 线束插接器，插接器上有 2 个端子，如图 6-48 所示。端子 1 为电磁阀控制信号，端子 2 为电磁阀供电。

② 用万用表检测蒸发排放吹洗电磁阀端子 1 和端子 2 之间的电阻，即电磁阀内阻应为 10~30 Ω，如图 6-49 所示。若异常，应更换电磁阀。

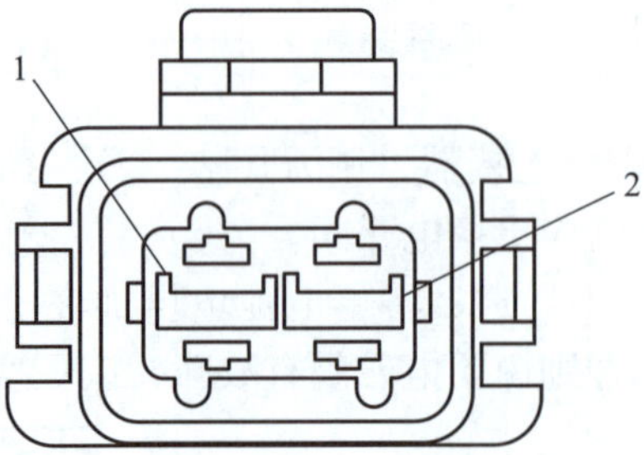

图 6-48　蒸发排放吹洗电磁阀线束插接器

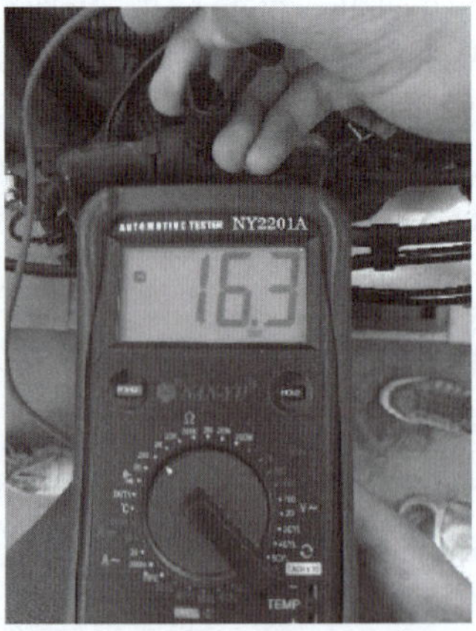

图 6-49　蒸发排放吹洗电磁阀内阻检测

③ 确认点火开关关闭，用万用表检测蒸发排放吹洗电磁阀线束端子 1 与搭铁之间的电阻大于 500 kΩ，如异常应检查线路无搭铁短路或更换发动机 ECU K20。

④ 将点火开关打开，用万用表检测蒸发排放吹洗电磁阀线束端子 2 与搭铁之间的电压为 12 V，如图 6-50 所示。如异常，应根据电路图检查供电熔断器、继电器或线路。

⑤ 将点火开关置于 OFF 位置，连接电磁阀线束，并按照正确方法连接汽车诊断仪及示波测试线。示波器信号输入端连接端子 1，另一端连接搭铁，起动发动机，检测蒸发排放吹洗电磁阀控制信号波形，如图 6-51 所示，并观察波形随发动机转速变化的情况。

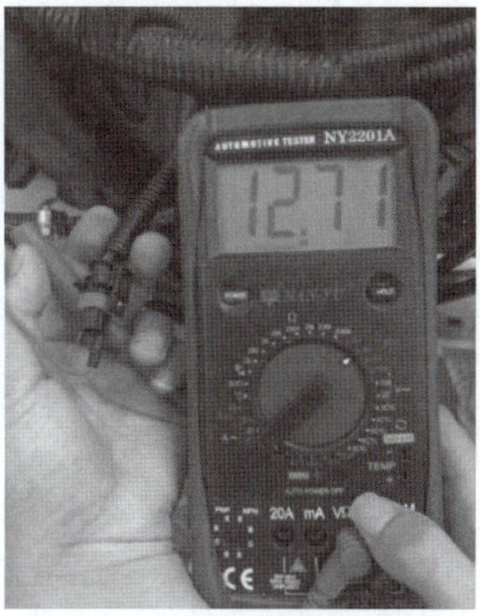

图 6-50　蒸发排放吹洗电磁阀供电检测

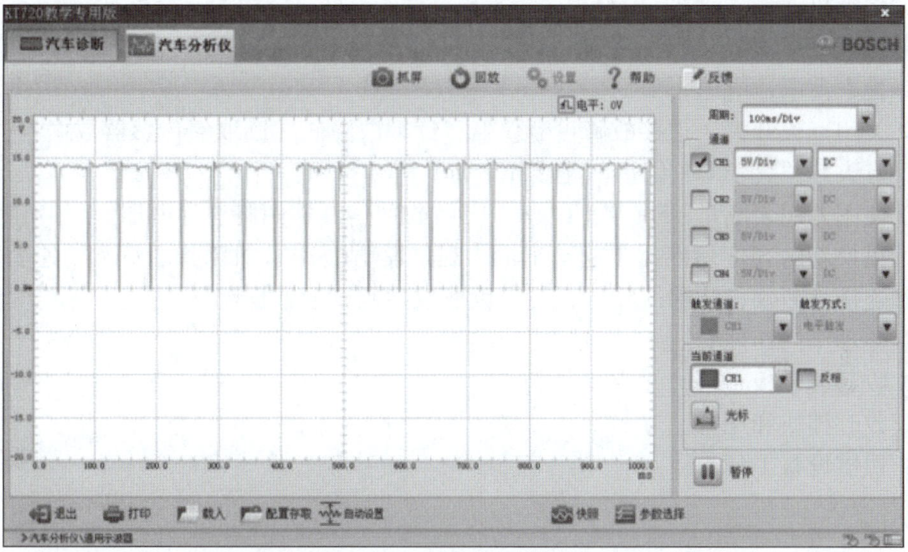

图 6-51　蒸发排放吹洗电磁阀控制信号波形

（三）任务企业案例引入

1. 案例

发动机排放控制系统的故障案例

一位车主给 4S 店打电话咨询：车辆在怠速运转时，怠速不稳，发动机抖动，发动机故障指示灯点亮；车型为 2018 款一汽大众迈腾（配置：380TSI、DSG 豪华型）。

2. 准备工作(图 6-52)

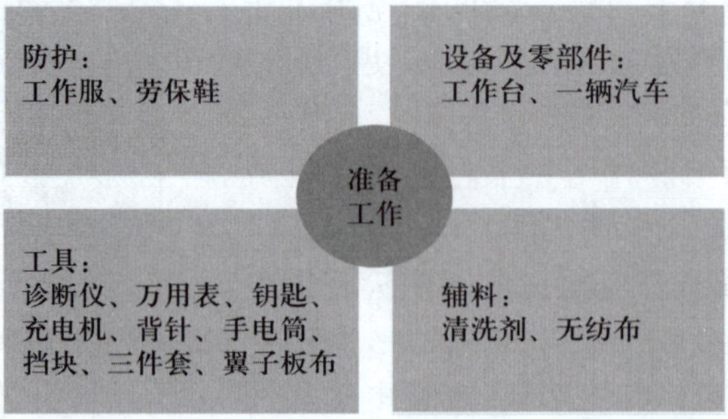

图 6-52 准备工作

3. 检修步骤

排放控制系统故障检修

① 打开机舱盖，铺设翼子板布。
② 检查机油量。
③ 检查冷却液量、制动液量。
④ 检查蓄电池电压。
⑤ 关闭点火开关，连接故障诊断仪器，读取故障码，读取氧传感器数据流。
⑥ 点火开关置于 ON 位置，连接充电机。
⑦ 使用万用表测量 T5bt/4、T4gy/1 脚和 SB8 熔断器两脚对地电压。
⑧ 更换新的 SB8 熔断器，起动车辆，观察发动机 EPC 故障指示灯和转速表。
⑨ 连接诊断仪，清除故障码，再次读取故障码读取数据流。
⑩ 整理车内四件套。
⑪ 收起翼子板布。
⑫ 收起挡块和尾排。
⑬ 擦拭设备工具。

（四）任务评价反馈

小组自评表(见表 6-6)能够让小组成员对各自的信息检索能力、任务认知程度、参与状态、学习状态和工作过程等方面进行评价，从记忆、领会、应用、分析、反馈等方面全方位评估自己对知识的学习及掌握情况。

表 6-6　小组自评表

<table>
<tr><td>班级</td><td colspan="2"></td><td>组名</td><td></td><td>日期</td><td></td></tr>
<tr><td>评价指标</td><td colspan="4">评价要素</td><td>分数</td><td>分数评定</td></tr>
<tr><td>信息检索</td><td colspan="4">能有效利用网络资源、工作手册查找有效信息；能用自己的语言有条理地去表述所学知识；能将查找到的信息有效转换到工作中</td><td>10</td><td></td></tr>
<tr><td>任务认知</td><td colspan="4">是否熟悉各自的工作岗位，认同工作价值；在工作中，是否获得满足感</td><td>10</td><td></td></tr>
<tr><td rowspan="2">参与状态</td><td colspan="4">与教师、同学之间是否相互尊重、理解、平等；与教师、同学之间是否能够保持多向、丰富、适宜的信息交流</td><td>10</td><td></td></tr>
<tr><td colspan="4">探究学习、自主学习不流于形式，处理好合作学习和独立思考的关系，做到有效学习；能够提出有意义的问题或能发表个人见解；能按要求正确操作；能够倾听、协助并分享</td><td>10</td><td></td></tr>
<tr><td>学习方法</td><td colspan="4">工作计划、操作技能是否符合规范要求；是否获得了进一步发展的能力</td><td>10</td><td></td></tr>
<tr><td>工作过程</td><td colspan="4">遵守管理规程，操作过程符合现场管理要求；平时上课的出勤情况和每次完成学习任务情况；善于多角度思考问题，能主动发现并提出有价值的问题</td><td>15</td><td></td></tr>
<tr><td>思维状态</td><td colspan="4">是否能发现问题、提出问题、分析问题、解决问题、创新思路</td><td>10</td><td></td></tr>
<tr><td>自评反馈</td><td colspan="4">按时按质完成学习任务；较好地掌握了专业知识点；具有较强的信息分析能力和理解能力；具有较为全面严谨的思维能力，并能条理清晰地表述成文</td><td>25</td><td></td></tr>
<tr><td colspan="5">自评分数</td><td colspan="2"></td></tr>
<tr><td>有益的经验和做法</td><td colspan="6"></td></tr>
<tr><td>总结反思建议</td><td colspan="6"></td></tr>
</table>

小组互评表(见表6-7)能够让小组成员从信息检索能力、任务认知程度、参与状态、学习状态和工作过程等方面对其他小组进行评价，通过互相评价环节，学习其他小组的长处，弥补自己小组的不足。

表6-7　小组互评表

班级		被评组名		日期	
评价指标	评价要素			分数	分数评定
信息检索	该小组能否有效利用网络资源、工作手册查找有效信息			5	
	该小组能否用自己的语言有条理地去表述所学知识			5	
	该小组能否将查找到的信息有效转换到工作中			5	
任务认知	该小组能否熟悉各自的工作岗位，认同工作价值			5	
	该小组成员在工作中，是否获得满足感			5	
参与状态	该小组与教师、同学之间是否相互尊重、理解、平等			5	
	该小组与教师、同学之间能否保持多向、丰富、适宜的信息交流			5	
	该小组能否处理好合作学习和独立思考的关系，做到有效学习			5	
	该小组能否提出有意义的问题或能发表个人见解，按要求正确操作，能够倾听、协助并分享			5	
	该小组能否积极参与学习任务，并在过程中综合运用信息技术的能力得到提高			5	
学习方法	该小组工作计划、操作技能是否符合规范要求			5	
	该小组是否获得了进一步发展的能力			5	
工作过程	该小组是否遵守管理规程，操作过程是否符合现场管理要求			5	
	该小组平时上课的出勤情况和每次完成学习任务情况			5	
	该小组是否善于多角度思考问题，能否主动发现并提出有价值的问题			5	
思维状态	该小组是否能发现问题、提出问题、分析问题、解决问题、创新思维			5	
自评反馈	该小组能否严肃认真地对待自评，并独立完成自测试题			10	
互评分数					
简要评述					

教师评价表(见表 6-8)的内容主要包括小组出勤状况、信息收集能力、计划制订是否完善、工作过程是否规范等，能够帮助学生更好地理解学习任务，促进对任务知识点、技能点的消化和吸收。

表 6-8　教师评价表

班级		组名		姓名	
出勤情况					
评价指标	评定要素			分数	分数评定
职业素养	具备信息素养			5	
	具备探究学习、终身学习能力			5	
	在实操过程中体现劳模精神、劳动精神、工匠精神			10	
	具备良好的职业道德和环保意识			5	
道德品质	遵守实验室、实训场地等公共场所的管理规定，自觉遵守秩序			5	
	在公共场所举止文雅，文明礼貌			5	
	爱护公物，保护公共设施			5	
信息检索	能够顺利完成教师安排的任务，快速找到有效信息，并转化到工作中去			5	
任务认知	能够理解任务的内容			5	
	能够满足岗位工作要求，掌握工作流程，熟悉注意事项			5	
参与状态	与教师、同学之间相互尊重、理解			5	
	能够做到独立思考、表达自己想法			5	
	能够按照要求正确操作，能够倾听对方表达的内容并乐于分享			5	
学习方法	能够按照工作内容的紧急情况合理制订计划			5	
	能够按要求完成工作计划，且操作符合规范			5	
工作过程	操作符合安全规定			5	
	操作符合流程规范			5	
	能协助他人完成工作			5	
思维状态	工作过程思维清晰，对工作结果能够正确预判，对其他相关工作有帮助			5	
师评分数					
综合评价					

三、 任务拓展信息

汽车排放控制的最新技术

1. 汽油压燃

在压燃式发动机中使用汽油是使汽油机达到像柴油机那样的热效率的一种途径。汽油固有的耐自燃特性是对汽油压燃发动机确保低负荷稳定运转的挑战之一。研究人员正在推出各种措施，例如，Mazda 公司提出的在低负荷时采用火花点燃，采用汽油直喷压燃技术和燃用耐自燃特性较差的低辛烷值燃油。Mazda 公司介绍了在 Skyactiv-X2. 0L 发动机上采用汽油压燃技术的详细情况。该发动机的压缩比由以前汽油机的 14 提高到了 16. 3。引入的发动机技术包括：用增压器作为进气稀释器（稀释进气空气），采用配置 10 孔喷油器的高压（70MPa）喷油系统，以及改进燃烧室设计。这些措施能使发动机在宽广的运转工况范围内实现稀气燃烧，而在高负荷区再将稀气燃烧转换成理论空燃比燃烧。采用的排气后处理系统由低压 EGR、三元催化转换器和汽油机颗粒过滤器（GPF）组成。为了在车辆停车时保持住热量并使发动机慢慢地冷下来，发动机被包封了起来。试验结果显示，该发动机的扭矩提高了 10%以上，燃油耗平均降低了 10%。Mazda 公司还配置了 1 套轻度混合动力系统，并进行了车辆试验，在城市行驶条件下，车辆的燃油经济性提高了 30%。汽油直喷压燃技术已取得了显著的进步，一种全新的燃烧策略能克服以前对高负荷燃烧控制的限制。该燃烧策略包含了在接近上止点时实施由高压（180 MPa）喷油系统支持的二次喷油。试验在 1 台压缩比为 17 的 4 缸 2. 2 L 发动机上进行。

汽油直喷压燃技术的其他进步还包括：采用先进的可变喷嘴涡轮增压器和冷起动用的 2. 5 kW 进气空气电加热器。对这台三代发动机进行的测功器台架试验显示，发动机的最高 BTE 达到了 43. 5%，最低有效燃油消耗率（BSFC）为 194 g/（kW · h），并且在宽广的发动机运转工况范围内的 BSFC 均低于 210 g/（kW · h）（BTE 约为 40%）。同时，发动机的性能还有可能进一步提高，这也是未来四代发动机的研发重点。传热损失减少 50%和摩擦降低 10%有可能使 BTE 进一步提高到 47. 6%。对车辆性能水平的模拟分析显示，在采用轻度混合动力系统的情况下，三代发动机（带起动发电机（ISG））的燃油耗有可能比 2015 年型汽油直喷中型车的燃油耗降低 34%，如图 6-53 所示。四代发动机在轻度混合动力系统中有可能实现节油 44%的目标。

2. 喷水

喷水被人们视为一种能抑制爆燃和扩大 $\lambda=1.0$ 运转范围的技术途径。专业人员研究了用喷水技术来提升高压缩比米勒循环效率的可能性。研究人员采用一台排量为375 mL 的单缸汽油直喷发动机进行了试验研究。发动机的压缩比为 12. 8，采用进气门早关的方式实现米勒循环。采用了气道喷水和（缸内）直接喷水两种喷水方式，在 2 000 r/min 和 1. 6 MPa 平均有效压力（BMEP）的爆燃敏感点测定了排放量。在水-燃油比为 50%时，气道喷水时燃油耗的降低量在 2. 4%以下。在相同的水-燃油比下，直接喷水时燃油耗的降

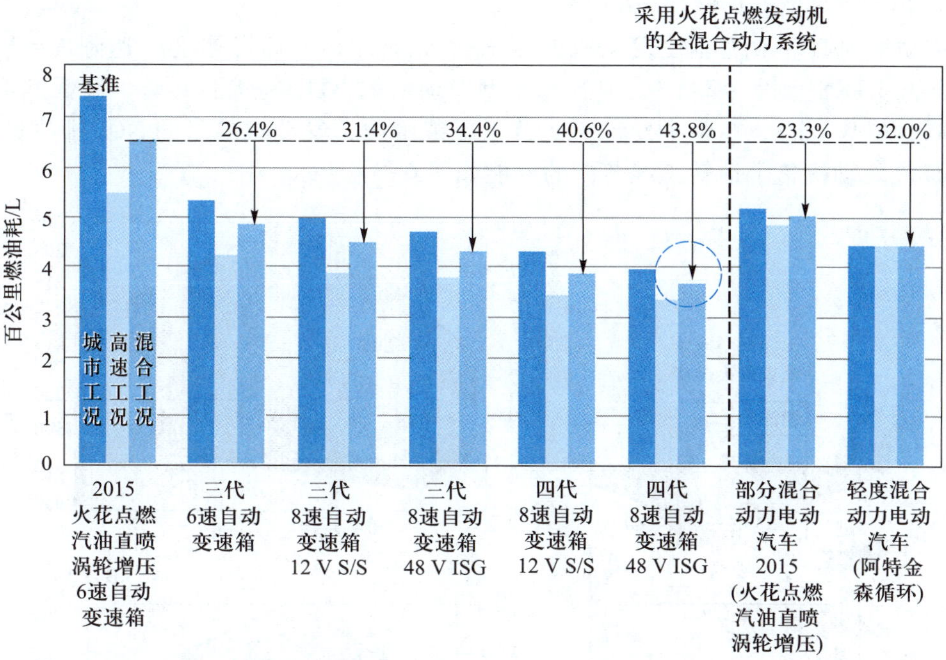

图 6-53　采用汽油直喷压燃技术的汽车燃油耗模拟结果

低量增加到了 4.7%，采用多次直接喷水时燃油耗的降低量能进一步达到 7.0%。正如研究所述，采用喷水技术后排气温度有所降低，并能使 NO_x 排放量减小。研究显示，对于采用米勒循环和高压缩比的小排量发动机，喷水技术有可能使燃油效率进一步提高。专业人员在另 1 台单缸发动机上进行了喷水与 EGR 相结合的试验研究。该发动机的排量为 350 mL，压缩比为 12.5。在 2 000 r/min 和 1.7 MPa BMEP 的运转工况下测定了相关数据。研究发现直接喷水时排气温度较低，燃油耗比气道喷水时低 50%。这些益处会随着喷水量和喷水压力的增加而增加，不过在水-燃油比超过 50%时，进一步的收益有限。试验发现，在单独采用喷水和 EGR 时，它们分别能使燃油耗改善约 10%和 7%。喷水的机理是通过改善燃烧相位来实现燃油耗降低，而 EGR 的作用主要是减少壁面热损失。当这两种技术结合在一起时，EGR 能使燃油耗降低 3%～5%，在 EGR 率为 5%～15%时，净燃油耗降低量可达 15%左右。

喷水还能使发动机在保持性能不变的情况下采用低辛烷值燃油。专业人员采用 3 种不同的燃油(辛烷值为 RON91、RON95 和 RON98)，测定了喷水对一台 3 缸 1.5L 涡轮增压发动机性能的影响。气道喷水的喷射压力为 1.0 MPa，直接喷水的喷射压力为 20 MPa。采用喷水技术时，发动机燃用 RON91 燃油时的全负荷性能与燃用 RON95 和 RON98 燃油时的性能相同。当燃油的辛烷值降低时，爆燃倾向会增加，因而需要采用更大的喷水量来保持相同的性能。采用喷水技术的缺陷是用户对装满水箱的接受度较低。研究显示，排气中充足的水蒸气含量能满足宽广发动机运转工况下所需水量。一种设置在排气后处理系统下游的水收集系统，采用了两级冷却装置来使水冷凝，并在其后设置了一个分离冷凝水滴的装置。模拟结果显示，收集到的水量有可能比实际需要的多，并且收集到的水纯度较高。

3. 预燃室喷束着火燃烧

主动型预燃室系统能使发动机的压缩比提高到 14，稀燃裕度可达到 $\lambda=2.0$ 以上。最高 BTE 达到了 42.3%，它比基本型发动机的 BTE 提高了 19%。最低 BSFC 低于 200 g/(kW·h)。在整个发动机运转工况范围内，发动机自身的 NO_x 排放量降低了 95%。发动机整个运转工况范围的性能如图 6-54 所示。

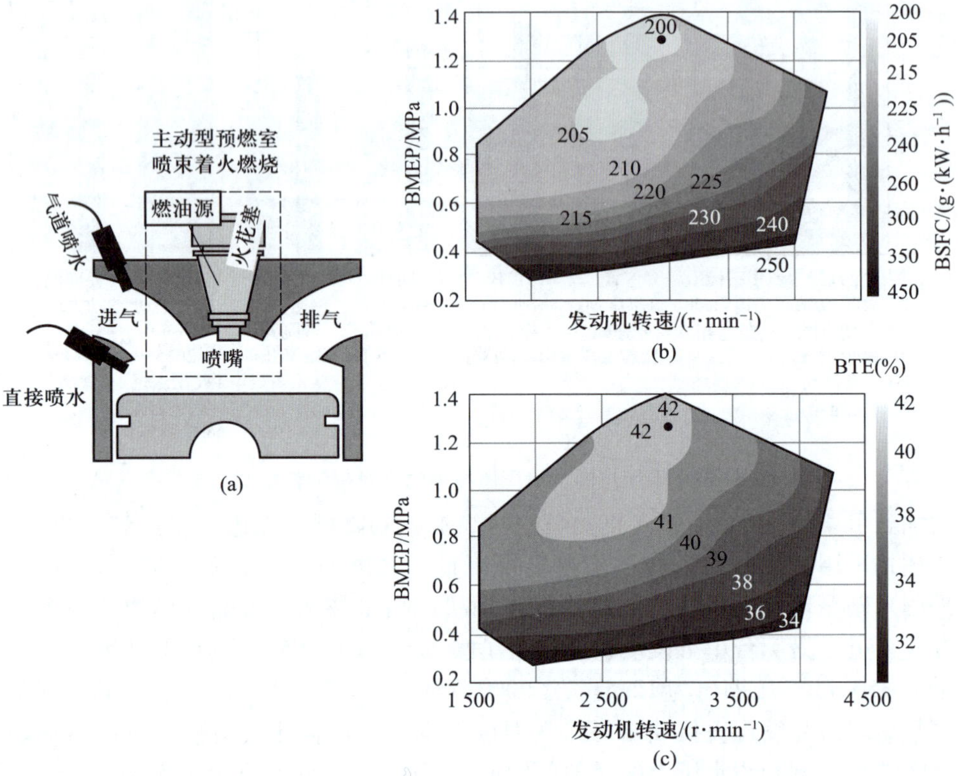

图 6-54　主动型预燃室喷束着火燃烧发动机的示意图和性能曲线

预燃室喷束着火燃烧发动机也需要采用和柴油机类似的排气后处理系统。但是它自身的排放量较低，排气温度较高，因而有可能减小排气后处理系统的尺寸。这种预燃室发动机的主要缺陷是低负荷燃烧稳定性差，点火推迟能力差，这两点对于冷起动时催化器较快加热十分不利。在采用主动型预燃室发动机时，可以通过发动机稀燃运行和采用与基本型发动机一样的推迟点火正时来克服这一缺陷。

在采用被动型预燃室发动机时，燃油喷入气道后进入主燃室。发动机采用米勒循环和低压 EGR 相结合的运行方式。发动机在理论空燃比条件下运行时，涡轮前的排气温度低于 950 ℃。被动型预燃室发动机的 EGR 率裕度可扩大到 25%以上，最低 BSFC 达到了 211 g/(kW·h)。它比主动型预燃室发动机的最低 BSFC 高出约 5%。好处是可以降低结构复杂度和减小硬件数量，并能简化排气后处理系统(预料在理论空燃比下运行时,只需要采用 TWC)。与混合动力系统配合运行时，这种发动机的 BSFC 有可能进一步降至 207 g/(kW·h)。

一台 Volkswagen 公司的 1.5 L 发动机上采用预燃室燃烧，按混合动力系统的要求进行了优化。为了发挥混合动力系统的协同效应，专业人员采取了两种技术措施：(1)借助电力驱动降低发动机所需低端扭矩，因而能在不发生爆燃的情况下允许采用达到15的较高压缩比；(2)由于采用了可变截面涡轮增压器，因而能在整个发动机运转工况范围内采用外部EGR。采用这两种技术后，部分负荷时的燃油耗降低了5%。在混合动力系统中采用上面介绍的被动型预燃室燃烧，能解决低负荷和冷起动时的技术问题，在高负荷下运行时燃油耗能降低4%，还能使排气温度降低约60K，因而能在不用燃油加浓的情况下使发动机的最大功率达到100kW的目标值。对进气凸轮做了优化，以进一步降低爆燃倾向，并使燃油耗降低1%~3%。采用了可变截面涡轮增压器，因而能使上面提到的低压EGR率达到20%，结果使燃油耗降低了5%。

通过以上改进，燃油耗降低了10%，最低BSFC为204 g/(kW·h)，最高BTE为41.5%。在宽广的发动机运转工况范围内，燃油耗都比较低(210 g/(kW·h)以下)，即使在100 kW的最大功率下，燃油耗也能控制在208 g/(kW·h)。与混合动力系统配合时，在轻型车瞬态试验循环(WLTC)下试验时发动机的CO_2排放量低至6.5 g/km。

参考文献

[1] 周李洪，胡元波．汽车发动机电控系统诊断与修复[M]．北京：高等教育出版社，2021.

[2] 王毅，薛远水．汽车发动机电控系统检修[M]．北京：机械工业出版社，2021.

[3] 加藤光治．图解汽车电子技术(系统篇)[M]．北京：化学工业出版社，2019.

[4] 加藤光治．图解汽车电子技术(关键技术篇)[M]．北京：化学工业出版社，2020.

[5] 李晶华，黎永键．汽车发动机电控系统的诊断与维修[M]．武汉：华中科技大学出版社，2017.